JN234806

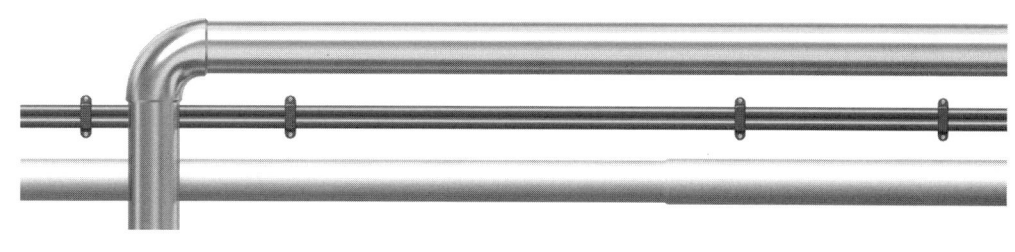

図解　建築設備

武田　仁 著

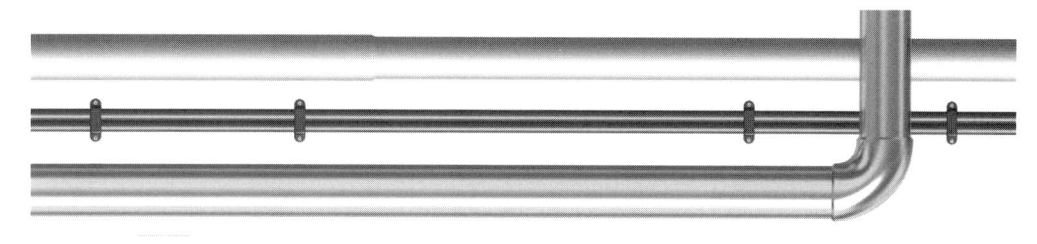

森北出版株式会社

●本書のサポート情報を当社Webサイトに掲載する場合があります．
下記のURLにアクセスし，サポートの案内をご覧ください．

https://www.morikita.co.jp/support/

●本書の内容に関するご質問は，森北出版 出版部「(書名を明記)」係宛に書面にて，もしくは下記のe-mailアドレスまでお願いします．なお，電話でのご質問には応じかねますので，あらかじめご了承ください．

editor@morikita.co.jp

●本書により得られた情報の使用から生じるいかなる損害についても，当社および本書の著者は責任を負わないものとします．

■本書に記載している製品名，商標および登録商標は，各権利者に帰属します．

■本書を無断で複写複製（電子化を含む）することは，著作権法上での例外を除き，禁じられています．複写される場合は，そのつど事前に(一社)出版者著作権管理機構（電話03-5244-5088, FAX03-5244-5089, e-mail：info@jcopy.or.jp）の許諾を得てください．また本書を代行業者等の第三者に依頼してスキャンやデジタル化することは，たとえ個人や家庭内での利用であっても一切認められておりません．

まえがき

　建築設備は建築意匠，建築構造とともに三位一体を成すもので，いずれも建築に不可欠で重要な役割を果たしている．建築設備は工学として建築学科，機械工学科，電気工学科，衛生工学科，物理学科等にまたがる学際的な分野であり，現に実務として設計，監理に就いている人々もこれらの学科出身者が多い．本書はこれらの建築設備を学ぶ学生の教科書，参考書として，図解を多数用い明快でわかり易い内容とした．建築設備は細分化すると給排水・衛生設備，空気調和設備，電気設備，ガス設備，防災設備，情報通信設備等がある．我々が生活していく上で必要不可欠のものばかりである．範囲は広いが，建築を志すあらゆる者は専門的な常識として，身に付けておく必要がある．また，その道でプロになる者は基礎的知識として習得にこころがけなければならない．

　これまでも数多くの建築設備に関する出版物があるが，ややもすると機械類，数表の羅列になったり，あまりにも専門的，実務的におちいっている．それらの弊害をなくし，身近な設備機器の例より，原理を明快に説明し，学生が実際に見聞をしたことがない建築設備機器はイラストで機能を重点的に描き，理解を容易にした．建築設備は社会情勢の急変で以前一般に利用されていたものでも，現在は禁止され，利用されなくなっている設備システムもある．また，技術の進歩が速く数年で以前の技術が陳腐化し使われなくなる世界でもあり，できる限り最新の技術を紹介した．

　なお，筆者の長年の建築設備教育をまとめ単独による執筆のため，共同執筆にありがちな内容の重複，重要事項の欠落などの問題はなく，首尾一貫した考え方に基づく内容となっている．この本により，建築設備に興味を持ち，理解を深めていただければ幸いです．
　2003年夏

著　者

目　次

0. 建築設備設計の使命と設計の流れ　　1
　演習問題 0 …………………………………………………………… 7

I　さまざまな建築設備　　11

1. 情報・通信設備　　12
　1.1　情報・通信システムの種類 ……………………………………… 13
　1.2　情報・通信に必要な建築設備 …………………………………… 17
　演習問題 1 …………………………………………………………… 18

2. 給水設備　　19
　2.1　各種給水方式 ……………………………………………………… 19
　2.2　受水槽，高置水槽，揚水ポンプの容量算定 …………………… 24
　2.3　均等表に基づく管径算定法 ……………………………………… 29
　2.4　器具給水負荷単位 ………………………………………………… 33
　演習問題 2 …………………………………………………………… 38

3. 給湯設備　　40
　3.1　一般の給湯システム ……………………………………………… 40
　3.2　太陽熱利用給湯システム ………………………………………… 46
　演習問題 3 …………………………………………………………… 52

4. 排水，通気設備　　54
　4.1　排水設備 …………………………………………………………… 54
　4.2　通気設備 …………………………………………………………… 57
　4.3　特殊継手排水システム …………………………………………… 60
　演習問題 4 …………………………………………………………… 60

5. 電気設備　　61
　5.1　日本の電力 ………………………………………………………… 61
　5.2　受電方式 …………………………………………………………… 63
　5.3　配電方式 …………………………………………………………… 64

5.4	建物内配電方式 …………………………………………………	65
5.5	停電時のバックアップシステム ………………………………	66
5.6	インバータと無停電電源装置 …………………………………	67
5.7	エレベータとエスカレータ ……………………………………	68
	演習問題 5 ………………………………………………………	69

6. ガス設備 70

6.1	ガスの種類 …………………………………………………………	70
6.2	都市ガスの分類 ……………………………………………………	71
6.3	燃　　焼 ……………………………………………………………	71
6.4	燃焼方法と給排気方法 ……………………………………………	72
6.5	燃焼機器に伴う建物の対応 ………………………………………	73
6.6	ガスの安全対策 ……………………………………………………	73
6.7	コージェネレーションシステム …………………………………	74
	演習問題 6 ………………………………………………………	76

7. 防災設備 77

7.1	自動火災報知設備 …………………………………………………	77
7.2	消火設備 ……………………………………………………………	78
7.3	排煙設備 ……………………………………………………………	84
	演習問題 7 ………………………………………………………	85

II　空気調和設備　　　　　　　　　　　　　　　　　87

8. 空気調和の概要 88

8.1	空気調和の目的 ……………………………………………………	88
8.2	冷暖房の原理 ………………………………………………………	89
8.3	空気調和の基本事項 ………………………………………………	90
	演習問題 8 ………………………………………………………	94

9. 空気調和方式の種類と特性 95

9.1	空気調和方式の種類 ………………………………………………	95
9.2	システムの構築 ……………………………………………………	103
	演習問題 9 ………………………………………………………	103

10. 空気調和設備の計画 104

10.1	空調計画の基本的考え方 …………………………………………	104
10.2	現地の情報収集 ……………………………………………………	105
10.3	熱源と熱源機器の位置 ……………………………………………	106

10.4 受電方式 …………………………………………… 107
10.5 機械室スペース …………………………………… 107
演習問題 10 …………………………………………… 108

11. 冷暖房負荷計算法　109
11.1 用語の定義 ………………………………………… 109
11.2 冷房負荷計算法 …………………………………… 111
11.3 暖房負荷計算法 …………………………………… 117
演習問題 11 …………………………………………… 119

12. 湿り空気線図と空気調和の設計　121
12.1 湿り空気の表し方 ………………………………… 121
12.2 湿り空気線図 ……………………………………… 122
演習問題 12 …………………………………………… 131

13. 空気調和機　133
13.1 空気調和機の概要 ………………………………… 133
13.2 空気調和機 (空調機) ……………………………… 133
13.3 中央式空気調和機 (中央式空調機) ……………… 134
13.4 個別式空気調和機 (個別式空調機) ……………… 138
演習問題 13 …………………………………………… 140

14. ヒートポンプ冷暖房　141
14.1 ヒートポンプの原理 ……………………………… 141
14.2 ヒートポンプの構成 ……………………………… 143
14.3 成績係数 …………………………………………… 143
14.4 ヒートポンプの用途 ……………………………… 144
14.5 ヒートポンプの熱源 ……………………………… 145
演習問題 14 …………………………………………… 146

15. 冷温熱源器　147
15.1 ボイラ ……………………………………………… 147
15.2 冷凍機 ……………………………………………… 149
15.3 吸収式冷凍機 ……………………………………… 154
演習問題 15 …………………………………………… 156

演習問題の解答　157
参考文献　172
索　引　173

第0章
建築設備設計の使命と設計の流れ

建築設備とはシェルターとしての建築物内を安全性，快適性，健康性，利便性などの性能を有する生活空間として創造することである．また建築設備は建物と不可分の関係にあり，総合的に，一体的に考えなければならない．

建物をとりまく，音，光，熱，空気等環境問題を取り扱うのが建築環境工学であり，給排水・衛生設備，給湯設備，空気調和設備，防災設備等を取り扱うのが建築設備工学である．

建築設備工学に対する問題提起は，冷房に用いられるフロンによるオゾン層破壊対策としての代替フロン，新代替物質等の環境問題，塩素により滅菌された水道水が日射の当たる高置水槽内で発生する発ガン性物質トリハロメタンの健康問題，冷暖房等快適生活で生ずる炭酸ガスの発生に伴う京都議定書 (COP3, コップスリー) 順守の地球温暖化問題，利便性，快適性の追求により発生するエネルギー多消費に対する省エネルギー法 (エネルギー使用の合理化に関する法律) の適格問題，水道水多消費に対する水資源対策としての中水道利用問題等である．建築設備技術者はこれら社会的問題提起に対する解決を託されており，その解決をする努力をしなければならない．

建築環境工学と建築設備工学は一見明確に分離しているように思われるが，給排水設備，電気設備，ガス設備は都市基幹設備 (infrastructure) の一環であり水質汚染，大気汚染が生じ，空調設備は排熱により，ヒートアイランド (heat island) 現象が生じる．また，建物の建設から取り壊しの一生涯で発生する炭酸ガス量である $LCCO_2$(life cycle CO_2, ライフサイクルシーオーツー) の最小化を計らなければならない．省エネルギー計画では建物の断熱性と気密性をあげ，最適設備機器を考慮しなければならない．さらに建築設備利用による廃棄物処理問題も生じる．それらの意味において建築設備工学は建築環境工学と緊密な関係にあり，建築環境工学の一分野とも考えられる．

この著書の内容は，次々と新しいシステムが構築される情報・通信設備 (図 0.1)，生活に不可欠な給水設備 (図 0.2)，豊かな生活になるに従い使用量が増す給湯設備 (図 0.3)，自然エネルギー利用の一手法としての太陽熱利用給湯設備 (図 0.4)，給水に伴い必要となる排水，通気設備 (図 0.5)，現代生活の基盤となる電気設備 (図 0.6)，建物の垂直移動システムのエレベータ設備 (図 0.7)，都市エネルギーの代表としてのガス設備 (図 0.8)，火災に対処する防災設備 (図 0.9)，温熱快適環境を作る空気調和設備 (図 0.10)，建物用途に応じた空気調和方式 (図 0.11)，屋上，地下室を有効利用する空気調和設備の設計法 (図 0.12)，熱的に複雑なガラス窓の冷暖房負荷計算法 (図 0.13)，空気調和の設計基礎となる湿り空気線図 (図 0.14)，自動制御で動いている空気調和機 (図 0.15)，住宅に必需品となったヒートポ

ンプ冷暖房 (図 0.16), 大型ビルに用いられる冷温熱源機器 (図 0.17) などである.

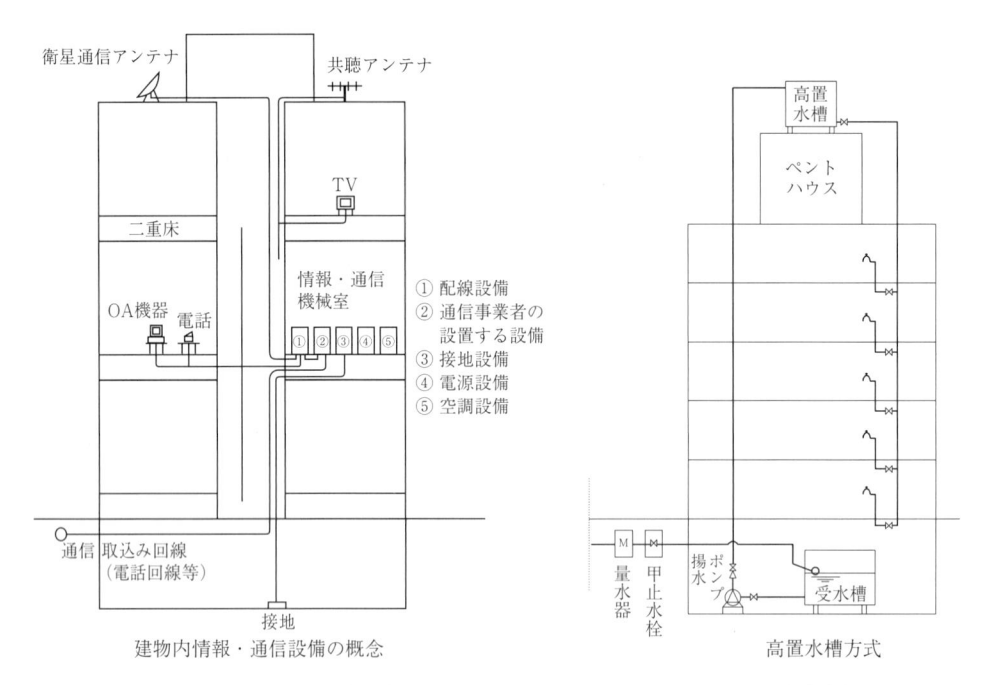

図 0.1 情報・通信設備

図 0.2 給水設備

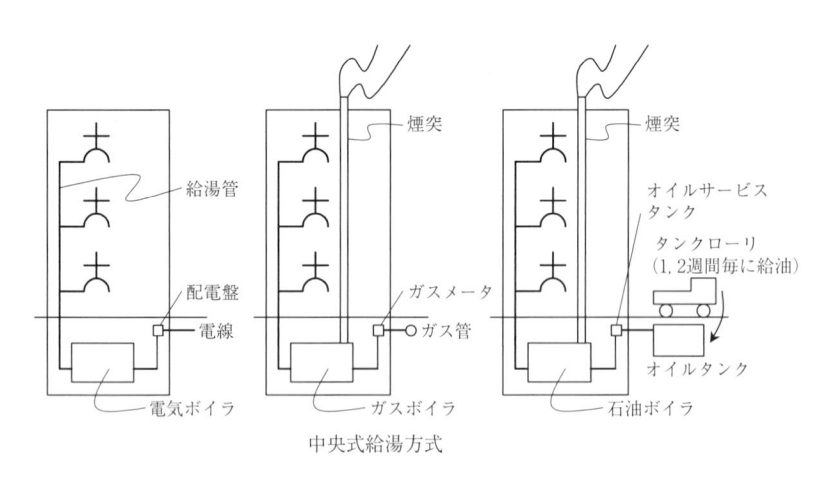

図 0.3 給湯設備

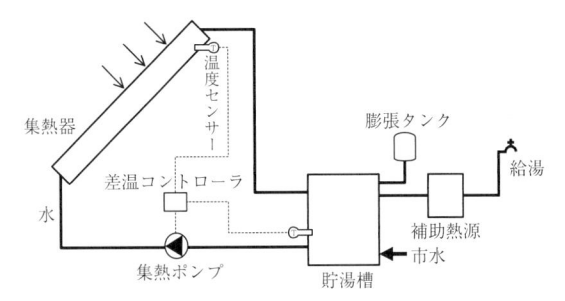

強制循環式太陽熱給湯システム（直接集熱方式）

図 0.4　太陽熱利用給湯設備

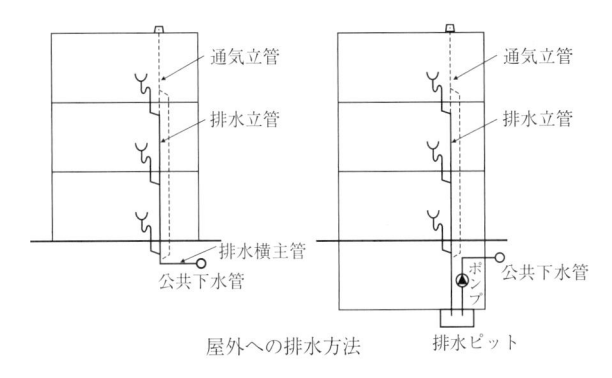

屋外への排水方法

図 0.5　排水・通気設備

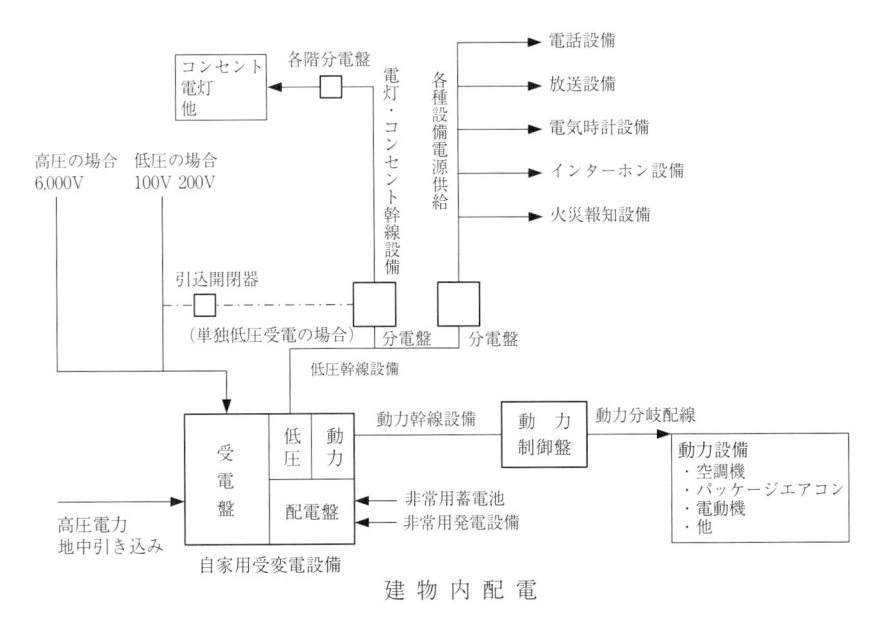

自家用受変電設備　　建物内配電

図 0.6　電気設備

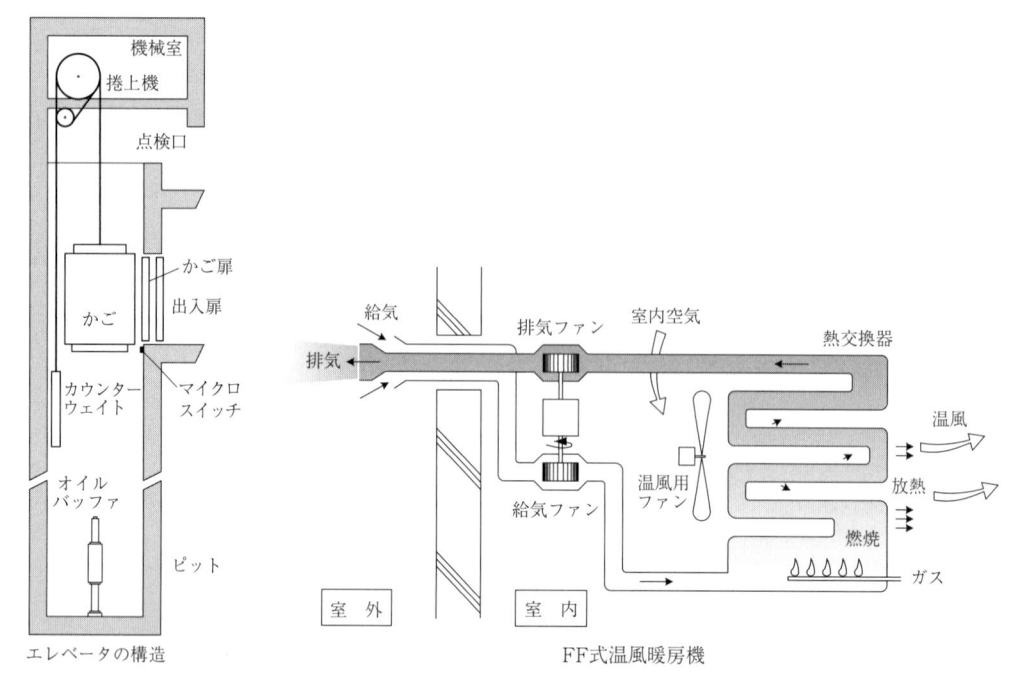

図 0.7　エレベータ設備

図 0.8　ガス設備

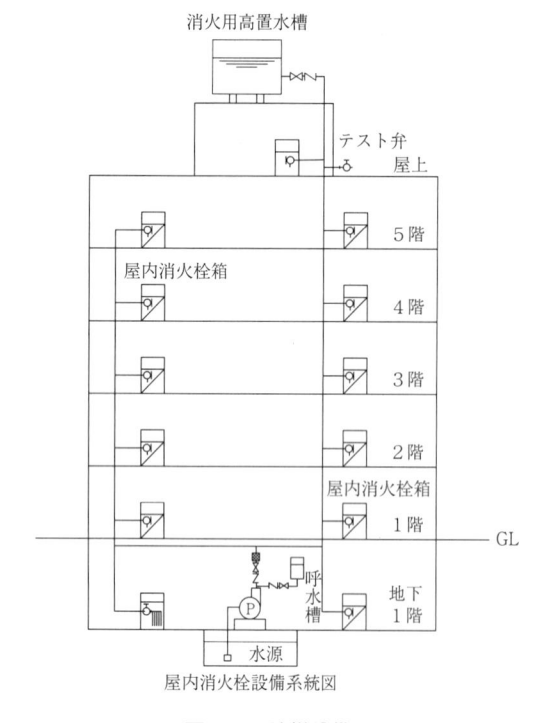

図 0.9　防災設備

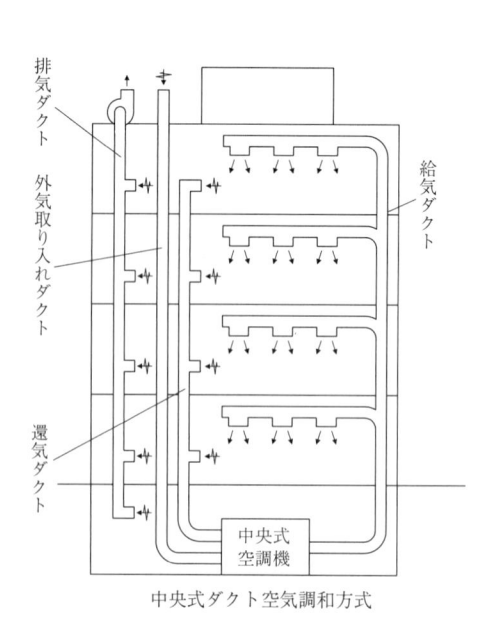

図 0.11　空気調和方式

(図 0.10 は次ページ)

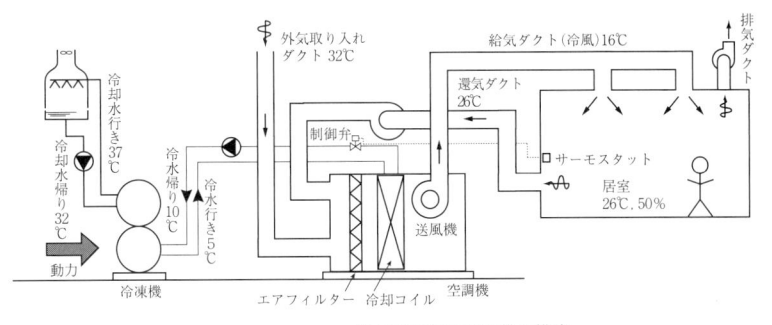

冷房の空気調和設備の構成

図 0.10　空気調和設備

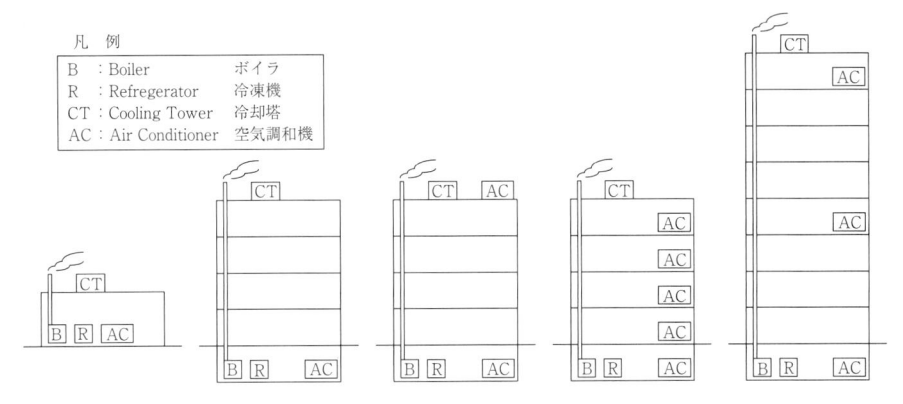

熱源機器と空気調和機の設置例

図 0.12　空気調和設備の設計法

凡　例
- B : Boiler　ボイラ
- R : Refregerator　冷凍機
- CT : Cooling Tower　冷却塔
- AC : Air Conditioner　空気調和機

ガラス窓の熱取得3要素

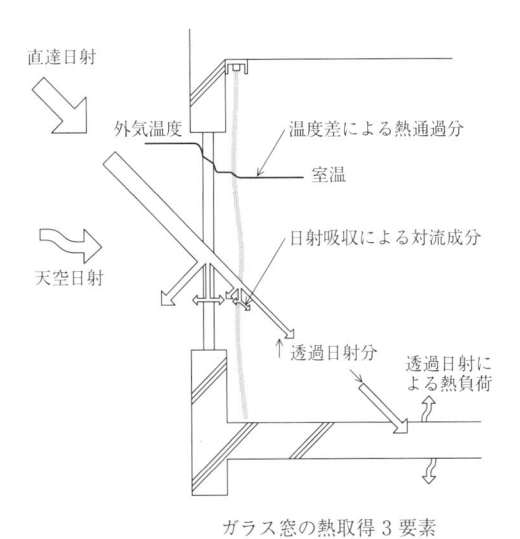

図 0.13　冷暖房負荷計算法

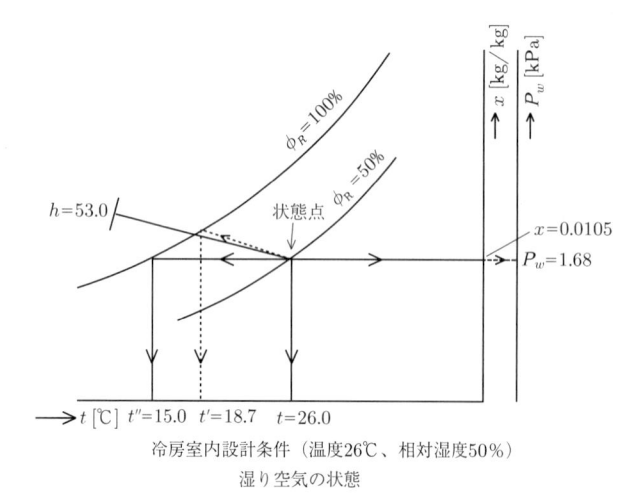

6 第0章 建築設備設計の使命と設計の流れ

冷房室内設計条件（温度26℃、相対湿度50％）
湿り空気の状態

図 0.14 湿り空気線図

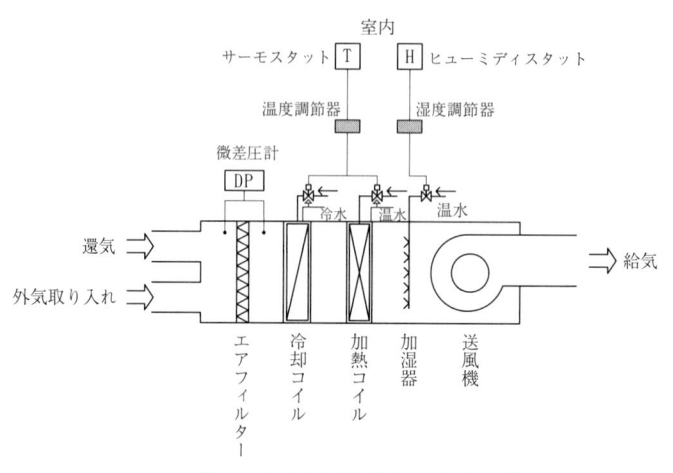

一般的中央式空気調和機と自動制御計装例

図 0.15 空気調和機

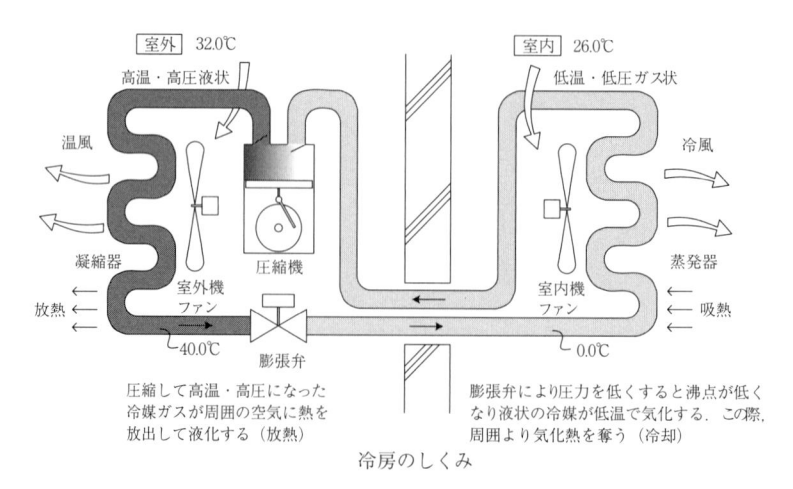

圧縮して高温・高圧になった冷媒ガスが周囲の空気に熱を放出して液化する（放熱）

膨張弁により圧力を低くすると沸点が低くなり液状の冷媒が低温で気化する。この際、周囲より気化熱を奪う（冷却）

冷房のしくみ

図 0.16 ヒートポンプ冷暖房

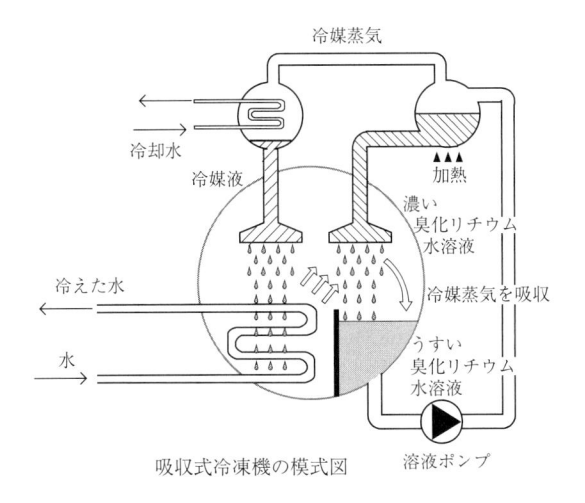

図 0.17 冷温熱源

　建築の設計・設備設計の手順は表 0.1(1)〜(4) に示すように企画，基本計画，基本設計，実施設計の順になる．企画の段階は敷地調査，自然環境調査，法規調査，資金計画等を行い，計画の可能性の検討を行う．基本計画段階は設計条件の決定，基本的な空間構成の決定，設備システムの比較検討を行う．基本設計の段階は設備システムの決定，経常費，LCC (life cycle cost，ライフサイクルコスト) の算定を行う．実施設計の段階は設備システムの仕様，工事契約に必要な設計図書の作成，積算書に基づく工事金額の決定，諸官庁への申請業務を行う．

演習問題 0

(1) 建築設計に際し，建築意匠設計者，構造設計者，設備設計者の各々の立場はどうあるべきか．
(2) 自分が省エネルギーに心がけている点を挙げ，どのように工夫しているかを述べよ．
(3) ポスト京都議定書 (COP21) の内容を調べ，各国の取り組みを述べよ．
(4) 中水道システムを調べよ．
(5) 省エネルギー法をインターネットで調べよ．

表 0.1 設計の手順

(1) 建築設計の手順

企　画	基本計画	基本設計	実施設計
1. 計画の決定 2. 敷地候補の選定 3. 敷地の測量，権利関係，地盤調査 4. 関連法規の調査 5. 設計者の選定 6. コンセプトの検討と決定 7. 計画チームの編成 8. 計画スケジュールの検討 9. 事業の予算と採算性の検討	1. 設計条件の検討と決定 2. 類似施設資料の収集 3. 基本的な空間構成の検討と決定 4. 構造，構法の検討 5. 給排水，衛生設備の検討 6. 空調設備の検討 7. 電気設備の検討 8. 特殊設備の検討 9. 事業予算の概算配分	1. 基本プランの作成 2. 構造，構法の決定 3. 給排水・衛生設備の決定 4. 空調設備の決定 5. 電気設備の決定 6. 特殊設備の決定 7. 予算の決定 8. 部門間調整と総合チェック 9. 経常費の算定 10. 関連法規のチェック	1. 建築図の作成 2. 詳細図の作成 3. 構造計算と構造図の作成 4. 給排水計算と給排水設備図の作成 5. 空調設備計算と空調設備図の作成 6. 電気設備計算と電気設備図の作成 7. 特殊設備計算と特殊設備図の作成 8. 仕様書の作成 9. 確認申請の申請業務

(2) 給排水・衛生設備の設計手順

企　画	基本計画	基本設計	実施設計
1. 設計の設定 2. 敷地調査に基づく上水道供給計画（供給方法，上水引込み方法） 3. 敷地調査に基づく下水道排水計画 4. 将来計画との整合 5. 概算予算の算出	1. 概略所要スペースの算定 2. 給排水設備システムの選択 3. 概略設備容量の算定 4. 関係官庁との折衝（上下水道局，消防署，建築指導課，掃除局，ガス会社） 5. 関連法規のチェック	1. 給水方式の決定 2. 給湯方式の決定 3. 排水方式の決定 4. 水利用方式の決定 5. 消火方式の決定 6. ガス供給方式の決定 7. ゴミ処理方式の決定 8. パイプスペースの設定 9. 水の凍結，配管の腐食対策	1. 実施設計図の作成（平面図，系統図，詳細図，機器表） 2. 仕様書の作成 3. 計算書（機器容量，配管サイズ） 4. 確認申請書の作成 5. 防災計画書の作成

(3) 電気設備の設計手順

企　画	基本計画	基本設計	実施設計
1. 設計の設定 2. 敷地調査に基づく電力供給計画（供給方法，能力，電力引込み方法，受電設備分担金） 3. 将来計画との整合 4. 概算予算の算出	1. 概略所要スペースの算定 2. 受変電，配電システムの選択 3. 概略設備容量の算定 4. 電力引込み経路の決定 5. 配線系統の決定 6. 使用電力量，予備電源量の算定 7. 主要機器の容量算出と配置 8. 関係官庁との折衝（電力会社，建築指導課，消防署） 9. 関連法規のチェック	1. 受変電設備の基本構成の決定 2. 受変電結線の決定 3. 予備電源設備の決定 4. 蓄電池設備の決定 5. 照明設備の決定 6. 最大電力量の算定	1. 実施設計図の作成（平面図，系統図，詳細図，機器表） 2. 仕様書の作成 3. 計算書（機器容量，電線の種類） 4. 確認申請書の作成

(4) 空調設備の設計手順

企　画	基本計画	基本設計	実施設計
1. 設計の設定 2. 熱源の調査（電気，ガス，石油，地域熱供給） 3. 設計条件の整理（外界条件，地域環境） 4. 将来計画との整合 5. 概算予算の算出	1. 概略所要スペースの算定 2. 熱源システムの選択 3. 設計条件の決定（室内条件，運転条件） 4. 関係官庁との折衝（建築指導課，電力会社，ガス会社） 5. 関連法規のチェック	1. 空調方式の決定 2. 主要機器の選定 3. 省エネルギー計算書作成 4. 概略熱負荷，概略設備容量の算定 5. ダクトスペース，パイプスペースの設定	1. 実施設計図の作成（平面図，系統図，詳細図，機器表） 2. 仕様書の作成 3. 計算書（熱負荷計算，機器容量計算，配管計算，ダクト計算） 4. 確認申請書の作成 5. 防災計画書作成

本書で扱うおもな表示記号とSI単位記号

名　　称	表示記号	SI単位記号	呼　称	備　考
長さ [L]	l	m	メートル	
基準面からの高さ	h	m		
面積	$A, (S)$	m²		
容積, 体積, 気積	V	m³		1 m³ = 1000 l （リットル）
質量 [M]	m	kg	キログラム	
力 [F]	P	N	ニュートン	1 kgf = 9.8 N
時間 [T]	t	s	秒	1s = (1/60) min = (1/3600) h
密度	ρ	kg/m³	（ロー）	ρ と γ は同一数値
（比重量）	γ		（ガンマ）	工学単位：kgf/m³
動粘度	ν	m²/s	（ニュー）	動粘性係数と同一
圧力	p	Pa	パスカル	1 kgf/m² = 1 mmH₂O ≒ 9.8 Pa
エネルギー・仕事・熱量	Q	J	ジュール	1 kcal = 4.1868 kJ
エネルギー流・熱流	q	W	ワット	1 kcal/h = 1.163 W = 4.1868 kJ/h
仕事率・放射束	L	W, kW	ワット	1 W = 1 J/s　1 kW = 860 kcal/h
絶対温度（熱力学温度）	T	K	ケルビン	0 K = −273.15℃
摂氏温度	θ	℃	セルシウス	θ = T [K] −273.15 [℃]
熱流密度・放射照度	I	W/m²		日射量，単位放熱量，単位熱損失量
熱容量	C	J/m³K		工学単位：kcal/m³℃
エントロピー	s	kJ/(kg·K)		
エンタルピー	h	kJ/kg		c_p：定圧比熱，c_a：空気の定圧比熱，c_w：水の比熱
比熱	c	J/(kg·K)		1 kcal/(kg·℃) = 4.1868 kJ/(kg·K)
熱伝導率	λ	W/(m·K)	（ラムダ）	1 kcal/(m·h·℃) = 1.163 W/(m·K)
熱伝達率	a	W/(m²·K)	（アルファ）	1 kcal/(m²·h·℃) = 1.163 W/(m²·K)
熱通過率（熱貫流率）	$K, (U)$	W/(m²·K)		
温度伝導率	a	m²/s		
比容積	v	m³/kg		
仕事の熱当量	A			A = (1/426.9) kcal/kgf·m
速さ	v	m/s		
重力加速度	g	m/s²		g = 9.8 m/s²
質量流量	$G, (m_f)$	kg/s		
容積流量	$Q, (V_f)$	m³/s (l/min)		m³/h = CMH, m³/min = CMM
電流	I	A	アンペア	
電位・電圧・起電力	E	V	ボルト	W/A
電気抵抗	R	Ω	オーム	V/A
電力	P	W	ワット	J/s
電気量・電荷	Q	C	クーロン	A·s
静電容量	S	F	ファラド	C/V
周波数	f	Hz	ヘルツ	1/s

倍数	10^{-12}	10^{-9}	10^{-6}	10^{-3}	10^{-2}	10^{-1}	10^{1}	10^{2}	10^{3}	10^{6}	10^{9}	10^{12}	10^{15}
呼称	pico ピコ	nano ナノ	micro マイクロ	milli ミリ	centi センチ	deci デシ	deca デカ	hecto ヘクト	kilo キロ	mega メガ	giga ギガ	tera テラ	peta ペタ
記号	p	n	u	m	c	d	da	h	k	M	G	T	P

標準大気圧	p = 101.325 kPa
水の物性値（標準大気圧）	
① 水蒸気の定圧比熱	c_v = 1.846 kJ/kg·K
② 蒸発熱（100℃）	r = 2,257 kJ/kg
③ 蒸発熱（0℃）	r = 2,501 kJ/kg
④ 融解熱（0℃）	r = 334 kJ/kg
⑤ 比熱（20℃）	c_p = 4.186 kJ/kg·K
乾き空気の物性値（標準大気圧）	
① 密度（20℃）	ρ = 1.204 kg/m³
② 定圧比熱（0℃，20℃）	c_p = 1.005 kJ/kg·K

建築設備用として使用される主要配管材リスト

使用区分	使用個所	管　　材	規　　格	備　　考
給　水	土中	水道用硬質塩化ビニル管 水道用ポリエチレン管 水道用耐衝撃性硬質塩化ビニル管 水道用内外面硬質塩化ビニル 　　ライニング鋼管 水道用内外面ポリエチレン粉体 　　ライニング鋼管 水道用ステンレス鋼管	JISK6742 JISK6762 JWWAK118 WSP034 WSP033 JWWAG115	一般宅地内埋設配管 耐衝撃性を要求される埋設配管(HIVP) 埋設配管(SGP-VD) 埋設配管(SGP-PD) 埋設配管
	建屋内	水道用硬質塩化ビニルライニング鋼管 水道用ポリエチレン粉体ライニング鋼管 水道用ステンレス鋼管 ポリブデン管 架橋ポリエチレン管	JWWAK116 JWWAK132 JWWAG115	最も多く使用．埋設配管(SGP-VB) 埋設配管(SGP-PA) サヤ管ヘッダー工法として使用 〃
排水通気	土中	硬質塩化ビニル管 遠心力鉄筋コンクリート管	JISK6741 JISA5303	最も多く使用(VP) 耐衝撃性埋設配管（ヒューム管）
	建屋内	排水用鋳鉄管 排水用鉛管 石綿二層管 排水用タールエポキシ塗装鋼管 排水用硬質塩化ビニルライニング鋼管 配管用炭素鋼管（白） 硬質塩化ビニル管	JISG5525 HASS203 WSP032 WSP011 JISG3452 JISK6741	汚水用 衛生器具接続部 汚水用 〃 〃 雑排水通気用（白ガス管） 防火区画貫通部使用注意
給　湯		銅管 被覆銅管 耐熱性硬質塩化ビニル管 配管用ステンレス鋼管 ポリブデン管 架橋ポリエチレン管	JISH3300 JISK6776 JISG3459	(M)一般，(L)厚肉管 銅管に断熱被覆，小口径配管用 防火区画貫通部使用注意(HTVP) サヤ管ヘッダー工法として使用 〃
消　火		配管用炭素鋼管（白）	JISG3452	
冷却水 冷温水		配管用炭素鋼管（白） 硬質塩ビライニング鋼管 配管用ステンレス鋼管	JISG3452 JWWAK116 JISG3459	最も多く使用 冷却水管として使用 最も多く使用
油 蒸　気 高温水		圧力配管用炭素鋼管（黒） 配管用炭素鋼管（黒）	JISG3454 JISG3455 JISG3452	高圧蒸気，高温水（スケジュール管） 低圧蒸気，油
冷　媒 医療ガス		リン脱酸銅継目無管	JISH3603	
都市ガス ＬＰＧ		配管用炭素鋼管（白） ポリエチレン塗覆装鋼管 ガス用ポリエチレン管 ガス用ステンレス鋼管	JISG3452 JISK6774 JISG3407	屋内一般 埋設配管(PLP)　土中等 (PE)　〃 〃

第Ⅰ部

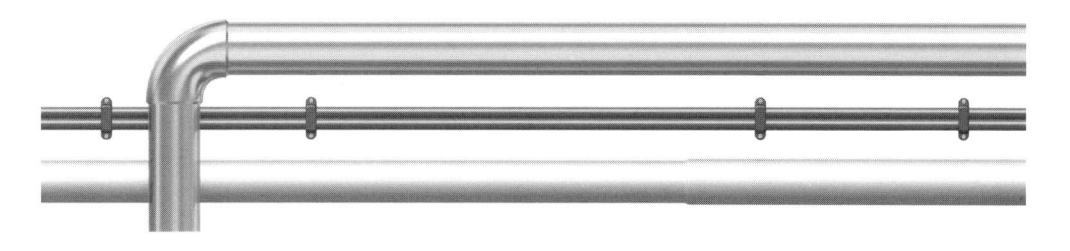

さまざまな建築設備

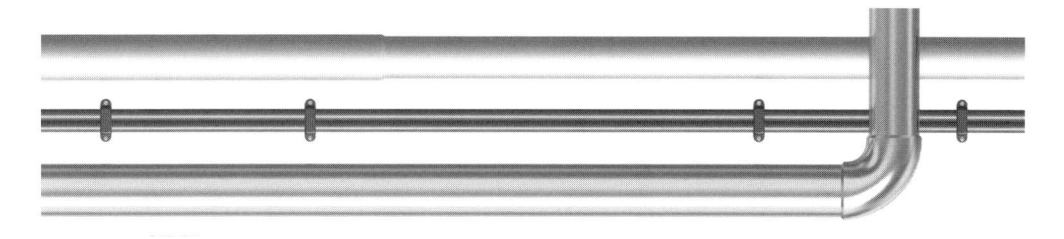

第1章
情報・通信設備

　情報・通信システムは日進月歩の分野であり，次々と新しいシステムが開発されている．設計に携わる者はそれらのシステムの導入が容易にでき，次々とリプレース可能な建物として，最初から建築設計，構造設計，設備設計を行わなければならない．以前はインテリ

表 1.1　主な情報・通信の種類

公衆通信	有線	電話，ISDN，公衆電話，ADSL，光アクセス
	無線	携帯電話，PHS，ポケベル，無線LAN
専用通信	有線	アナログ方式，デジタル方式
	無線（衛星利用）	デジタル通信，ビデオ通信
放　送	有線	CATV，有線放送
	無線	テレビ地上放送，ラジオ地上放送，衛星放送

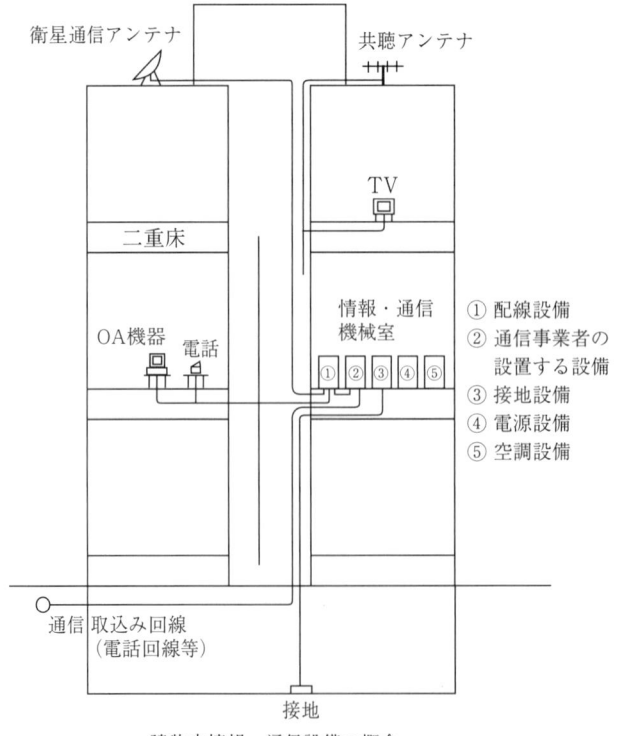

図 1.1　建物内情報・通信設備の概念

ジェントビル (intelligent building) と称し，高度な情報・通信設備を有し，珍しかったが，最近ではオフィスビルであれば当然これらの設備が完備しているのが普通になってきている．表 1.1 に主な情報・通信の種類，図 1.1 に建物内情報・通信設備の概要図を示す．

1.1 情報・通信システムの種類

情報・通信システムは次々と新システムが出現するが，次に掲げる代表的システムが必要に応じて導入される．

(1) LAN

LAN とは local area network の略語で，図 1.2 のように建物内，大学のキャンパス内のような区域内でサーバー，ワークステーション，パソコン等の各種情報機器で情報の交換を行う構内ネットワークシステムをいう．LAN は接続の形態によって図 1.3 に示すスター型，バス型，リング型の 3 種類に分類される．伝送速度で分類すると低中速 (数 Mbps 〜20 Mbps)，高速 (100 Mbps〜数百 Mbps)，超高速 (1 Gbps 以上) に分けられる．現在主流となっている Ethernet の 10BASE-T や 100BASE-TX は，HUB を利用した階層構造

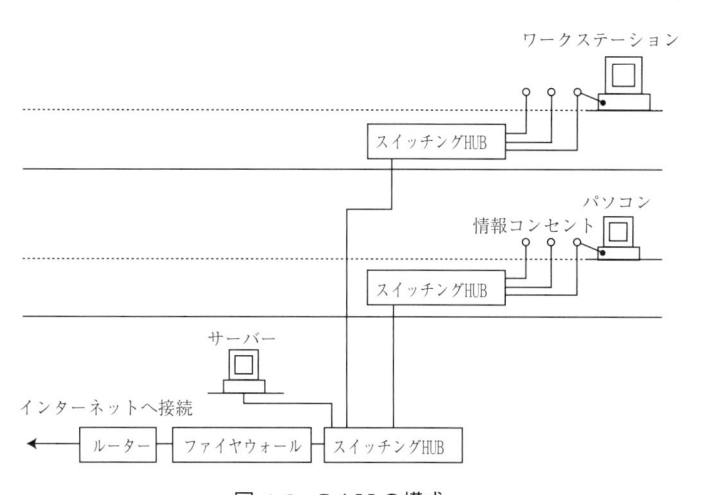

図 1.2 LAN の構成

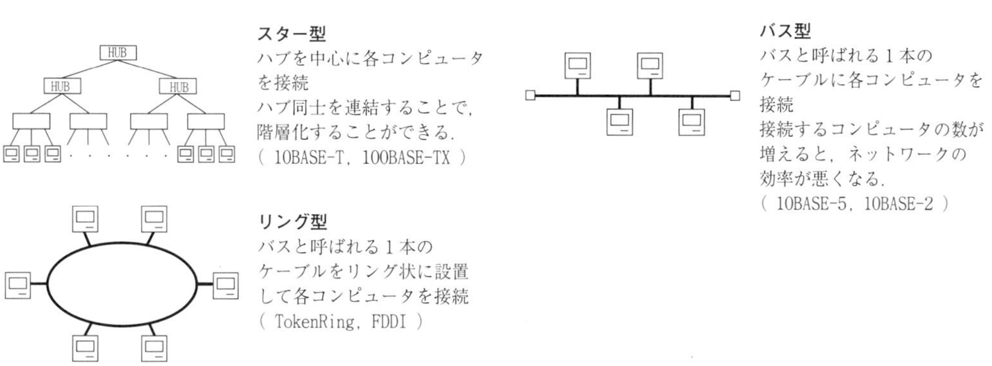

図 1.3 LAN の接続形態

を作るスター型で，10や100の数字は伝送速度(Mbps)を表示している．LANに用いるケーブルは幹線系の高速大容量部分に光ファイバーケーブル，支線系にUTPケーブル(メタル)が多い．また，最終部分を無線通信で行う，無線LAN(電波，赤外線)も普及している．LANを外部インターネット網に接続する場合，ルーター，ファイヤーウォールを介してISP(internet service provider)に接続する．複数の拠点でLANを構成する場合，通信事業者の専用線を利用するが，最近は認証や暗号化などのセキュリティ技術の発達によって，公衆網を仮想的に専用網であるかのように利用するVPN (virtual private network) が実用的になり，従来より安価なネットワーク構成が可能になった．

(2) PBX

PBX(private branch exchanger) とは構内電話交換機のことをいい，図1.4のように構内相互の通話の利用のためと，外部との電話回線を共用するために使われる．PBXに接続している電話回線は通常のサービス回線のほかに，ISDN(integrated services digital network 統合デジタル通信網) の回線も使われる．大規模になると専用回線をPBXに接続し，企業内の各事業所を私設通信ネットワークとして利用することもある．また，アナログ電話だけでなく，携帯電話，PHS，IP電話などもサポートする製品もある．PBXは小規模なシステムではオフィスの一隅にも置けるが，大規模になると専用の情報・通信機械室に設置する必要がある．

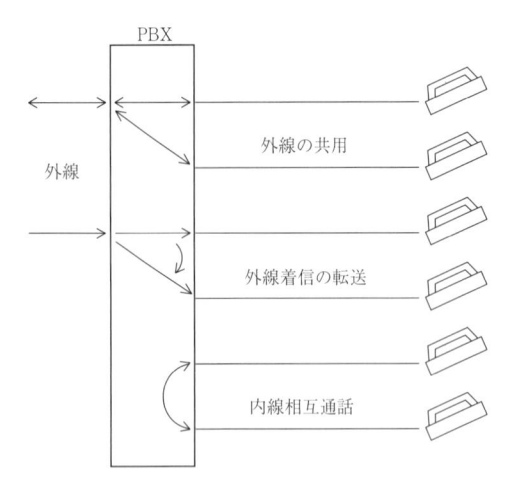

図 1.4　PBX の働き　　　　　　　　　　ディジタル・アナログ変換装置

(3) 公衆通信

通常の電話のシステム構成は2本の銅線で通信事業者の交換機とつながって，300～3,400 Hzの音声信号をそのまま電圧の強弱波形のアナログ信号で伝えるものである．この信号をデジタル化して通信するのがISDNで，一般電話のアナログ回線に比べて回線の状態が安定しており，高速で安定した通信を行うことができる．インターネットの接続で最近急速に普及しているADSL (asymmetric digital subscriber line, 非対称デジタル加入者

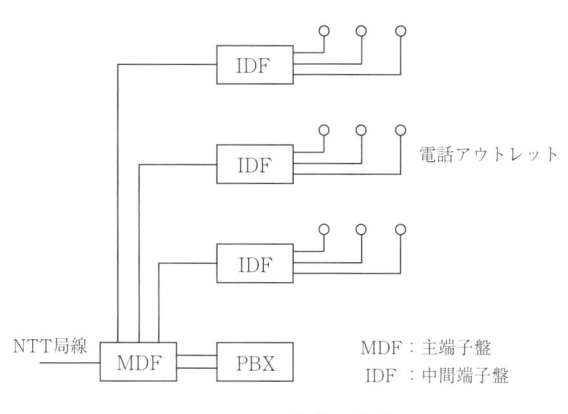

図 1.5　電話設備の構成　　　　　　　　　光 MDF

線) は，アナログ電話用として敷設されている銅線を用いて数 Mbps の高速なデジタル通信を行うための技術である．通信事業者の回線を光ファイバーケーブルによって多数の回線を多重化して引き込み，ビル内は銅線を用いる場合は，光―メタル変換装置が必要になる．また，INS1500 (ISDN) や専用線で大容量のものは端末まで直接光ケーブルを使用する．

　PBX は図 1.5 に示すように MDF(主端子盤) と接続している．MDF は通信事業者の回線と構内の配線を接続する分界点である．構内配線をフロア毎などに集線するのが IDF(中間端子盤) である．ビル内の通信機器は MDF～IDF を介して通信事業者の回線と接続する．最近は携帯電話の契約数が固定電話を上回っており，地下や高層がビルで携帯電話不感知の問題が生じており，NTT ドコモでは IMCS (in building mobile communication system) などで対処している．インターネット技術を利用した DSL (ディジタル加入者回線) 等，種々の通信技術が急速に普及している．

(4) AV システム

　AV システム (audio visual system) は音響設備，映像設備，通信設備から構成され，マルチメディア表現の最先端分野である．用途は会議，講演，教育，研修など多岐に渡る．また AV 機器はビデオ機器，光学映像機器，オーディオ機器，コンピュータ，スクリーン等を組み合わせ，効果のある AV システムを作製しなければならない．図 1.6 に通信衛星，インターネット，LAN を用いた，ネットワーク利用による AV 会議システムの概念図を示す．

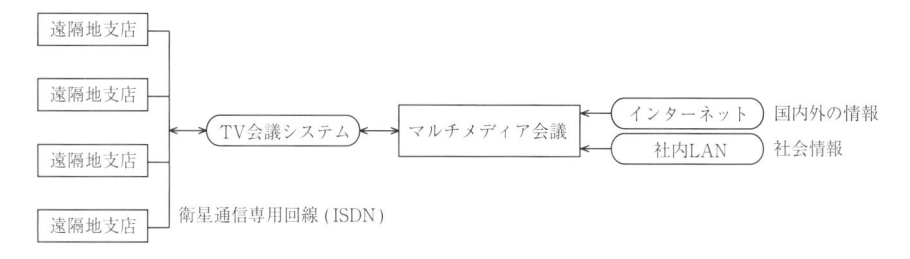

図 1.6　ネットワークを利用した AV 会議の概念

(5) 放送設備

　音声情報の伝達を主な目的とするものであり，マイクロホン，CD プレイヤー，カセット

デッキ等の入力機器，増幅器(アンプ)，スピーカなどの出力機器および制御装置で構成される．また，放送設備の用途は一般放送，非常放送および局所放送に分類される．一般放送は業務上の放送，時報チャイム，呼び出し，BGMなどを目的とする．非常放送は消防法に基づき，火災，地震などの緊急時に放送し，法規上で設置場所，機器類，配線の規定がある．局所放送は駐車場の呼び出し，会議室の案内など局所的に利用する場合に設置される．

(6) インターホン設備

インターホン設備は建物内の専用通信設備として，従来より業務用，管理用，病院用，住宅用などとして広く用いられている．基本となるシステムは親機と多数の子機で構成される．方式として親機と子機の間に通話網が構成されている親子式，親機と親機で構成されている相互式および親子式と相互式が組み合わさった複合式がある．住宅用インターホンで高級品はテレビカメラ，電話，防災センサー，電気錠まで付いているものもある．事務所，工場用のインターホンの局数が20カ所程度までで，それ以上になると内線電話や構内PHSになる場合が多い．

(7) テレビ共聴設備

テレビ共聴設備は集合住宅，オフィスビル等の屋上に親アンテナを設け，各室にテレビ信号を伝送する設備であり，図1.7に示すように受信アンテナ(VHF,UHF,BS,CS)，増幅器，分配器，分岐器および直列ユニットで構成される．VHF帯は12チャンネル，UHF帯は50チャンネルの周波数が割り当てられている．なお，2003年末から地上デジタル放送が開始され，2011年に完全移行(アナログ放送終了)した．BSは放送衛星を利用したテレビで，アナログ放送とデジタル放送がある．CSは通信衛星を利用したテレビで，デジタル放送の専門化した多数のチャンネルがある．CATVはケーブルテレビジョン(cable television)の略称であり，多チャンネルの伝送，双方向機能に対応でき全国的に普及，発展してきている．最近は電話，パソコン通信が可能になっている．

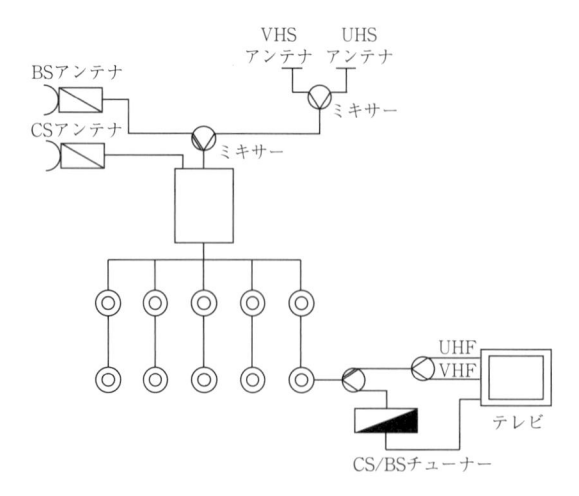

図 1.7 テレビ共聴システム

1.2 情報・通信に必要な建築設備

情報・通信設備のみならず，OA 化，コンピュータ化により，建築躯体，建築設備が従来と異なってくる．主要なものを記述する．

(1) 配線設備

最近のオフィスビルではコンピュータ，電話，LAN などの情報系配線が縦横に走り，錯綜する．また，組織の変更，システムの更新などに応じて端末機器などの場所変更が頻繁に行われるため，フレキシブルな配線方式が必要となる．

図 1.8 に示すように OA フロア (office automation floor) としては，床スラブと床仕上げ材の間に空間をとり，自由に配線を敷設するフリーアクセスフロア方式 (free access floor system)，この方式は 2 重床のため床吹出し空調システムも可能である．オフィスの改修では $500 \times 500 \times 50^H$ 程度のモジュールのパネルに配線を組み込んだワイヤリングフロア方式 (wiring floor system) がある．床カーペットの下にフラットケーブル等を埋設するアンダーカーペット方式 (under carpet system)．さらに床スラブと床仕上げ材の間に配線敷設用のダクトスペースを縦横に走らせて，端末を取りだすフロアダクト方式 (floor duct system) がある．種々の配線方式より建物用途に適した方式を選定すべきである．最近のオフィスでは高さ 150 mm 程度のフリーアクセスフロア方式が主流である．なお，垂直の配線には縦シャフトを用意し，十分な配線スペースおよび SW，HUB などのネットワーク機器設置スペースの確保が必要である．

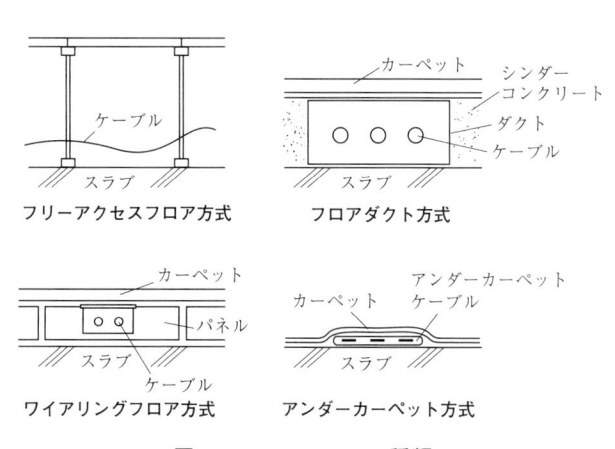

図 1.8 OA フロアの種類

(2) 電源設備

情報・通信設備の端末機であるデスクトップコンピュータ等の電源は単相 100V がほとんどで，特に容量の大きい装置は単相 200V で使われる．最近の OA 機器は省電力化が図られ，以前に比べて消費電力が少なくなっているが，機器類が増えているので，従来のオフィスビル (20〜40 W/m^2) に比べて，消費電力を大きく見積もる必要がある．小容量の機器が数多く設置されるケースが多くなっており，全体の電気容量は多くなくても，コン

セント口数を多く必要としている．コンピュータシステムの電源システムは非常用に自家発電機を用い，図 1.9 のように蓄電池と CVCF (5.5 参照) を設置し，無停電定周波定電圧にすべきである．

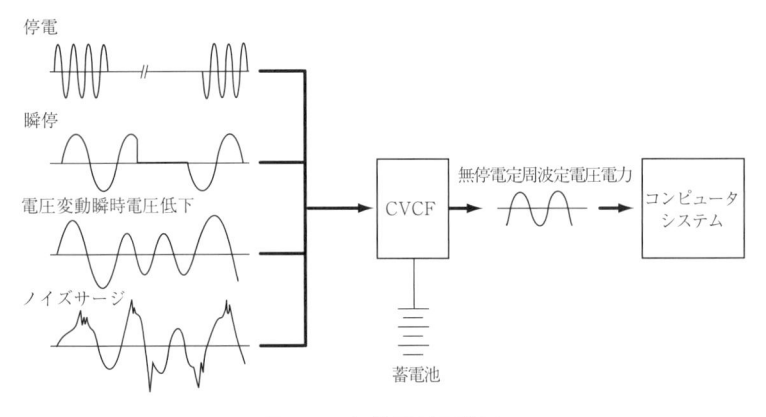

図 1.9 無停電電源装置

(3) 情報・通信機械室

大規模なビルになると情報・通信のために引き込みケーブル，配線設備が大掛かりとなるので，通常は専用の情報・通信機械室を設ける．なお，NTT などの電気通信事業者がビル内に設置する PD(光配線盤) や光－メタル変換装置や電源設備のためのスペースも必要になる．建築構造としての床荷重は装置類が集中的に設置されるので，一般オフィスの設計床荷重 300 kg/m^2 より大きくなる．床は配線の出し入れが容易な二重床のフリーアクセスフロアにすべきである．フリーアクセスフロアの場合，床が 10～20 cm 上がるので，その分天井高が高いのが望ましい．また，引き込みケーブルがメタリックケーブルである場合は避雷設備が必要で，そのための接地設備が必要になる．

(4) 機械室の空気調和設備

情報・通信機械室の空気調和設備はオフィスビル全体の空気調和設備とは別系統のパッケージエアコン方式などの設備とし，24 時間連続運転となる．情報・通信設備機器の発熱が主とした熱負荷になるので，年間を通して冷房負荷がほとんどで暖房負荷は小さい．冷房負荷は一般のオフィス (150～180 W/m^2) に比べると大きくなる．

演習問題 1

(1) インターネットの歴史を調べよ．
(2) インテリジェントビルの概念を示せ．
(3) AV 機器を列記せよ．
(4) 光ファイバーケーブルとメタリックケーブルの特徴を比較せよ．

第2章
給水設備

　水道水は人が生活していくうえで必要不可欠なものであり，人命あるいは基本的人権にもかかわる重要なものである．この水道事業は市・町・村などの地方公共団体が運営している公営である．したがって料金体系などは議会の承認を必要とする．一方，電気・ガスは公共性が高いが，企業が経営し，料金体系は国の承認を受けている．公共性の高い水道事業は水質・水圧など一定の基準があり，それらをクリアして給水している．

　給水設備とは水道事業により給水される水道の敷地内における設備のことをいう．したがって，水道本管から乙種止水栓，量水器までは地方公共団体の所属であり，量水器以後がこの章の給水設備の対象となる．敷地内が対象となり，個人所有等になるが，公共施設としての水道本管への衛生面や水圧などで悪影響をおよぼさないように給水設備を設置しなければならない．

　水道料金体系は基本料金と従量料金よりなり，料金は地方公共団体により異なる．また下水道が備わっている所は水道使用量により下水道料金が徴収される．表2.1に某市の上下水道料金体系を示す．水道料金は使用量が多ければ多いほど割高となる．社会通念と異なるところである．これは一般に地方公共団体が赤字で水道事業を行っており，節水に努める意味があるためである．

表 2.1　上下水道料金

水道料金表(2ヶ月分)

基本料金		従量料金	
口径(mm)	料金(円)	水量(m^3)	料金(円/m^3)
13	920	〜20	60
20	2,480	21〜40	100
25	4,060	41〜60	155
40	12,480	61〜100	210
50	18,400	101〜200	280
75	46,200	201〜	370
100	98,800	公衆浴場用	35

下水道料金(2ヶ月分)

区　分	基本料金(円)	従量料金	
		水量(m^3)	料金(円/m^3)
水道水による汚水	20 m^3まで 1,086	〜20	46
		21〜40	114
		41〜60	136
		61〜100	183
		101〜200	233
		201〜1,000	292
		1,001〜	351
公衆浴場の汚水	汚水排除量 1 m^3につき12円		

2.1　各種給水方式

　水道水の水圧は一応水柱20 m(196 kPa)の設計水圧がある．しかし，水圧と流量は現地固有の条件および時刻・季節により変動する．まず，現地の調査が重要である．これら調査の結果，設計条件が決まってくる．代表的な5方式の特徴を表2.2に示す．

表 2.2 給水方式の比較

	① 水道直結方式	② 増圧給水方式	③ 高置水槽方式	④ 圧力水槽方式	⑤ ポンプ直送方式
適用建物	水道圧で供給できる小規模建物	小, 中規模建物	中, 大規模建物, 団地	小, 中規模建築	大規模建物, 団地
設備費	ポンプなど動力設備がないので最も安い	比較的安価	割高となる	①と②の間	割高である。ポンプ, 自動制御費が高価である
停電時	断水のおそれなし	水道圧のみ給水可能	高置水槽水のみ給水可能	圧力水槽の加圧分のみ給水可能	加圧分のみ給水可能
断水時	給水不可能	給水不可能	受水槽の保有水量だけ給水可能	同左	同左
給水量 給水圧	季節, 時刻により不安定	やや不安定	確保できる	やや不安定	確保できる
設備スペース (ポンプ, 水槽など)	不要	小スペースのみ必要	必要	必要	必要
維持管理	不要	ポンプの点検のみ	ポンプの点検, 高置水槽, 受水槽の清掃	ポンプ, 電気部品	ポンプの点検, 受水槽の清掃
運転費	いちばん安価	安価	②より高価	高価	高価

(1) 水道直結方式

図 2.1 に示す. 水道本管の水圧のみで給水する最も単純な方式である. したがって電気等は不要である. 水道本管の水圧にたよるので, 高い所の給水はできない. また, 流量は不安定になることがある. 2階建の住宅等小規模建築に適している. 工事費, 維持管理費は他の方式に比べて一番安価である.

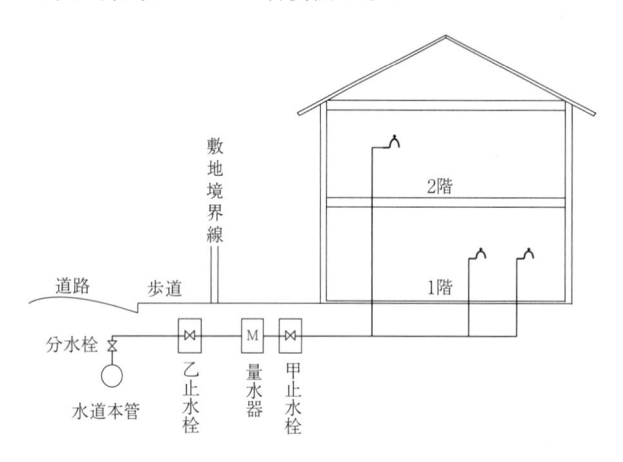

図 2.1 水道直結方式

(2) 増圧給水方式

最近, 高置水槽のトリハロメタン発生防止など衛生問題を解消するため, 大都市などは口径 50 mm 以下の小口径を対象に図 2.2 に示す増圧給水方式が認可された. この方式は水道本管にポンプを直結し, 受水槽無しで使う水量のみ圧送する方法である. なおポンプは認定品に限定される.

(3) 高置水槽方式

高架水槽, 高置タンク方式ともいい, 中・大規模建築の最も一般的給水方式である. 図 2.3 に示す. 水道本管より引き込み管で受水槽に一旦水道水を留める. その水を揚水ポン

図 2.2 増圧給水方式

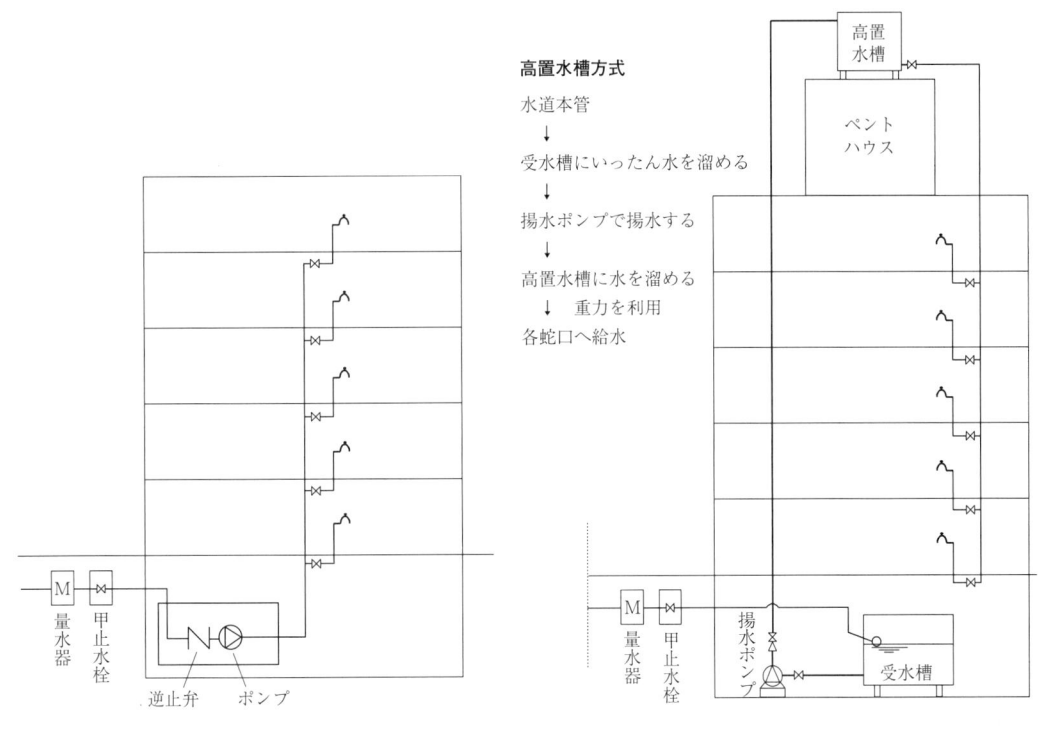

高置水槽方式
水道本管
↓
受水槽にいったん水を溜める
↓
揚水ポンプで揚水する
↓
高置水槽に水を溜める
　↓ 重力を利用
各蛇口へ給水

図 2.3 高置水槽方式

プで高置水槽まで揚水し，高置水槽に水を留める．その水を重力を利用して各蛇口から給水する．受水槽廻りの配管を図 2.4 に示す．受水槽は六面点検が可能なように製作し，材質は FRP が多い．なお建築躯体と一体で作ることは禁止されている．これは周囲壁体から地下水などが浸入するのを防ぐためである．形状はモジュールパネルの組立型が多い．また，排水は間接排水とし，汚水などの逆流を防止し，衛生面に注意を払うことを義務付けている．水道引込管からは定水位弁または電磁弁で水位を制御している．高置水槽廻りの配管を図 2.5 に示す．高置水槽の材質は FRP が多い．形状は種々の形があり，直方体，

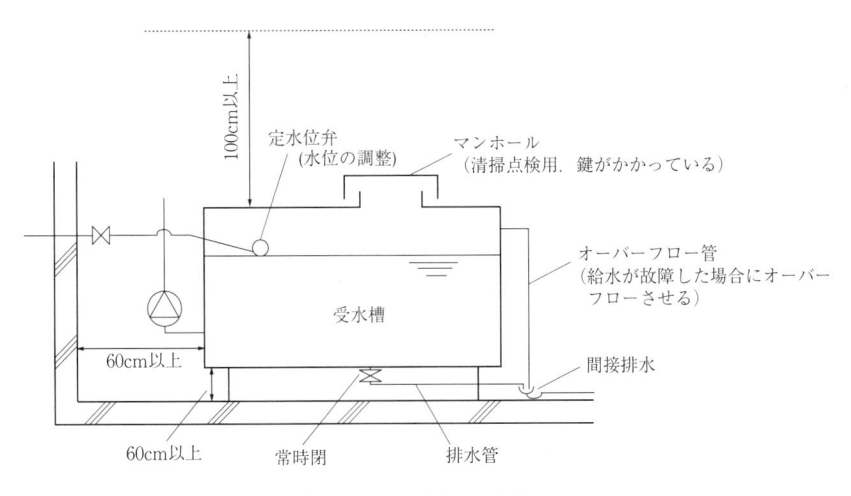

図 2.4 受水槽廻り配管

球形，円筒形などである．高置水槽には水位センサーとして電極棒を設置してあり，水位を感知して揚水ポンプの発停の信号を出している．高置水槽の位置は最上階の給水器具を考慮して決めなければならない．一番大きな必要水圧はシャワーやフラッシュバルブの 7 m 水柱 (68.6 kPa) で，これのみで 7 m の高低差が必要になる．配管の摩擦損失等を考慮すると最上階の床面より 10 m 程度以上に高置水槽を設置する必要がある．

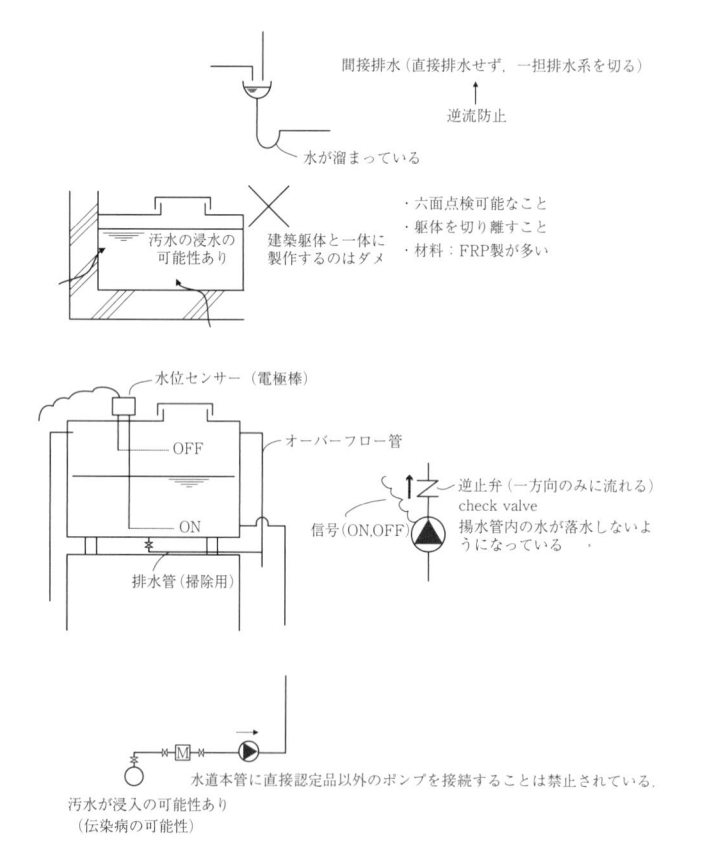

図 2.5 高置水槽廻り配管

高置水槽 (上) と受水槽 (下)

なお，超高層ビルもこの高置水槽方式を採用している．やや異なるのは，ペントハウスのみに高置水槽を設置すると下層階の蛇口に水圧がかかり過ぎ，使いづらいので図 2.6 に示すように設備階に高置水槽を設置，各々の系統の給水を受け持っていることである．これを給水のゾーニング (zoning) という．なお，設備階に高置水槽を設置することが困難なときは，減圧弁で対応することも可能であるが，故障時の配慮が必要となる．

(4) 圧力水槽方式

圧力タンク方式ともいい，図 2.7 に示す．主として受水槽，圧力水槽，エアコンプレッサーから成る．受水槽よりポンプで圧力水槽へ給水する．圧力水槽が一定の高圧 (水柱 45 m，441 kPa) 程度になると停止する．この水圧により各給水栓に給水する．給水して水圧が低下して，一定の低圧 (水柱 20 m，196 kPa) になると再度ポンプで圧力水槽へ給水す

超高層

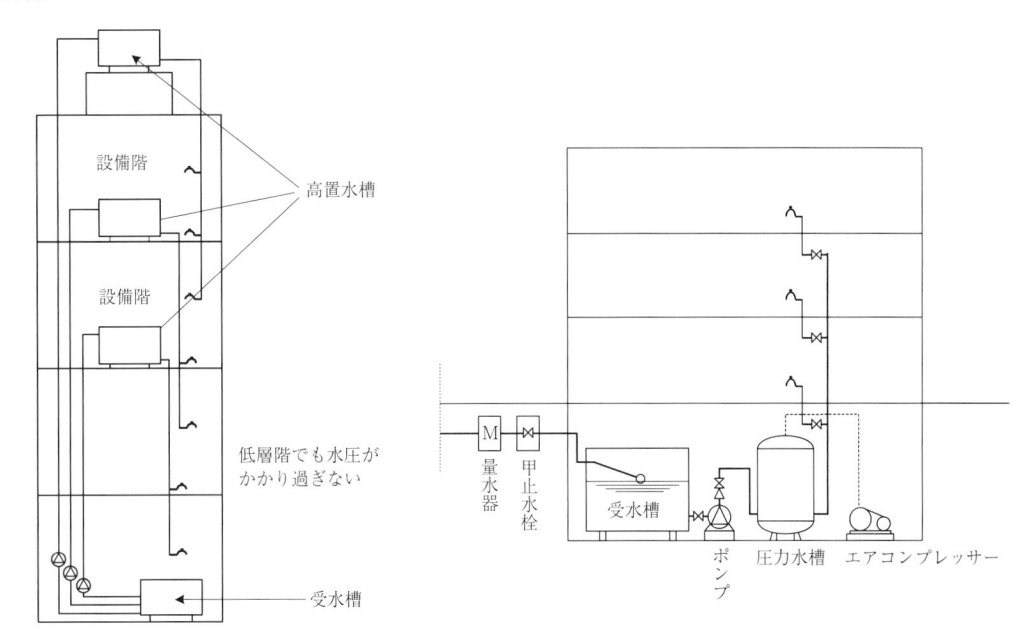

図 2.6 超高層ビルのゾーニングによる給水方式

図 2.7 圧力水槽方式

る．また空気が減るとエアコンプレッサーにより空気を水槽内上部へ補給する．給水圧力が変動するので水の出はやや不安定である．圧力水槽方式は重力を利用していないので，高所に設置する必要はなく地下もしくは1階に設置する．美観上良く，美術館・高級住宅・低層集合住宅等中規模建築に用いられる．

(5) ポンプ直送方式

タンクなし圧送方式ともいい，図2.8に示す．受水槽よりポンプで直接圧送する方式である．給水管に流量センサーと圧力センサーを設置し，その信号を制御盤に送る．制御盤でポンプ群の流量と圧力を所定の値になるようにインバータ制御で群管理する．この方式も重力を利用していないので，高置水槽はなく美観上良い．システムとしては高価である．

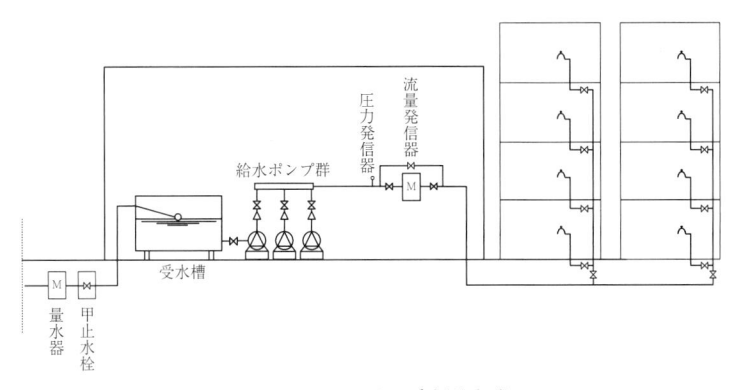

図 2.8 ポンプ直送方式

大規模団地等に適している．

その他，圧力水槽方式とポンプ直送方式の利点を取り入れた小型圧力タンク付き圧送方式がある．この方式は少使用水量時の圧力をダイアフラム式の小型タンクにより保持し，ポンプの発停を行うものである．吐出圧力を一定にするために，減圧弁やインバータ制御を併用することが多い．中規模建築の給水方法に適している．

2.2 受水槽，高置水槽，揚水ポンプの容量算定

図 2.9 に示す最も一般的な高置水槽方式の受水槽，高置水槽，揚水ポンプの容量算定を行う．容量算定の基礎となる給水量の定義を示す．

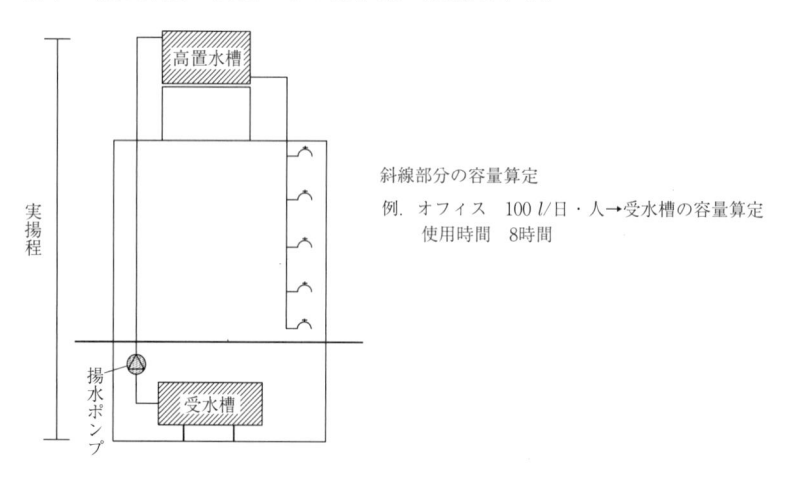

図 2.9 一般的な高置水槽方式

毎時平均給水量 ＝ 1日当たり総給水量 ÷ 1日当たり使用時間
　　　　　　　（1日の使用水量の合計を1日の使用時間で割ったもの）
　　　　　→ 受水槽の計算に用いる
毎時最大給水量 ＝ 毎時平均給水量 ×2
　　　　　　　（1日のうち最も多く水が使われる1時間）
　　　　　→ ポンプ，水道引き込み管の計算に用いる
瞬時最大給水量 ＝ 毎時平均給水量 ×3
　　　　　　　（1日のうち最も多く水が使われる一瞬）
　　　　　→ 高置水槽，給水管の計算に用いる

(1) 受水槽の容量算定

受水槽を図 2.10 に示す．外形寸法に関しては定水位弁，オーバーフロー管を考慮し，クリアランスを 0.3m 以上とらなければならない．容量算定式を示す．

$$V_s = (Q_p - Q_s) \times T_1 \tag{2.1}$$

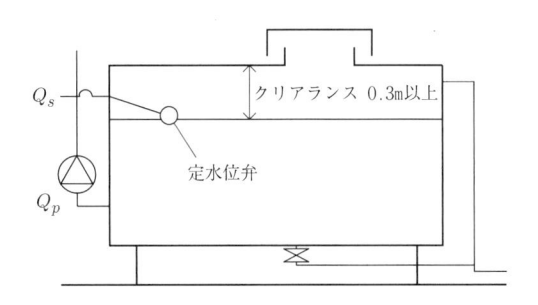

図 2.10 受水槽

ただし，　V_s　：受水槽有効水量 [l]
　　　　　Q_p　：揚水ポンプの揚水量 [$l/\min$]
　　　　　Q_s　：水道引き込み管給水能力 [$l/\min$]
　　　　　T_1　：ピーク時における揚水ポンプ運転時間 [min]

簡単に，$V_s =$ 毎時平均給水量 × 時間 (3〜5 時間) (2.2)

(2) 高置水槽の容量算定

高置水槽を図 2.11 に示す．外形寸法に関してはオーバーフロー管等を考慮し，クリアランスを 0.3m 以上とらなければならない．有効容量は，瞬時最大給水量が使用される時に，毎時最大給水量で揚水する．そのバッファー量であると考える．容量算定式を示す．

$$V_e = (Q - Q_p) \times T_2 + Q_p \times T_3 \tag{2.3}$$

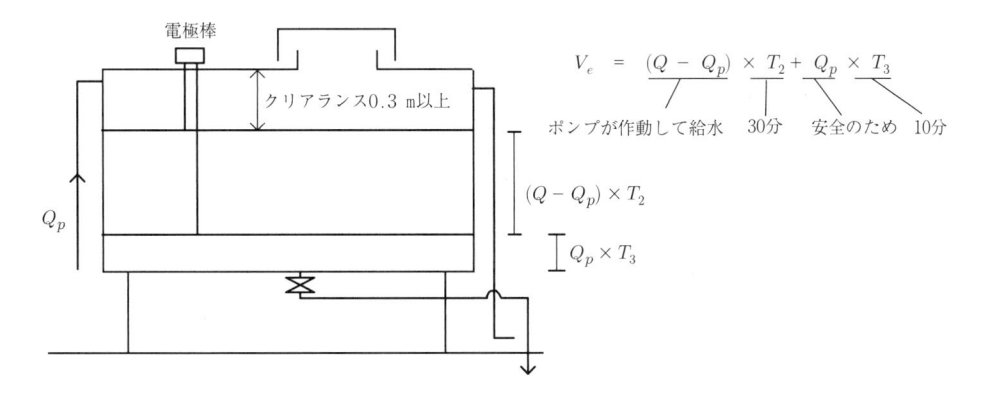

図 2.11 高置水槽

ただし，　V_e　：高置水槽有効容量 [l]
　　　　　Q　：瞬時最大給水量 [$l/\min$]
　　　　　Q_p　：揚水ポンプの揚水量 [$l/\min$]
　　　　　T_2　：瞬時最大給水量の継続時間 [min] 30 程度
　　　　　T_3　：揚水ポンプの最短運転時間 [min] 10 分程度

(3) 揚水ポンプの選定

揚水ポンプの能力は揚程と吐出量 (揚水量) で表される．吐出量は毎時最大給水量とする．ポンプの揚程を図 2.12 に示す．揚程とは水を揚げる高さをいい，高低差に伴う実揚程と配管の摩擦損失，バルブ等に伴う損失水頭より構成され，実揚程と損失水頭を全揚程という．現段階では損失水頭が不詳であるので，実揚程より算出する．

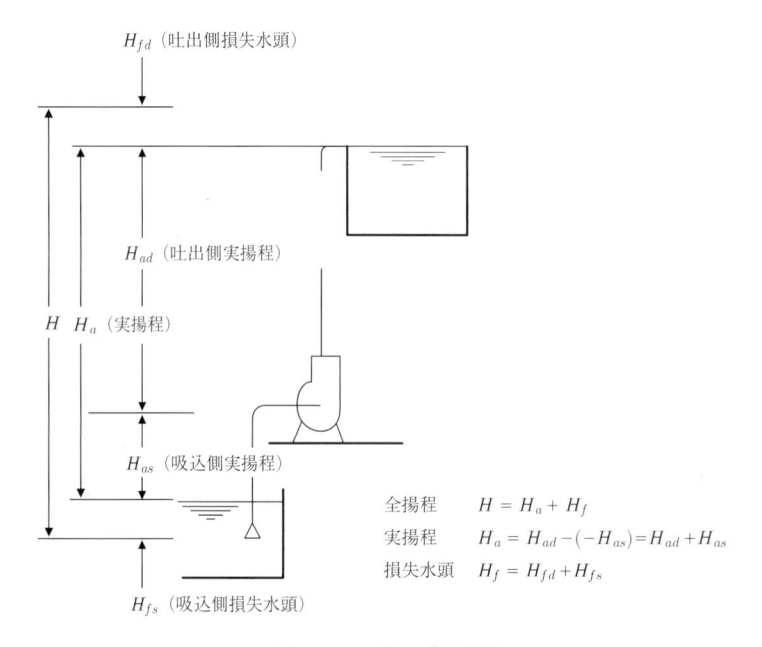

$$\text{全揚程} = \text{実揚程} + \text{損失水頭} \fallingdotseq 1.3 \times \text{実揚程} \tag{2.4}$$

図 2.12　ポンプの揚程

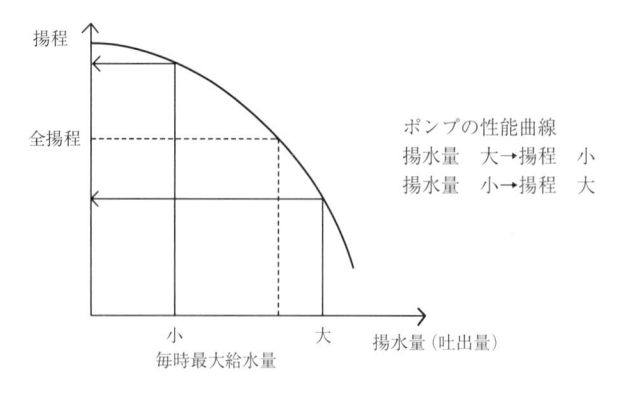

全揚程　$H = H_a + H_f$
実揚程　$H_a = H_{ad} - (-H_{as}) = H_{ad} + H_{as}$
損失水頭　$H_f = H_{fd} + H_{fs}$

図 2.13　ポンプの性能曲線

ポンプの性能曲線
揚水量　大 → 揚程　小
揚水量　小 → 揚程　大

ポンプの吐出量と揚程の関係は図 2.13 のポンプの性能曲線になる．吐出量が大きいと揚程は小さく，吐出量が小さいと揚程が大きい．ポンプを選定するときは吐出量，揚程ともポンプ性能曲線の内側で適切なものとする必要がある．選定したポンプは性能曲線上で運転されるので，揚程が設計値と現実が一致していれば吐出量が設計値よりも多量に吐出す

ることになる．なお，ポンプの性能曲線はポンプメーカーにより異なり，また周波数 (サイクル，ヘルツ) によっても異なるので，カタログにより選定することになる．ポンプの選定線図の一例を図 2.14 に示す．

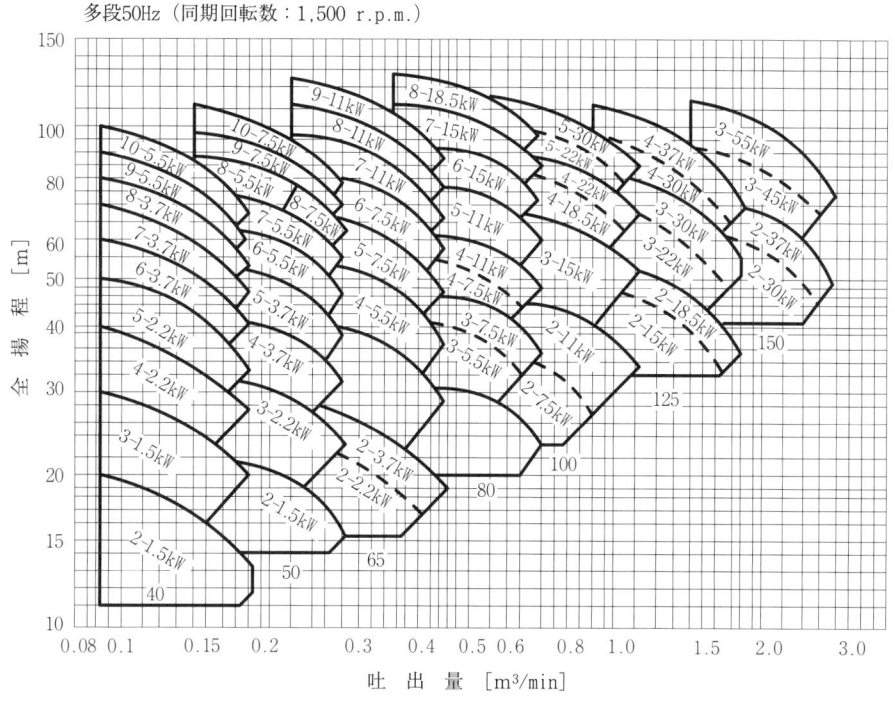

多段50Hz（同期回転数：1,500 r.p.m.）

[ポンプ選定線図：全揚程 [m] 対 吐出量 [m³/min]]

それぞれ，10（段数）− 5.5 kW（モーター出力kW）を表し，40, 50, …150 は口径を表す．

図 2.14　ポンプの選定線図

次に具体的計算例を示す．

■計算例 2.1■

条　件

延床面積 10,000 m²
事務所建築 100 l/人・日，8 時間使用
有効面積比 0.6
居住人員 0.2 人/m²
3 階建 階高 4 m，ペントハウス 6 m (図 2.15)
地下階 階高 4 m，機械室のみ (延床面積に含まず)

計算結果

人員 10,000 m²×0.6×0.2 人/m² = 1,200 人
毎時平均給水量 100 l/人・日 ×1,200 人 ÷8 時間=15,000 l/時 → 250 l/min

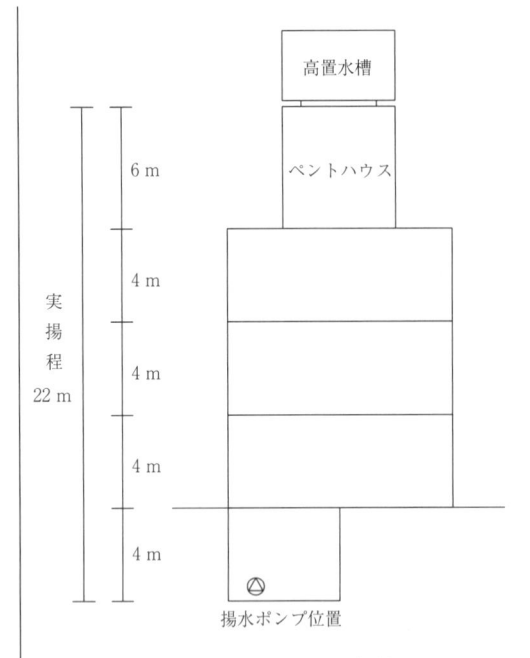

図 2.15 建物，高さ条件

揚水ポンプ

毎時最大給水量 $15,000\ l/時 \times 2 = 30,000\ l/時 \rightarrow 500\ l/\min$

瞬時最大給水量 $250\ l/\min \times 3 = 750\ l/\min$

(1) 受水槽の容量

式 (2.2) より

$V_s =$ 毎時平均給水量 $\times 3$ 時間分とする

$V_s = 15,000\ l/時 \times 3$ 時間 $= 45,000\ l \rightarrow 45\ m^3$

有効容量が $45\ m^3$ になるように建物条件に応じて設計する．

ここでは FRP の $0.5\ m$ 角モジュールを使うものとする．図 2.16 に示すように底面を $4.5\ m \times 5.0\ m$ とすると高さ $2.0\ m$ となる．クリアランスを加えると $2.3\ m$ となり，$0.5\ m$ 角モジュールとしたので，高さは $2.5\ m$ となる．

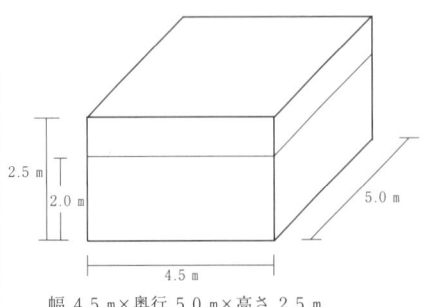

図 2.16 受水槽の寸法 (有効 $45\ m^3$)
幅 $4.5\ m \times$ 奥行 $5.0\ m \times$ 高さ $2.5\ m$

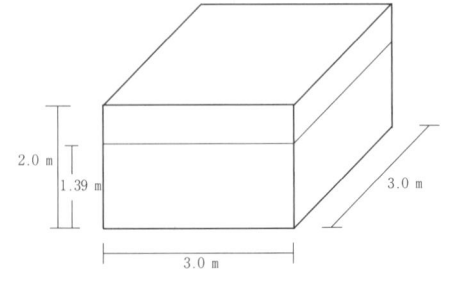

図 2.17 高置水槽の寸法 (有効 $12.5\ m^3$)
幅 $3.0\ m \times$ 奥行 $3.0\ m \times$ 高さ $2.0\ m$

(2) 高置水槽の容量

式 (2.3) より

$$V_e = (Q - Q_p) \times T_2 + Q_p \times T_3$$
$$= (750 \ l/\text{min} - 500 \ l/\text{min}) \times 30 \ \text{min} + 500 \ l/\text{min} \times 10 \ \text{min} = 12{,}500 \ l$$

受水槽と同様にFRP0.5 m モジュールを用いると図2.17に示す大きさとなる.

(3) 揚水ポンプの容量

計算条件の建物,図2.15より

　　実揚程 $= 4 \ \text{m} \times 4 + 6 \ \text{m} = 22 \ \text{m}$

式 (2.4) より

　　全揚程 $=$ 実揚程 $\times 1.3 = 22 \ \text{m} \times 1.3 = 28.6 \ \text{m}$

また

　　吐出量 $=$ 毎時最大給水量 $= 500 \ l/\text{min}$

全揚程,吐出量と図2.14ポンプの選定線図より図2.18に示すポイントになる.これよりポンプは図2.19のイメージの3段5.5 kW口径80 mmとなる.

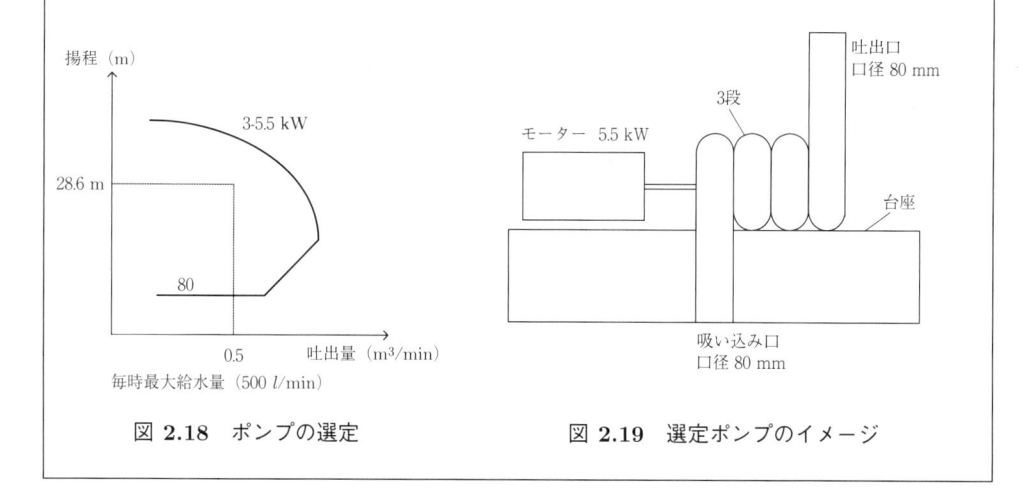

図 2.18　ポンプの選定

図 2.19　選定ポンプのイメージ

2.3　均等表に基づく管径算定法

高置水槽方式等の給水横枝管,水道直結方式の給水管などの一定の水圧が加わっており,流量と配管の摩擦損失で給水量が決定される時,均等表に基づく管径算定法が用いられる.

(1) 基本事項

管の口径はインチ (inch) 単位とミリメートル (mm) 単位が併用されている.これは配管の技術が欧米より導入された時,欧米の単位であるインチが使われたなごりである.1 inch=25.4 mm であるので,1/2 inch=12.7 mm となる.インチとミリメートル表示を簡略化,明確化するためにミリメートル単位にはA表示,インチ単位にはB表示とする.したがって,上記の表示は,1B=25.4A,1/2B=12.7A となる.

この対応はA表示を厳密なmm単位で表示すると繁雑なので，略して表示する．例えば，1B=25A，1/2B=15Aなどである．この管の表示を管の呼び径と称する．表2.3に給排水で使われる呼び径を示す．管の呼び径は管径を特定できるが，実際の寸法と相当かけ離れていると考えてよい．

表 2.3　呼び径の対応

mm 単位	15A	20A	25A	32A	40A	50A	65A	80A	100A	125A	150A
inch 単位	1/2B	3/4B	1B	1$^{1/4}$B	1$^{1/2}$B	2B	2$^{1/2}$B	3B	4B	5B	6B

管の口径はJIS(日本工業規格)に基づいて決められている．銅管，鋼管など管の材質により口径は少し異なる．ここで用いられる材質は配管用炭素鋼管(SGP)と呼ばれるもので，1B=25A管の外径は34.0mm，内径は27.6mm，1/2B=15A管の外径は21.7mm，内径は16.1mmであり，この場合呼び径は内径にやや近いといえる．

水栓器具にもJISが適用され，接続管径が規定されている．表2.4に代表的な接続管径を示す．この表示も呼び径で表示されている．実際の厳密な寸法は明確でなくても，同一呼び径であれば正確に接続できる等，メリットが多い．

表 2.4　各衛生器具・水栓の接続管径

器具種類	接続管径 (A)
大便器（洗浄弁）	25
大便器（洗浄タンク）	15
小便器（洗浄弁）	20
小便器（洗浄タンク）	15
手洗い器	15
洗面器	15
流し類（15 mm水栓）	20
流し類（20 mm水栓）	20
散水栓	15〜20
和風浴槽	20
洋風浴槽	20
シャワー	15〜20

配管用炭素鋼管 (SGP) (JIS G3452-1962)

管の呼び方		外径 (mm)	近似内径 (mm)	外径の許容差		厚さ (mm)	厚さ許容差	ソケットを含まない重量 (kg/m)
(A)	(B)			テーパネジを切る管	それ以外の管			
6	1/8	10.5	6.5	±0.5mm		2.0		0.419
8	1/4	13.8	9.2	±0.5mm		2.3		0.652
10	3/8	17.3	12.7	±0.5mm		2.3		0.851
15	1/2	21.7	16.1	±0.5mm		2.8		1.31
20	3/4	27.2	21.6	±0.5mm		2.8		1.68
25	1	34.0	27.6	±0.5mm		3.2		2.43
32	1 1/4	42.7	35.7	±0.5mm		3.5		3.38
40	1 1/2	48.6	41.6	±0.5mm		3.5		3.89
50	2	60.5	52.9	±0.5mm	±1%	3.8	+は規定しない −15%	5.31
65	2 1/2	76.3	67.9	±0.7mm	±1%	4.2		7.47
80	3	89.1	80.7	±0.8mm	±1%	4.2		8.79
90	3 1/2	101.6	93.2	±0.8mm	±1%	4.2		10.1
100	4	114.3	105.3	±0.8mm	±1%	4.5		12.2
125	5	139.8	130.8	±0.8mm	±1%	4.5		15.0
150	6	165.2	155.2	±0.8mm	±1%	5.0		19.8
175	7	190.7	180.1	±0.9mm	±1%	5.3		24.2
200	8	216.3	204.7	±1.0mm	±1%	5.8		30.1
225	9	241.8	229.4	±1.2mm	±1%	6.2		36.0
250	10	267.4	254.2	±1.3mm	±1%	6.6		42.4
300	12	318.5	304.7	±1.5mm	±1%	6.9		53.0
350	14	355.6	339.8	………	±1%	7.9		67.7

備考　管の呼び方は(A)，(B)いずれかを用いる．ただし，必要に応じAまたはBの符号をつけて区別する．例：32A，1 1/4 B

(2) 均等表

均等表(equalization)とは一定の水圧が加わった状態での流量比を管径ごとに算出したものである．流量比は管の断面積と摩擦損失で決まることになる．均等表を表2.5に示す．例えば15Aは一般給水で用いられる最も口径の細い管径であり，15Aの流量(給水量)を1とすると，20Aの流量は2.89倍であることを示している．

表 2.5 均 等 表

管径	15A (1/2B)	20 (3/4)	25 (1)	32 (1 1/4)	40 (1 1/2)	50 (2)	65 (2 1/2)	80 (3)	100 (4)	125 (5)	150 (6)
15A (1/2B)	1										
20 (3/4)	2.89	1									
25 (1)	5.1	1.74	1								
32 (1 1/4)	8.02	2.75	1.57	1							
40 (1 1/2)	15.59	5.65	3.23	2.05	1						
50 (2)	29.00	9.80	5.65	3.58	1.75	1					
65 (2 1/2)	55.90	19.0	10.96	6.90	3.63	1.92	1				
80 (3)	79.79	27.20	15.59	9.88	4.80	2.75	1.43	1			
100 (4)	164.50	55.90	32.00	20.28	7.89	5.65	2.94	2.05	1		
125 (5)	280.00	105.6	56.00	33.3	17.70	10.57	5.48	3.50	1.70	1	
150 (6)	452.00	154.00	88.18	56.16	27.27	15.58	8.09	5.65	2.75	1.70	1

(3) 器具の同時使用率

器具の同時使用率 (simultaneous usage of fixtures) とは器具が同時に使われる割合を統計的に調査した結果である．一般に器具数が少ないと同時使用率が高く，器具数が多くなるに従い，同時使用率は低くなる．建物用途によっても異なり，劇場，サッカー場，学校等は休憩時間に集中して使用されるので，設計に際しては考慮する必要がある．一般的な器具の同時使用率を表 2.6 に示す．

表 2.6 器具の同時使用率

器具数	1～3	4～7	8～15	16～30	31～50	51～100	101～200	201～500
同時使用率 (%)	100	80	70	60	50	40～30	30～20	20

(4) 管径算定法

接続管径，器具の同時使用率，均等表より管径を選定する．算定法のフローを図 2.20 に示す．理解を深めるため計算例を示す．

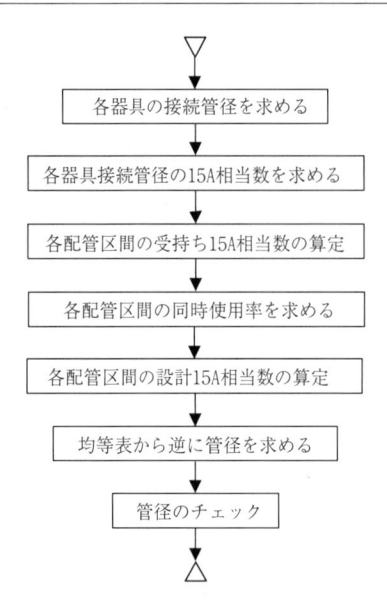

```
         ▽
         │
┌────────┴────────┐
│ 各器具の接続管径を求める │
└────────┬────────┘
         │
┌────────┴────────────┐
│ 各器具接続管径の15A相当数を求める │
└────────┬────────────┘
         │
┌────────┴────────────┐
│ 各配管区間の受持ち15A相当数の算定 │
└────────┬────────────┘
         │
┌────────┴──────────┐
│ 各配管区間の同時使用率を求める │
└────────┬──────────┘
         │
┌────────┴────────────┐
│ 各配管区間の設計15A相当数の算定 │
└────────┬────────────┘
         │
┌────────┴──────────┐
│ 均等表から逆に管径を求める │
└────────┬──────────┘
         │
┌────────┴──┐
│ 管径のチェック │
└────────┬──┘
         │
         ▽
```

図 2.20 均等表による配管設計のフロー

■**計算例 2.2**■

図 2.21 のように給水器具が接続している時，各配管部分の管径を求めよ．

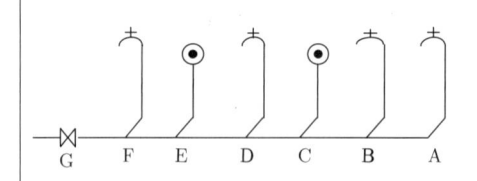

位置	器具名	接続管径
A	浴槽	20A
B	手洗	15A
C	大便器	25A
D	洗面器	15A
E	大便器	25A
F	台所流し	20A

図 2.21 器具の接続例

給水管の管径算定表を表 2.7 に示す．表中の＊印は給水元の管径は給水先の管径より細くなってはいけないので，給水元を給水先と同径とした．

表 2.7 給水管の管径計算表

配管部分	器具名	接続管径	15A相当管径	累計(a)	同時使用率(b)	(a)×(b)	配管径決定
AB	浴槽	20A	2.89	2.89	1.00	2.89	20A
BC	手洗い	15A	1.00	3.89	1.00	3.89	25A
CD	大便器	25A	5.10	8.99	1.00	8.99	40A
DE	洗面器	15A	1.00	9.99	0.80	7.992	32A→40A＊
EF	大便器	25A	5.10	15.09	0.80	12.072	40A
FG	台所流し	20A	2.89	17.98	0.80	14.384	40A

2.4 器具給水負荷単位

高置水槽方式の給水立管等重力を利用して給水する方式の給水立管の管径は器具給水負荷単位と許容摩擦損失に基づく管径算定法が用いられる.

(1) 基本事項

圧力の単位は SI 単位ではパスカル (Pa) が用いられる. 水圧, 特に高低差に基づく水圧は水柱 (水頭) またはアクア (Aqua, ラテン語で水の意味) が用いられることもある. ミリメートル単位では mm 水柱または mmAq, メートル単位では 1 mAq は工学単位では 0.1 kgf/cm^2, SI 単位では 9.8 kPa になる. 器具の最低必要圧力は一般水栓の場合, 水柱では 3 mAq, 0.3 kgf/cm^2 であり, SI 単位では 29.4 kPa(概数 30 kPa), フラッシュバルブ付大便器の場合, 7 mAq であるので, 同様に 68.6 kPa(概数 70 kPa) となる. 表 2.8 に給水器具の最低必要圧力を示す. 水柱で表示するのが直観として判り易いが, この章では主として SI 単位で表示する.

表 2.8 給水器具の最低必要圧力

器　具　名	kPa	水柱 (mAq)
大便器（フラッシュバルブ）(FV)	70	7
大便器（フラッシュタンク）(FT)	30	3
一　般　水　栓	30	3
瞬　間　湯　沸　器（大）	50	5
瞬　間　湯　沸　器（中）	40	4
瞬　間　湯　沸　器（小）	30	3

(2) 器具給水負荷単位と同時使用流量

器具給水負荷単位 (fixture unit value as load factors for water supply 略して FU) とは洗面器の流し洗いの流量 (14 l/min) を 1 単位 (1FU) とし, その他の器具は 1 単位との流量比で表したもの. 代表的な器具給水負荷単位を表 2.9 に示す. 表中公共用と個人用があり, 個人用の値が小さいのは水道料金を個人負担するので, 節水に努めているためである. 器具給水負荷単位に器具数を乗じて累計した器具給水負荷単位数に統計的同時使用率を考慮して流量を算出したものが同時使用流量になる. それらの関係を図 2.22 に示す. なお, (b) 図は流量が少なく, 洗浄弁 (フラッシュバルブ) と洗浄タンク (フラッシュタンク) の多少の詳細図である.

(3) 許容摩擦損失

高低差により, 水圧がかかる. 水圧による水の流れを困難にする圧力損失は器具の必要圧力, バルブ, 配管の曲がりなどである. これらの圧力損失が既知とすると, 配管の直管部の管が太ければ摩擦損失が小さく, 管が細ければ摩擦損失が大きい. バランスする許容摩擦損失が算出される. 関係を図 2.23 に示す.

表 2.9 器具給水負荷単位

器具名	水栓	器具給水負荷単位 公衆用	器具給水負荷単位 私室用
大便器	洗浄弁	10	6
〃	洗浄タンク	5	3
小便器	洗浄弁	5	
〃	洗浄タンク	3	
洗面器	給水栓	2	1
手洗い器	〃	1	0.5
医療用洗面器	〃	3	
事務室用流し	〃	3	
台所流し	〃		3
料理場流し	〃	4	2
〃	混合弁	3	
食器洗流し	〃	5	
連合流し	〃		3
洗面流し（水洗1個につき）	〃	2	
掃除用流し	〃	4	3
浴槽	〃	4	2
シャワ	混合弁	4	2
浴室一そろい	大便器が洗浄弁による場合		8
〃	大便器が洗浄タンクによる場合		6
水飲み器	水飲み水栓	2	1
湯沸し器	ボールタップ	2	
散水・車庫	給水栓	5	

［注］給湯栓併用の場合は，1個の水栓に対する器具給水負荷単位は上記の数値の3/4とする．

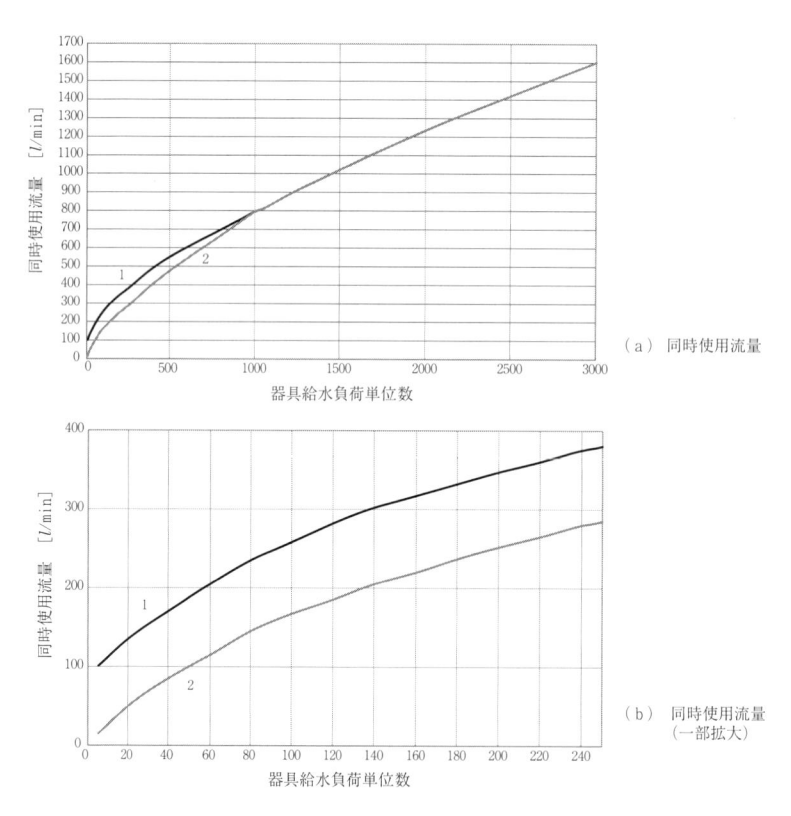

(a) 同時使用流量

(b) 同時使用流量（一部拡大）

［注］この図の曲線1は洗浄弁の多い場合、曲線2は洗浄タンクの多い場合に用いる

図 2.22 器具給水負荷単位による流量

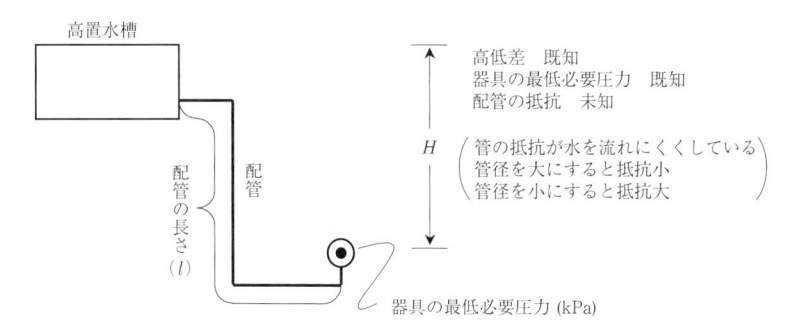

図 2.23 水圧と摩擦損失の関係

なお，許容摩擦損失 R [Pa/m] は次式で表される．

許容摩擦損失 [Pa/m]

$$R = \frac{(H - h) \times 1000}{L + L'}$$

H：器具の水栓位置の静水頭 (水頭) [kPa]

h：水栓の吐水口における必要圧力水頭 [kPa]　例．大便器 70 kPa，一般 30 kPa

L：給水管の実際の長さ [m]

L'：給水管の弁，継手類の局部抵抗による摩擦相当長 (実際の長さの 30% 程度とする)

(4) 摩擦抵抗線図

流量と配管管径による摩擦損失の関係は，ヘーゼン・ウィリアムスの実験式を用いる．実験式は，

$$Q = 4.87 c d^{2.63} i^{0.54} \times 10^3$$

となる．ただし，

Q：流量 [l/min]

c：流速係数 (100〜140，流量線図は $c = 100$ の時)

d：管内径 [m]

i：摩擦損失 [kPa/m]

例として，配管用炭素鋼管の流量線図を図 2.24 に示す．この線図を用いると，摩擦損失，流量，管径，流速の 4 つの管系が線図上で分かる．一般の設計では摩擦損失と流量が判明しており，その交点より管径を求め，その管径でのウォーターハンマーが生じない流速か否かをチェックすることになる．

なお，ウォーターハンマー (water hammer) とは流速 2 m/s 以上で流しているとき，急に栓を閉じると，その動圧で配管が激しく振動したり，キーンという騒音を出すことをいう．

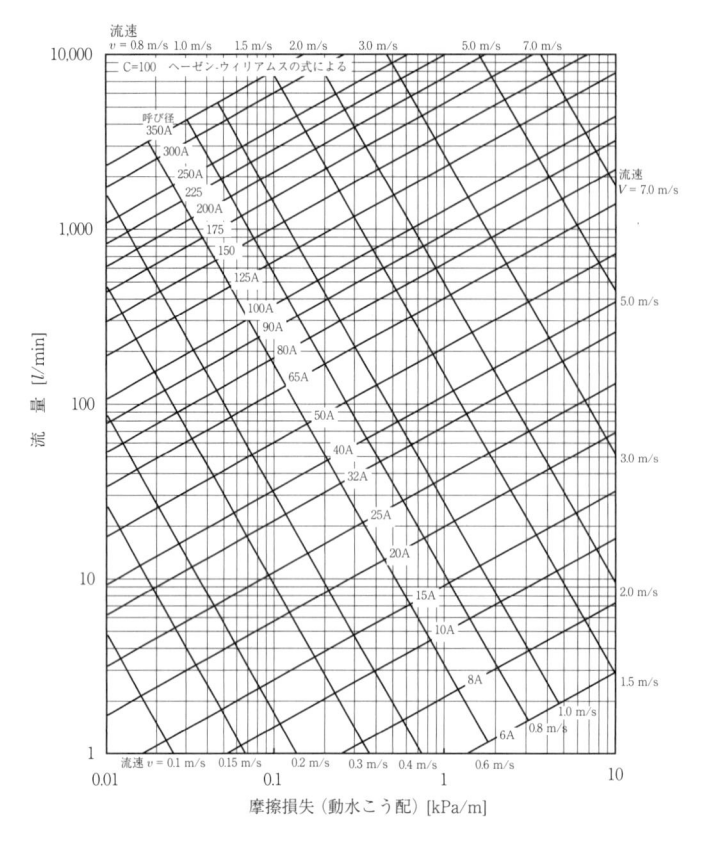

図 2.24　配管用炭素鋼管 (JIS G 3452) 流量表

(5) 管径算定法

管径算定フローを図 2.25 に示す.

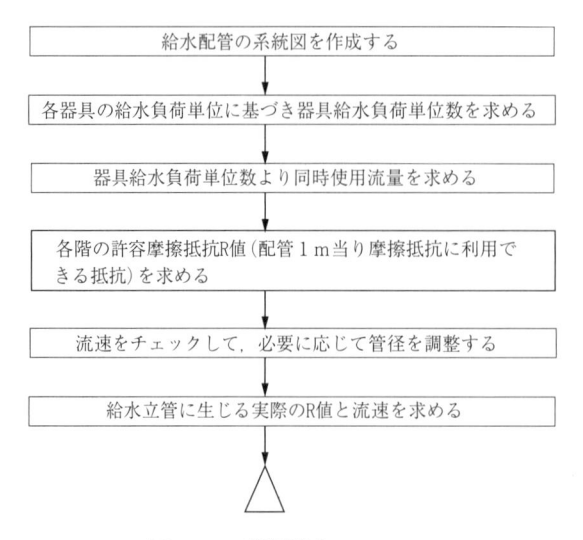

図 2.25　管径算定フロー

- 給水配管の系統図を作成する
- 各器具の給水負荷単位に基づき器具給水負荷単位数を求める
- 器具給水負荷単位数より同時使用流量を求める
- 各階の許容摩擦抵抗R値（配管1m当り摩擦抵抗に利用できる抵抗）を求める
- 流速をチェックして，必要に応じて管径を調整する
- 給水立管に生じる実際のR値と流速を求める

■計算例 2.3■

事務所建築 3 階建の,高さ関係を図 2.26 に示す.
各階共大便器 (フラッシュバルブ付)10 個,小便器 (フラッシュバルブ付)6 個,洗面器 10 個とする.
大便器の器具給水負荷単位 (FU) は表 2.9 より 10FU, 小便器は 5FU, 洗面器は 2FU である.各階ごとに合計し,1 階は 150FU, 2 回は 300FU, 3 階は 450FU の器具給水負荷単位数となる.各階の器具給水負荷単位数より各々の同時使用流量を図 2.22 より求めると,320 l/min, 450 l/min, 500 l/min となる.許容摩擦損失 R 値は 1 階の場合,一番長い配管長 $L = 26$ m, それに伴う局部抵抗相当配管長 $L = 26 \times 0.3$ m, 高置水槽と器具 (大便器) の高低差 $H = 18$ m, 180 kPa, 大便器の最低必要水頭は表 2.8 より $h = 70$ kPa で,R 値は 3,254 Pa/m となる.同様に 2 階,3 階の配管長,高低差より,各々の R 値は 2,448 Pa/m, 1,282 Pa/m となる.

図 2.26 計算例図

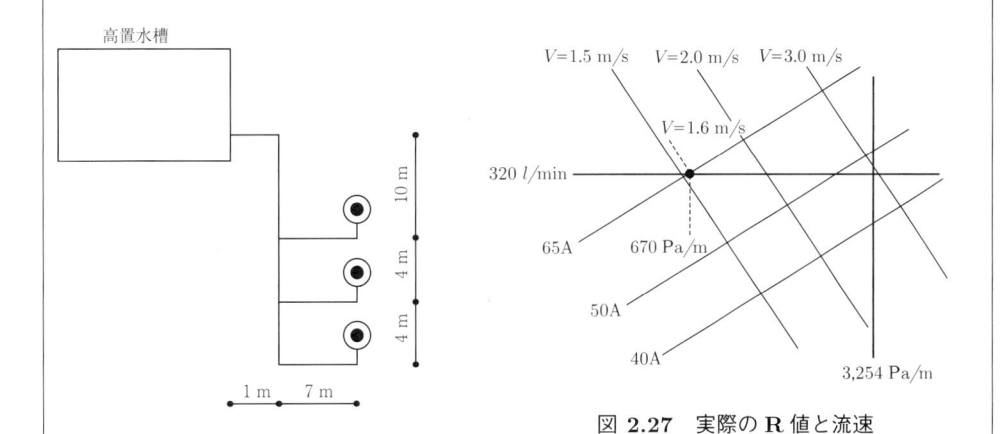

図 2.27 実際の R 値と流速

表 2.10 給水立管算定法

階数	① 器具の種類と個数	② 器具給水負荷単位	③ 負荷単位合計	④ 同時使用流量	⑤ 許容摩擦損失 R 値	⑥ 口径	⑦ 実際のR値	⑧ 実際の流速
1階	大便器10個 小便器6個 洗面器10個	10FU×10 =100FU 5FU×6 =30FU 2FU×10 =20FU 小計150FU	150FU	320 l/min	$R = \dfrac{(180-70) \times 1000}{26 + 26 \times 0.3}$ $= 3254$ Pa/m	50A ↓ 65A	670 Pa/m	1.6 m/s
2階	大便器10個 小便器6個 洗面器10個	10FU×10 =100FU 5FU×6 =30FU 2FU×10 =20FU 小計150FU	300FU	450 l/min	$R = \dfrac{(140-70) \times 1000}{22 + 22 \times 0.3}$ $= 2448$ Pa/m	65A ↓ 80A	540 Pa/m	1.5 m/s
3階	大便器10個 小便器6個 洗面器10個	10FU×10 =100FU 5FU×6 =30FU 2FU×10 =20FU 小計150FU	450FU	500 l/min	$R = \dfrac{(100-70) \times 1000}{18 + 18 \times 0.3}$ $= 1282$ Pa/m	80A	640 Pa/m	1.7 m/s

[注] 流速はウォーターハンマーが生じないため 2.0m/s 以下にすること.

図 2.24 の流量線図を用いて,同時使用流量と R 値より,50A が求まる.しかし,50A の場合,流速が 2 m/s を超えるので,ワンサイズアップの 65A とする.65A とすると図 2.27 に示すように,実際の R 値は 570 Pa/m,流速は 1.4 m/s となる.2 階も最初の選定では流速 2m/s 以上で不適格となり,ワンサイズアップの口径で選定される結果となった.詳細計算を表 2.10 に示す.

演習問題 2

(1) 事務所建築の受水槽,高置水槽,揚水ポンプを設計せよ.

   設計条件

   使用水量　　　100 l/日・人,使用時間 8 時間

   有効面積比　　0.6

   居住人員　　　0.2 人/m^2

   建物条件

   学籍番号 下 4 桁を KLMN とし,以下の条件とする.

   階数　　　　　(M+N+1) 階,階数は最低 3 階 (3 以下の場合)

   　　　　　　　最高 7 階 (7 以上の場合),各階高 4 m

   各階床面積　　(K+L+1) ×200 m^2,地下階高 4 m (地下階は機械室のみ)

   　　　　　　　ペントハウス階高 6 m

   地下階高 4 m のため受水槽高最大 2.5 m,延床面積には地下階,ペントハウスは含まない.

(2) 事務所建築の給水枝管を設計せよ.

   設計条件

   学籍番号 下 4 桁を KLMN とし,以下の条件とする.

   掃除用流し (20A 水栓)　　(K+1) 個 (最大 3 個)

   洗面器　　　　　　　　　　(L+2) 個

   大便器 (洗浄弁付き)　　　(M−1) 個 (最低 1 個)

   小便器 (洗浄弁付き)　　　(N+1) 個 (最大 7 個)

   ただし,器具の並び方は各自設定すること

(3) 事務所建築の給水立管を設計せよ.

   (管内流速が 2m/s 以内にし,ウオーターハンマーが生じないようにすること)

   設計条件

   学籍番号 下 4 桁を KLMN とし,以下の条件とする.

   階数　　　　　　　　　　　(M+N+1) 階,階数は最低 3 階 (3 以下の場合)

   　　　　　　　　　　　　　最高 7 階 (7 以上の場合),各階高 4 m

   (参考) 各階床面積　　　　 (K+L+1) ×200 m^2,ペントハウス階高 6 m

高置水槽からの横引管延長を 5 m，各階の横引管長を 15 m とする．

各階 (1 階分) は

掃除用流し (20A 水栓)　　(K+1) 個 (最大 3 個)

洗面器　　　　　　　　　(L+2) 個

大便器 (洗浄弁付き)　　　(M−1) 個 (最低 1 個)

小便器 (洗浄弁付き)　　　(N+1) 個 (最大 7 個)

ただし，器具の並び方は各自設定すること．

(今回は末尾偶数は最上階のみ，奇数は最下階のみの結果を提出すること．)

(4) 自分が居住している家の契約水道管径と自治体の水道料金 (上水道，下水道) を調べ，グラフを描け．

第3章

給湯設備

生活が豊かになるに従い，お湯の使用水量が増えてくる．一般に使われる熱処理をしていない市水に加え，熱を加えた温水，温度を下げた冷水の需要が高まる．ここでは生活に不可欠となった温水を製造する給湯設備について述べる．

3.1 一般の給湯システム

(1) 給湯のエネルギー源と価格

現代の都市生活者が利用するエネルギーは電気，ガス，石油が考えられ，給湯のエネルギーもこのいずれかを利用することが多い．ただし，給湯に関しては太陽熱等の利用も考えられる．したがって表3.1のように分類できる．また，価格の概算の比較を表3.2に示す．

表 3.1　エネルギー源

種　　類	内　　　　容
電　気	昼間電力，深夜電力
ガ　ス	都市ガス（LNG），LPガス（LPG，プロパンガス）
石　油	灯油，A重油，B重油
その他	太陽熱，温廃熱

表 3.2　エネルギー価格の比較

項目	灯油	LPガス	都市ガス	昼間電力	深夜電力
単位発熱量	36.7 MJ/l (8,767 kcal/l)	100.5 MJ/m^3 (24,000 kcal/m^3)	45.4 MJ/m^3 (10,850 kcal/m^3)	3.6 MJ/kWh (860 kcal/kWh)	3.6 MJ/kWh (860 kcal/kWh)
エネルギー料金（税込）	100.64 円/l	543.50 円/m^3	168.53 円/m^3	32.16 円/kWh	13.43円/kWh
MJあたりのエネルギー単価	2.74 円	5.44 円	3.71 円	8.93 円	3.73円
kWhあたりのエネルギー単価	9.86 円	19.58 円	13.36 円	32.15 円	13.43円
CO_2排出係数 (kg-CO_2/kWh)	0.244 kg	0.213 kg	0.180 kg	0.556 kg	0.556 kg

ガスの[m^3]は0℃圧力101,325kPaの状態をいう
CO_2排出量は環境省（平成26年6月マニュアル）より

価格が安く，安全で，利便性が高ければ，そのエネルギー源を集中的に使うと思われるが，価格，利便性は下の如くになり，利便性が高いと価格も高い傾向がうかがえる．

　　　価格　　電気(昼間)＞プロパンガス＞都市ガス＞電気(深夜)＞灯油
　　　利便性　電気＞都市ガス＞プロパンガス＞灯油

(2) 用途別使用温度

用途により使用する温度は異なる．それらの水温を表 3.3 に示す．ただし，装置容量等に用いる設計用設定温度は 60°C と基準温度を設定している．この温度はやけどをしない比較的高い温度と考えられる．利用するときは 60°C の温水と市水を混合して，適温にすることになる．したがって，表中，皿洗いなど 60°C 以上の高温を必要とする場合は別系統の給湯設備にしなければならない．

表 3.3 用途別使用温度 (ASHRAE より引用)

用途	使用温度 [°C]
飲料用	50〜55
浴用　成人	42〜45
小児	40〜42
シャワー	43
洗面・手洗い用	40〜42
医科用手洗い用	43
ひげそり用	46〜52
厨房用　一般用	45
皿洗い機洗浄用	45 (60)
皿洗い機すすぎ用	70〜80
洗濯用　商業用一般	60
絹及び毛織物	33〜37 (38〜49)
リンネル及び綿織物	49〜52 (60)
遊泳プール	21〜27
ガレージ（洗車用）	24〜30

(3) 給湯方式

1) 局所式と中央式

熱源を個々に所有する局所式と熱源を 1 ヶ所に集中する中央式に分類される．特徴を表 3.4 に示す．なお，局所式で用いられる瞬間湯沸器の「号」とは容量の大きさの単位で，1 号は 1,500 kcal/h (1,744 W) のことをいう．5 号以下を小形，6 号以上を大形と分類している．大形を設置する場合は 50 kPa (5 mAq) 以上の水圧が必要である．中央式の概念図

表 3.4 給湯方式の比較

方式	局所給湯		中央給湯
	瞬間方式	貯湯方式	
方式内容	給水配管の一部を外部から加熱して直に湯を作る方式．	容器中に一定量の湯を貯留し，使用しただけの水を自動補給する．	機械室等の一定個所に加熱装置，貯湯槽，循環ポンプ等を設置し，高置水槽より給水し，配管によって，必要個所へ給湯する．
主な使用建物	住宅，小規模建物	学校，工場，寄宿舎	ホテル，病院，事務所，大規模建物
熱源	ガス，電気	ガス，電気，石油	ガス，電気，石油
長所	1.給湯個所の少ない時は設備費が安価． 2.配管が短いため熱損失が少ない． 3.必要に応じて随時簡単に設置できる．		1.貯湯量が多いためピークロードに対応できる． 2.熱源が安価である． 3.ボイラ，タンク等の維持管理が容易である．
短所	1.安価な燃料が使いにくい． 2.設置数が多い時は維持管理が不便である．		1.配管が長いため熱損失が大きい． 2.設備費が高価である．

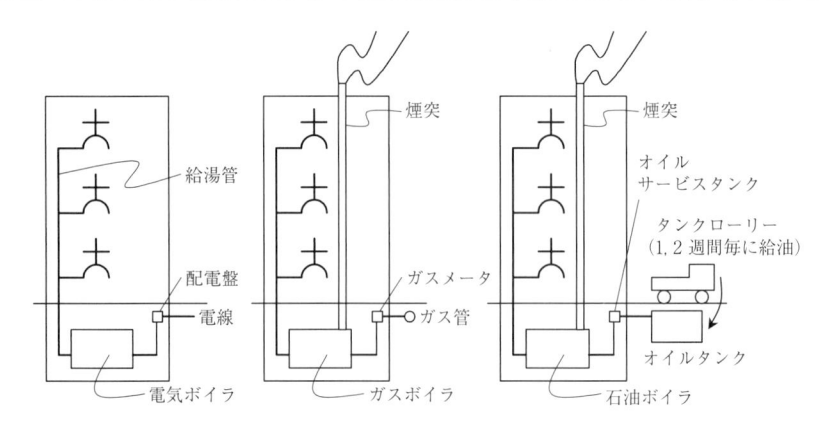

図 3.1　中央式給湯方式

を図3.1に示す．熱源としての電気は，日本では電気料金が高いので稀にしか使用されない．ガスは貯蔵が不要なので，都市でよく用いられる．灯油は安価であるが，貯蔵が必要なので，立地条件の合う郊外等に用いられる．

2)　加熱方式

小規模で水を直接加熱する直接加熱方式と大規模で熱媒を加熱し，熱媒と水の熱交換により水を加熱する間接加熱方式とがある．それらを図3.2に示す．

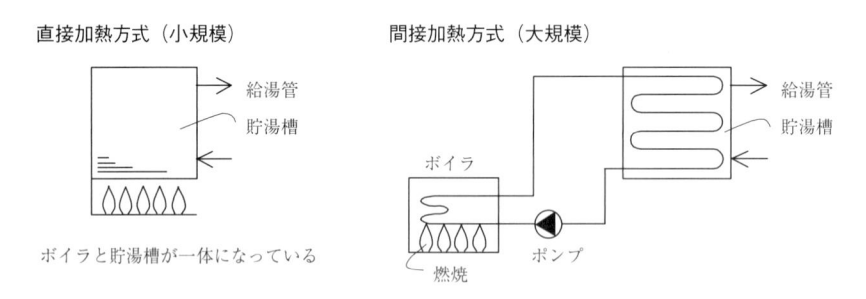

図 3.2　直接加熱方式と間接加熱方式

3)　配管方式

配管の数え方は行き1本，帰り1本などと数える．水道管のように行きのみの場合は1本であるが，管が連なっていて，行って，帰ってくる場合は2管と数える．給湯の配管の場合，1管(単管)式または2管式となる．図3.3に1管式，2管式の概念図を示す．一般に給湯栓，器具から出湯するときの圧力は，貯湯槽にかかる給湯圧力によって保持される．1管式は給湯不使用時の配管よりの熱損失により，給湯温度が降下する．2管式は循環ポンプにより，常に昇温された湯を循環させて貯湯槽から離れた給湯栓でも常に出湯を可能にしている．2管式の場合，帰り管の手法により，図3.4のように直接レターン方式 (direct return system) とリバースレターン方式 (reverse return system) に分れる．直接レターン方式は配管を節約して，直接帰しているので，各系統の配管の抵抗が異なり，配管抵抗の少ない，貯湯槽回りの流れが良く，貯湯槽から離れている配管は抵抗が大きいので流れは悪くなる．一方，リバースレターン方式は最も遠い距離に全ての配管長さを合わせるので，

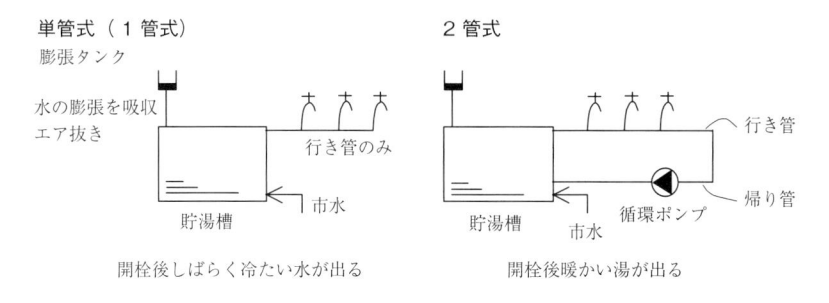

図 3.3　1 管式と 2 管式

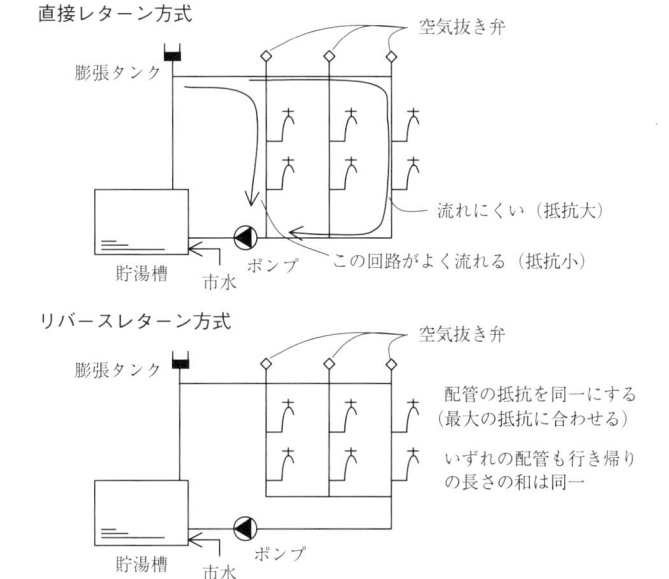

図 3.4　直接レターン方式とリバースレターン方式

配管の抵抗がほぼ同一になり，場所による流れの違いはなくなり，出湯温度を均一にすることができる．

(4) 付属設備

水を温めて温水を作ることにより，水が膨張し，配管が温まり，配管も膨張する．また，配管内を温水が循環していると空気 (エア) が溜まることがある．これらを解決するために種々の工夫がなされている．

1) 空気抜き弁

循環している配管内に空気 (エア) が溜まり，温水の流れが阻止される．空気は軽いので，上部に溜まる傾向がある．したがって，空気抜き弁を配管の上部に付け，空気のみを配管内から放出する．

2) 膨張タンク

水は温まると膨張し，冷やされると収縮する．これら膨張，収縮による水の体積を吸収

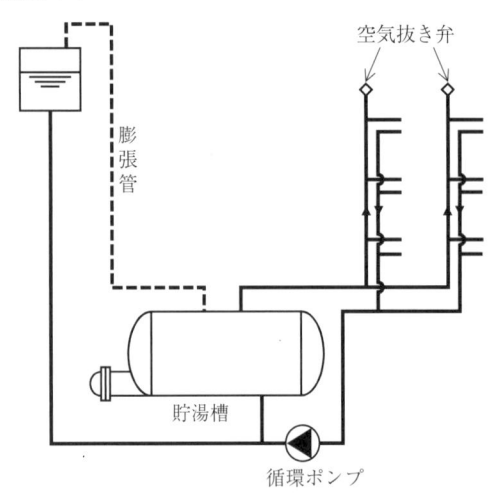

図 3.5 膨張タンクと空気抜き弁

するタンクが必要になる．図 3.5 に示すように配管の頂部にタンクを設置し，タンク内の水位で調節する．膨張管で膨張タンクにあふれた水を導く場合もある．なお，膨張タンク等はエア抜きも兼ねている．

3) 伸縮継手

給湯配管は通常銅管が用いられる．水温の上昇，下降は配管にも伝熱し，配管自身も伸縮する．それらの伸縮を吸収するため，ベローズ形伸縮継手，スイベルジョイント等を用いる．

4) 配管の断熱

配管からの熱損失をできる限り少なくするため，配管に断熱材を巻く．断熱材はグラスウール，ロックウール等が用いられ，配管用に成形されたもの (保温筒) を図 3.6 のようにケースによるラッキングまたはテープ巻とする．

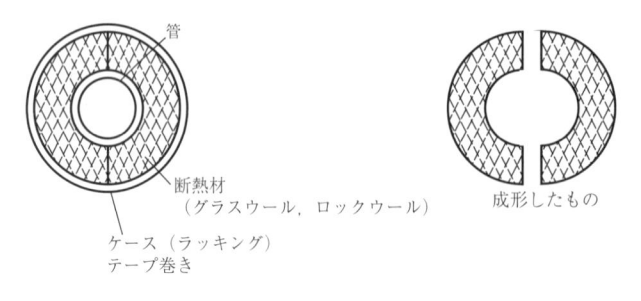

図 3.6 配管の断熱

(5) 給湯量の算定

給湯量は給湯の使用人員に基づいて算定する方法と，器具の種類と数量に基づいて算定する方法がある．ここでは，使用人員に基づいて算定する方法を述べる．

$$Q_d = N \cdot q_d \tag{3.1}$$

$$Q_h = Q_d \cdot q_h \tag{3.2}$$

$$V = Q_d \cdot v \tag{3.3}$$

$$H = 1.163 Q_d \cdot r \left(t_h - t_c\right) \tag{3.4}$$

ただし，N：給湯対象人員 [人]

Q_d：1日の給湯量 [l/日]

q_d：1人1日あたり給湯量 [l/人日]

Q_h：1時間最大給湯量 [l/時]

q_h：1日の使用に対する必要な1時間あたり最大値の割合

V：貯湯容量 [l]

v：1日の使用量に対する貯湯割合

H：加熱能力 [W]

r：1日の使用量に対する加熱能力の割合

t_h：給湯温度 [60°C]

t_c：市水温度 [12°C，地域により異なる]

q_d, q_h, v, r の設計値を表3.5に示す．

表 3.5 建物別給湯量 (ASHRAE より引用)

建物種別	1人1日あたり給湯量 [l/人・日] q_d	1日の使用に対する必要な1時間あたり最大値の割合 q_h	ピークロードの継続時間 [h]	1日の使用量に対する貯湯割合 v	1日の使用量に対する加熱能力の割合 r
住宅・アパート・ホテルなど	75～150	1/7	4	1/5	1/7
事務所	7.5～11.5	1/5	2	1/5	1/6
工場	20	1/3	1	2/5	1/8
レストラン				1/10	1/10
レストラン（3食/日）		1/10	8	1/5	1/10
レストラン（1食/日）		1/5	2	2/5	1/6

[注] 給湯量は60℃基準

■計算例 3.1 ■

条件

延床面積 10,000 m² 事務所建築

有効面積比 0.6 居住人員 0.2 人/m²

計算結果

人員 $N = 10{,}000 \text{ m}^2 \times 0.6 \times 0.2 \text{ 人/m}^2 = 1{,}200 \text{ 人}$

> 表 3.5 より事務所建築の $q_d = 10 \ l/$人・日, $q_h = 1/5$, $v = 1/5$, $r = 1/6$.
> 式 (3.1) より
> $$Q_d = 1,200 \text{ 人} \times 10 \ l/\text{人日} = 12,000 \ l/\text{日}$$
> 式 (3.2) より
> $$Q_h = 12,000 \ l/\text{日} \times 1/5 = 2,400 \ l/\text{時}$$
> 式 (3.3) より
> $$V = 12,000 \ l/\text{日} \times 1/5 = 2,400 \ l$$
> 式 (3.4) より
> $$H = 1.163 \times 12,000 \ l/\text{日} \times 1/6 \times (60° - 12°) = 111,648 \text{ W} \rightarrow 112 \text{ kW}$$

3.2 太陽熱利用給湯システム

太陽熱を利用して，給湯はいうに及ばず，暖房，冷房も可能である．暖房は水式，空気式があり，アクティブ・ソーラーシステムとして実用化されている．冷房は経済的に合わないが，旧通産省のサンシャインプロジェクトで，ランキンサイクルまたは吸収式冷凍機を用いれば技術的に可能であることが証明されている．太陽熱による給湯，暖房，冷房が可能であるとは言え，最も普及しており，経済的に採算が合うのは太陽熱利用給湯である．

(1) 太陽熱の特徴

地球と太陽との距離は約 1 億 5,000 万 km である．地球の大気圏外の日射量は 1.382 kW/m^2 (1,189 kcal/m^{2}h) で，これを太陽常数と称し，一定の値である．同様に大気圏外の法線照度は，約 142,000 lx (ルクス) で一定である．これらが，大気圏内に入って雲やちりにさえぎられて，減衰して地表面に到達し，熱として太陽熱，光として昼光となる．

地表面の日射は地域により，季節により変化する．図 3.7 に日本列島の水平面全天日射の分布を示す．日本は世界の中で日射量は多い方で，約 10～14 MJ/m^2・日 (2,400～3,400 kcal/m^2・日) 程度である．しかし，石油などのエネルギーに比べて，太陽熱は低密度，不安定である．太陽熱の価格を大雑把に捕えるため都市ガスに換算してみる．集熱効率 $\eta = 0.70$ と大きく見積もると，

$$14 \text{ MJ/m}^2\text{・日} \times 0.70 \fallingdotseq 10 \text{ MJ/m}^2\text{・日}$$

都市ガスの価格を 3.26 円/MJ とすると，

$$3.26 \text{ 円/MJ} \times 10 \text{ MJ/m}^2\text{・日} = 32.6 \text{ 円/m}^2\text{・日}$$

年間 $32.6 \text{ 円/m}^2\text{・日} \times 365 \text{ 日} = 11,899 \text{ 円}$

となり，都市ガスに換算して年間 11,899 円節約の試算になる．厳密には図 3.14 と平均集熱効率の表 3.6 で算出する必要があり，上記試算より金額が下がる．それらを勘案して，給湯 5～10 年，暖房 10～20 年，冷房 30～∞ 年の償却年限となる．集熱効率を工夫して，太陽熱を取得しても，対費用効果に限界があることがわかる．

太陽熱集熱器

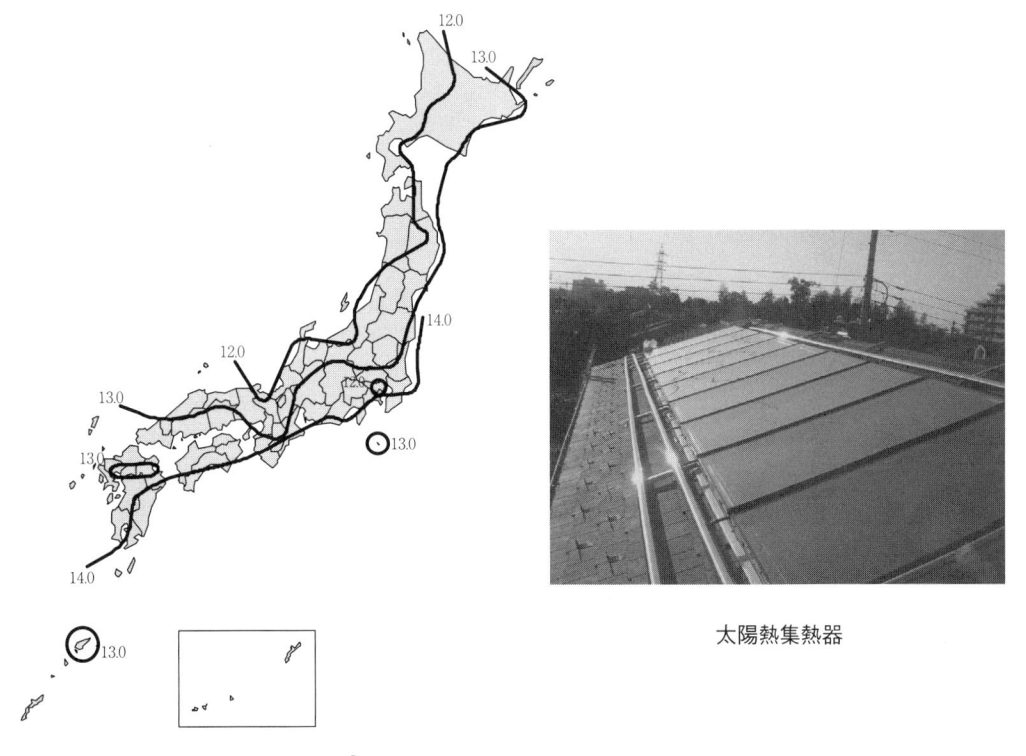

図 3.7　年平均全天日射量 [MJ/m²・日] (1991〜2000 年)

表 3.6　平均集熱器効率（東京の推定値）

集熱器仕様	平均集熱器効率
ポリカーボネート（汲み置き用）	0.40
ガラス一重（黒色）	0.44
ガラス二重（黒色）	0.53
ガラス一重（選択吸収膜）	0.48
ガラス二重（選択吸収膜）	0.55

(2) 集熱器

　太陽熱を集熱する装置を集熱器という．集熱器の形状は通常の平板型，高温集熱を目的とする局面型，球面型，追尾型などがある．図 3.8 にそれらの形状を示す．平板型の集熱器の断面は図 3.9 に示すように，集熱面とその熱損失を防ぐ断熱材で周囲が覆われている．集熱面は何もカバーしない方が収熱量が多いが，放熱量も多くなり，収支の熱取得が少なくなるので，通常はガラス等でカバーをすることになる．ガラスを二重にすると一重ガラスに比べて，収熱面への透過日射量が少なくなるが，放熱量がそれ以上に少なくなり，結果的に集熱量は多くなる．しかし，ガラスは比較的高価で重量もあるので，一重が望ましい．なお，ガラスは雪，ひょうに耐えられる半強化ガラスが用いられる．

　集熱量を高めるために考え出されたものが，集熱面の表面処理で，表面を選択吸収膜処理する方法である．これは表面を黒体で処理し，吸収率を 0.9 とすると，放射率も 0.9 となり，吸収しやすいが，放射熱も多くなる．一方，選択吸収膜にすると，短波長 (約 0.5 μm)

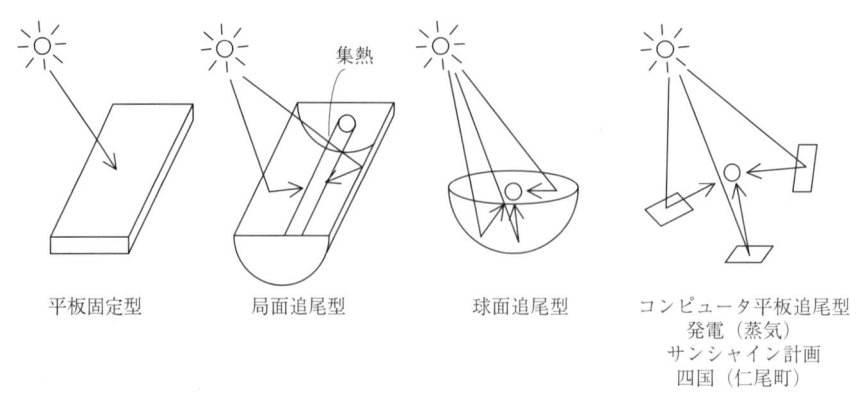

図 3.8 集熱器の形状

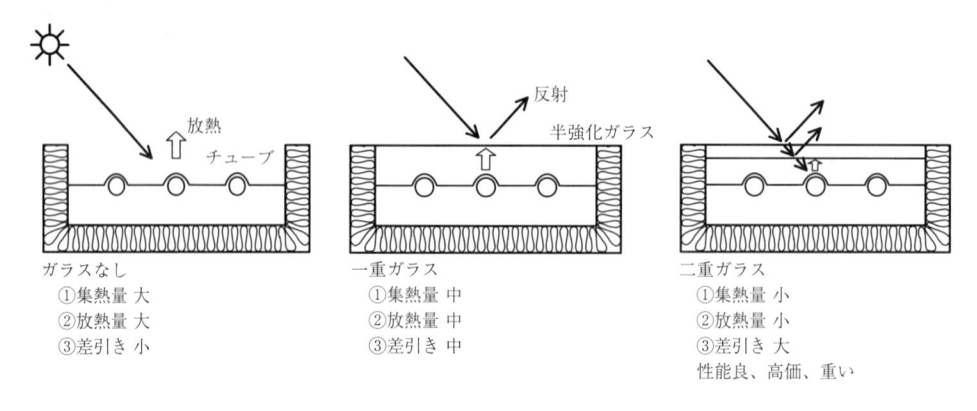

図 3.9 平板型集熱器の断面

である吸収率が 0.9 に対し，長波長 (約 10 μm) である放射熱の放射率を 0.1 とすると，黒体で処理した放射率 0.9 よりも大幅に小さくなり，その分放射熱による熱損失が小さくなる．このように一重ガラスの吸収体に選択吸収膜を用いると，二重ガラス＋黒色ペイントに近づく集熱量になると言われている．

(3) 蓄熱装置

太陽熱は低密度で不安定であるので，比較的高温で常に利用可能な蓄熱装置が必要になる．暖房では砕石，潜熱蓄熱材等も考えられるが，給湯の蓄熱材は通常，密度の大きな水が用いられる．また，給湯では直接水が利用できる利点もある．蓄熱材の周囲は熱損失をできる限り小さくするため断熱材を巻く．通常グラスウールが用いられる．蓄熱装置で蓄熱された蓄熱材 (水) はガス等の補助熱源で所定の温度に昇温して給湯される．

(4) 太陽熱利用給湯システム

太陽熱を利用する場合，給湯のみ，給湯＋暖房，給湯＋暖房＋冷房が考えられるが，ここでは給湯を主としたシステムについて述べる．小規模な汲み置き式太陽熱温水器，自然循環式太陽熱温水器と大規模な強制循環式太陽熱温水器に分かれる．特徴を図 3.10 に示す．

種類	外観	構造	特長	問題点
汲み置き式	(給水, 給湯, 集熱筒)	$1m^2$程度の受熱箱内にビニール・ポリエチレン等またはガラス製の円筒状の集熱筒を数本ならべ、表面を透明板でカバーした構造	(1) 屋根面に設置 (2) 安価 (3) 水道工事のみである	(1) 日が暮れると温度低下がある (2) 耐用年数は一般的に5～6年 (3) 冬期の使用は困難
自然循環式	(給水, 給湯, 集熱器)	$2m^2$程度の集熱部と$200l$程度の貯湯槽の二つの部分から構成され、温水温度の上昇による比重差により、自然循環を行わせ、貯湯槽内の温水温度を上昇させる構造	(1) 汲み置き式に比べて温度低下が少ない (2) 集熱器の種類に平板型・ヒートパイプ型などがある (3) 水道工事のみである	(1) 総重量がやや大である (2) 冬期の使用には、特別の考慮が必要
強制循環式	(集熱器, 循環ポンプ, 貯湯槽)	集熱器と貯湯槽を分離設置し、ポンプにより強制循環し、効率よく集熱を行う。集熱により温まった温水は熱損失の少ない貯湯槽に貯める	(1) 大規模装置に向いている (2) 高温集熱が可能である (3) 屋根にかかる荷重が少ない (4) 凍結対策が容易である (5) 水道工事と電気工事が必要である	(1) 設備費が高い

図 3.10 太陽熱利用温水器の特徴

1) 汲み置き式太陽熱温水器

図 3.11 に示すように太陽熱集熱器と蓄熱体が一体となっているものである。大きさは$1\,m^2$程度で天気の良い日に集熱して，上昇した温水を風呂などに落し込み，追いだきをして使用する．水道配管工事が必要であるが，電気工事は不要である．冬の厳寒期のため，凍結防止弁が付いており，凍結の可能性のある時は蓄熱体の水が流れ出るようになっている．

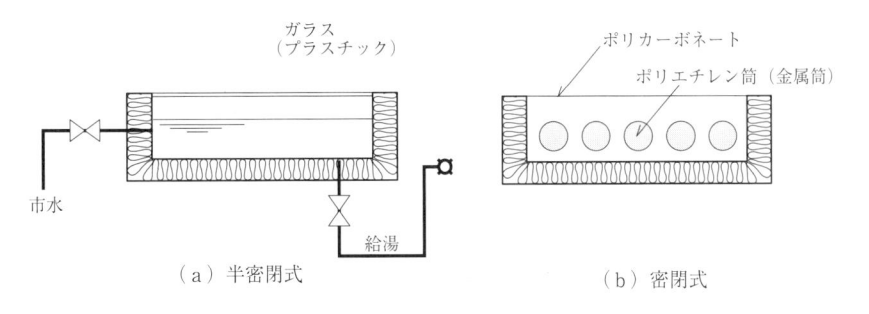

(a) 半密閉式　　　　(b) 密閉式

図 3.11 汲み置き式太陽熱温水器

2) 自然循環式太陽熱温水器

図 3.12 に示すように太陽熱集熱器の上部に貯湯槽がある形をしている．原理は$1～2\,m^2$の集熱器で温められた温水は密度が軽くなって上部の貯湯槽へ移動し，その分温度の低い水が循環して下から入ってくる．サーモサイホン(自然循環)を利用した方法である．この

方式も水道配管工事は必要であるが，電気工事は不要である．凍結防止弁が付いており，凍結の可能性のある時は貯湯槽温水が流れ出るようになっている．

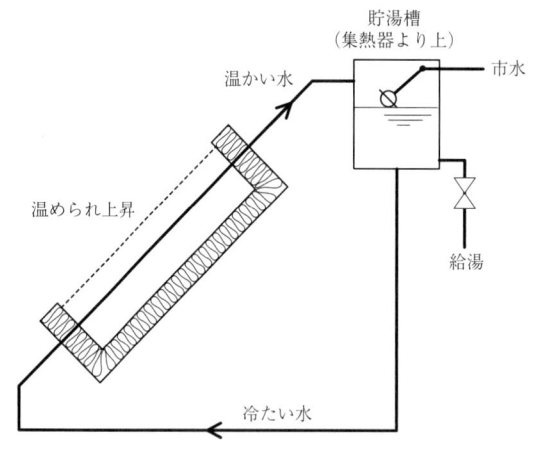

図 3.12 自然循環式

3) 強制循環式太陽熱温水器

図 3.13 に示すように太陽熱集熱器と蓄熱槽が分離しており，配管で結ばれている．大規模になると蓄熱槽が大きくなり屋根面の集熱器と異なる地上などの場所に設置する時利用される．集熱器内の熱媒の循環にはポンプが用いられる．

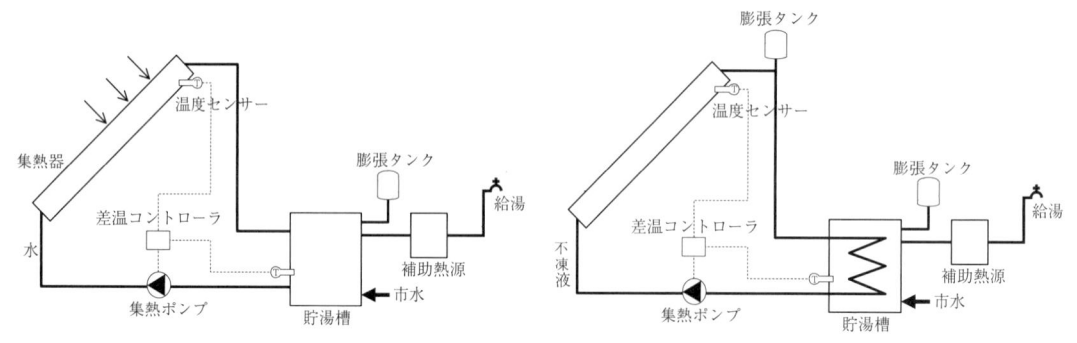

（a）強制循環式太陽熱給湯システム（直接集熱方式）　　　（b）強制循環式太陽熱給湯システム（熱交換方式）

図 3.13 強制循環式

ポンプの ONOFF は集熱器の出口温度で制御する．図 3.13(a) のように直接集熱方式の場合の凍結防止は集熱器の熱媒に水を用いており，凍結温度近くになると，蓄熱槽の温水を集熱器にしばらくの間通水することになる．図 3.13(b) のように熱交換方式の場合は，集熱器の熱媒は不凍液 (プロピレングリコール) が入っており，マイナス 10°C 近くまで凍結しないが，やはり，凍結防止のため不凍液の温度が低下するとしばらくポンプで循環することになる．このようにポンプを用いるので，水道配管工事と電気工事が必要になる．補助熱源はガス等で，設定温度まで昇温して給湯を行う．

(5) 太陽熱利用給湯システムの設計

低密度で不安定な太陽熱利用システムの設計は意外と難しい．正確に容量を算定するにはコンピュータシミュレーションを行う必要がある．

1) 集熱器方位角と傾斜角

太陽熱給湯システムで一番取得が厳しくなるのは冬期で，外気温度が低く太陽位置が低く面に当たる日射量が少ないためである．集熱器の傾斜角を大きくして，太陽位置の低い日射をできる限り，集熱器に直角に入るようにする冬期用集熱器の傾斜角が考えられる．もう一つの考え方は太陽熱を常に使い切る方法で，1年間を通しての最大日射熱取得を目指す考え方である．それら代表的な札幌，東京，鹿児島の傾斜角と方位角の関係を図3.14に示す．この図より方位角は真南がよく，傾斜角は札幌では6寸勾配(31度程度)，東京，鹿児島では5寸勾配(27度程度)が日射熱取得熱量が大きいことが分かる．

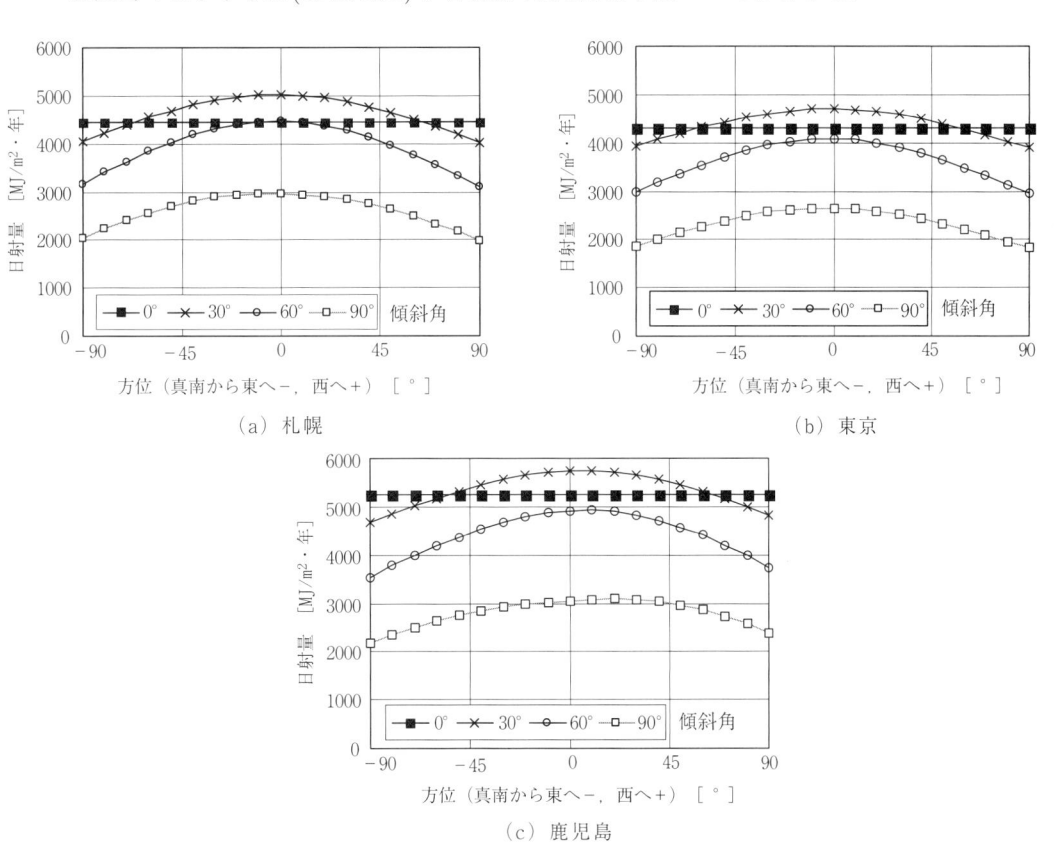

(a) 札幌

(b) 東京

(c) 鹿児島

図 3.14 面に当たる日射量 (札幌，東京，鹿児島)

2) 集熱器の効率

集熱器の効率は外気温 (T_a[°C])，面に当たる日射量 (I_T[W/m^2])，集熱器平均温度 (T [°C]) が関係する．集熱器の種類の違いによる集熱器効率を図3.15に示す．この集熱器効率 (η) は瞬時のものなので，時々刻々のシミュレーションに利用できるが，長期間の推定には不向きである．年間を通しての東京の平均集熱器効率 ($\bar{\eta}$) を表3.6のように推定すると，比

較的容易に太陽熱給湯の評価が可能になる．

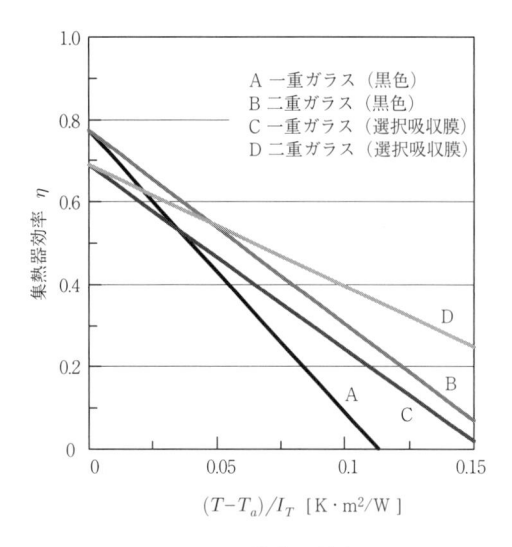

図 3.15 集熱器効率

(6) 太陽熱利用給湯システムの計算例

■計算例 3.2■

> 場所 東京，集熱器方位角 真南より東へ $10°$，集熱器傾斜角 $30°$，集熱器面積 $10\,\mathrm{m}^2$，集熱器仕様 一重ガラス (選択吸収膜) の年間取得熱量およびガス換算の利益を求めよ．ただし，都市ガスの単価 3.26 円/MJ とする．
>
> 図 3.14 より $4{,}500\,\mathrm{MJ/m}^2\cdot$年，表 3.6 より一重ガラス (選択吸収膜) の平均集熱器効率 $\bar{\eta}=0.48$ となり
>
> $$4{,}500\,\mathrm{MJ/m}^2\cdot\text{年} \times 10\,\mathrm{m}^2 \times 0.48 = 21{,}600\,\mathrm{MJ}$$
>
> $$3.71\,\text{円/MJ} \times 21{,}600\,\mathrm{MJ} = 80{,}136\,\text{円}$$

演習問題 3

(1) 事務所建築の給湯設備を設計せよ．(貯湯容量，加熱能力，系統図を描け)

　設計条件
　使用給湯量など表 3.5 参照
　有効面積比　0.6
　居住人員　　0.2 人/m^2

建物条件

学籍番号 下4桁を KLMN とし,以下の条件とする.

階数　　　　(M+N+1) 階,階数は最低3階 (3以下の場合),最高7階 (7以上の場合)

各階床面積　(K+L+1)×200 m² (地下階は機械室のみ)

配管条件

系統数　　　(N+1) 本の系統,本数は最低2本 (2以下の場合),最高4本 (4以上の場合)

配管方式　　M:奇数の場合直接レターン方式,M:偶数の場合リバースレターン方式

(2) 太陽熱利用給湯システムの概念図を描き,経済性を評価せよ.

(集熱器の仕様,面積,方位角,傾斜角および系統図を描け)

学籍番号下4桁を KLMN とし,以下の条件とする.

条　件

場所　　　　　　　　　　　N:偶数 → 東京,N:奇数 → 鹿児島

太陽熱給湯システム番号　　(K+L+M+N) の値の末尾と同一番号

集熱器の勾配　　　　　　　(N×10)°

集熱器の方位角　　　　　　真南より西へ (L×5)°

鹿児島の平均集熱効率も表3.6を用いよ.

都市ガス (LNG) の単価　　3.26 円/MJ

太陽熱給湯システム番号は次のとおり.

0:汲み置き式太陽熱温水器 集熱面ポリカーボネート 集熱面積 1.5 m²

1:自然循環式太陽熱温水器 集熱ガラス一重 (集熱面黒色) 集熱面積 2.0 m²

2:自然循環式太陽熱温水器 集熱ガラス一重 (集熱面選択吸収膜) 集熱面積 2.0 m²

3:強制循環式太陽熱温水器 (直接集熱方式) 集熱ガラス一重 (集熱面黒色) 5.0 m²

4:強制循環式太陽熱温水器 (直接集熱方式) 集熱ガラス一重 (集熱面選択吸収膜) 5.0 m²

5:強制循環式太陽熱温水器 (直接集熱方式) 集熱ガラス二重 (集熱面黒色) 5.0 m²

6:強制循環式太陽熱温水器 (熱交換方式) 集熱ガラス一重 (集熱面黒色) 10.0 m²

7:強制循環式太陽熱温水器 (熱交換方式) 集熱ガラス一重 (集熱面選択吸収膜) 10.0 m²

8:強制循環式太陽熱温水器 (熱交換方式) 集熱ガラス二重 (集熱面黒色) 10.0 m²

9:強制循環式太陽熱温水器 (熱交換方式) 集熱ガラス二重 (集熱面選択吸収膜) 10.0 m²

(3) 給湯管によく銅管が用いられる理由を述べよ.

(4) 現在,平板型集熱器は選択吸収膜が主流である.理由を述べよ.

第4章

排水，通気設備

　給水をすると，それに伴い排水設備が必要になる．排水はスムーズに流れて当然であるが，スムーズに流れ，悪臭を出さないように種々の工夫がなされている．また，一般に排水は電力等を使わず重力のみを利用しているのが特徴である．

4.1 排水設備

(1) 排水の種類
排水の種類は表 4.1 の 4 種類がある．

表 4.1 排水の種類

種類	内容
汚水	トイレの排水
雑排水	洗面，厨房，風呂などの生活に伴う排水
雨水	降雨に伴う水
特殊排水	工場，研究所などの実験等で出る排水（処理業者に依頼）

　このうち，河川，湖の水質を低下させているのは，生活に伴い生じる雑排水である．

(2) 下水道方式
　建物内で生じる汚水，雑排水以外に一時的に大量に発生する雨水の処理が問題になる．雨水を処理するか否かで，図 4.1 のように合流式下水道方式と分流式下水道方式に分れる．なお，台風時のように終末処理場の能力を超えた場合は未処理のまま放流しているのが現状である．

合流式下水道方式

```
┌──────┐
│ 雨 水 │─┐
├──────┤ │  ┌────────┐
│ 汚 水 │─┼──│終末処理場│── 放流（河川，海）
├──────┤ │  └────────┘
│ 雑排水 │─┘
└──────┘
```

分流式下水道方式

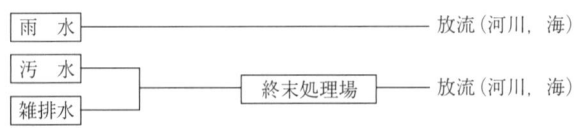

```
┌──────┐
│ 雨 水 │──────────────────── 放流（河川，海）
└──────┘
┌──────┐
│ 汚 水 │─┐  ┌────────┐
├──────┤ ├──│終末処理場│── 放流（河川，海）
│ 雑排水 │─┘  └────────┘
└──────┘
```

図 4.1 下水道方式

また，公共下水のない所は建物所有者が浄化槽を設置する義務があり，図4.2のように，合併処理浄化槽方式と単独処理浄化槽方式がある．現在では単独処理浄化槽の新設が禁止されており，徐々に合併処理浄化槽方式に移行している．

合併浄化槽方式

```
雨　水 ──────────────────── 放流(河川，海)
汚　水 ┐
       ├── 合併浄化槽 ── 放流(河川，海)
雑排水 ┘
```

単独浄化槽方式

```
雨　水 ──────────────────── 放流(河川，海)
汚　水 ── 単独浄化槽 ────── 放流(河川，海)
雑排水 ──────────────────── 放流(河川，海)
```

図 4.2　浄化槽方式

(3) 中水道，雨水の利用

中水道とは，上水道と下水道の間の意味で，河川水，地下水，湖水など上水(水道水)として利用する以前の未処理の水をいう．これらの水は飲料には不適当であるが，水洗トイレの水，散水などには適している．都市で生活が豊かになり，水を使う量が増してきて，水不足に悩まされている．水資源が限られているのに使用量が増加するのを少しでも防ぐため，一定以上の大規模建築では中水道の利用を義務付けている．これは雑排水を簡易に建物内で処理して，中水道にし，水洗トイレの排水用水，庭の散水等に利用することである．なお，一旦トイレの排水に利用した汚水は公共下水に流すことになる．このように水のリサイクルをして，節水に努めているのである．

一方，もっと積極的に雨水を中水道として利用することもある．これは屋根面に降った雨水を集中的に貯留し，水洗トイレの排水等に利用するシステムである．大規模なものでは，図4.3に示す福岡ドーム，その他，国技館，東京ドームなどがある．また，戸建住宅で工夫して利用している例もある．

(4) 排水システム

給水などは水が管内を充満して流れるが，排水は空気と水すなわち気液混合で流れる．この中の空気が排水を阻止する原因になる．この空気を別途移動しやすくするシステムを考える必要がある．これが通気管(vent)である．したがって給水は1管であるのに対して，排水は通常排水管と通気管の2管となる．図4.4にそれらを示す．

このように通気管の役目は，排水をスムーズに流すためと後述するトラップの破封防止がある．建物内の排水を屋外に出す方法は公共下水道が整っている場合は，排水横主管と公共水管を直接接続し排出する．しかし，地下室等公共下水管より低い場所で排水を行う場合は，図4.5のように一旦地下の排水槽に排水を貯留し，ポンプにより公共下水管に排出する．

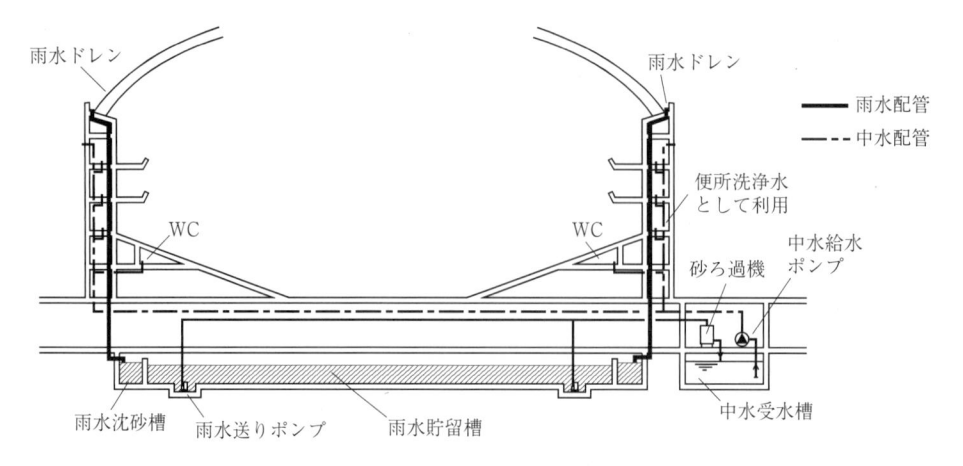

図 4.3 雨水貯留システム概念図 (福岡ドーム)

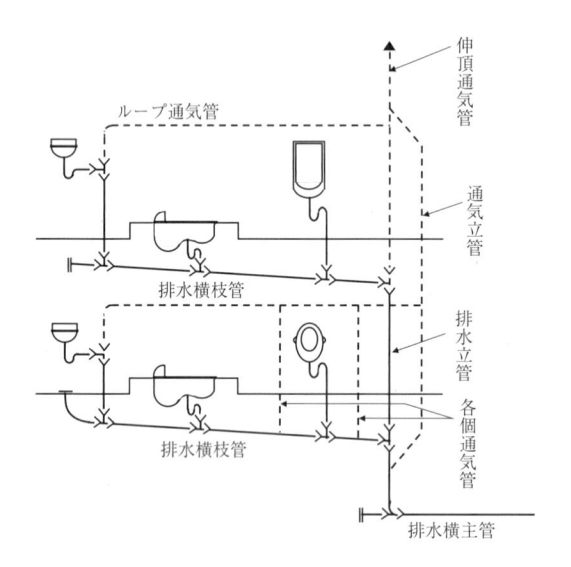

図 4.4 2管式排水システム

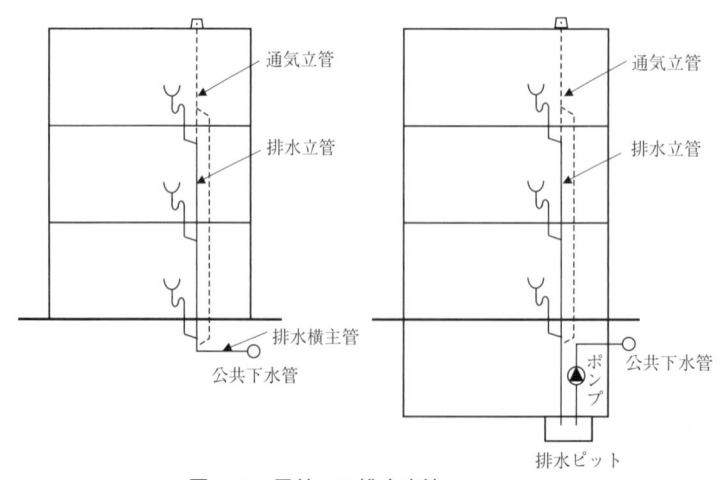

図 4.5 屋外への排水方法

(5) 排水管勾配

　排水管内の排水は固形物を伴う．排水横枝管，排水横主管の管径はあまり大き過ぎると，管内の流水は浅くなり，流速も減速する．固形物を押し流す力が弱くなり，水のみが流下して固形物が取り残される結果となり，管閉塞の原因になる．また，配管をあまり急勾配にすると水は浅流となり，管底を急速に流下して，固形物を浮遊させず取り残される．逆に緩勾配（かんこうばい）過ぎると，水深は増すが流速が遅くなり，押し流す力が減少する．合理的な排水横管の勾配は管径 75 mm 以下では 1/25，100～200 mm では 1/50，250 mm 以上では 1/100 より緩やかになってはならない．この場合，流速は 1.4 m/s 程度になる．

4.2　通気設備

　排水は気液混合で流れ，スムーズに流れるためには空気の移動，即ち通気が必要になる．

(1) 通気管の種類

　排水に伴う空気の移動を容易にする通気管の種類は，図 4.4 に示したように，排水立管と併立している通気立管，排水立管の頂部を伸ばした伸頂通気管（しんちょうつうきかん），器具個々に通気管を付けた各個通気管があり，その場合あふれ面より 15 cm 以上の高さで接続する．さらに，器具数個に 1 本の通気管を付けたループ通気管がある．この場合，ループ通気の最大器具数は 8 個である．通気管の管径は厳密には表により設計しなければならないが，一般に排水管径の 1/2 以上が必要で排水管径以下となる．

(2) トラップの役目

　トラップ (trap) とは「わな」の意味で，排水系統の一部に水を留めることをいう．役目は排水管からの廃ガス，臭気，虫類の逆流防止である．ちょっとした工夫から大きな役割を果たしているといえる．トラップは目的に応じて形状が異なる．図 4.6 にそれらを示す．トラップの水のことを封水（ふうすい）といい，水の深さを封水深（ふうすいしん）という．封水深は浅いと，破封（はふう）しやすく，深いと排水の流れが悪くなる．通常 50～100 mm 程度とする．それらの関係を図 4.7 に示す．

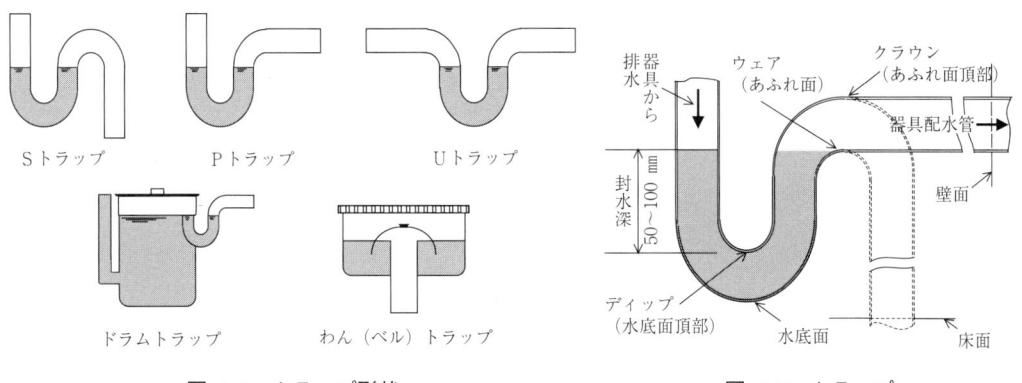

図 4.6　トラップ形状

図 4.7　トラップ

a. ソベント継手方式

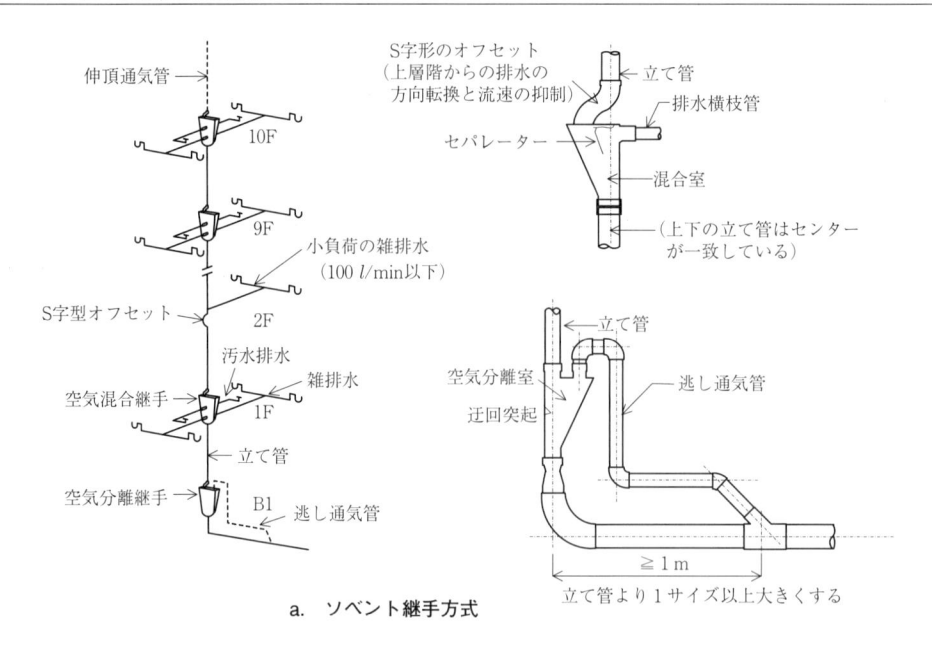

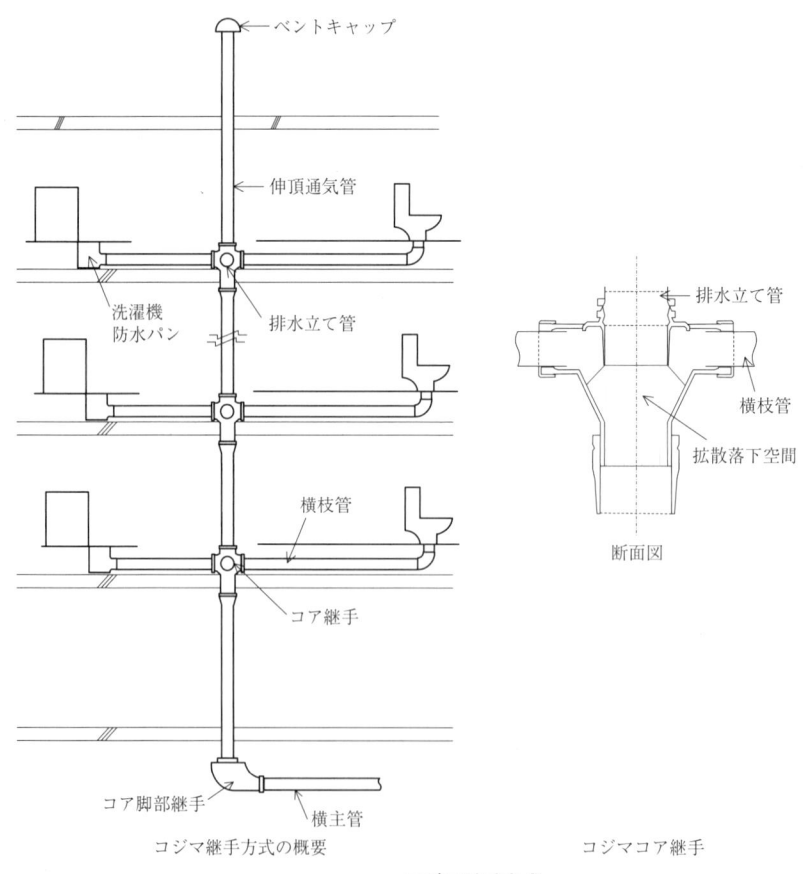

c. コジマ継手方式

図 4.8 特殊継手排水システム (1)

4.2 通気設備　59

セクスチャ継手概要図　　セクスチャ継手の機能

b. セクスチャ継手方式

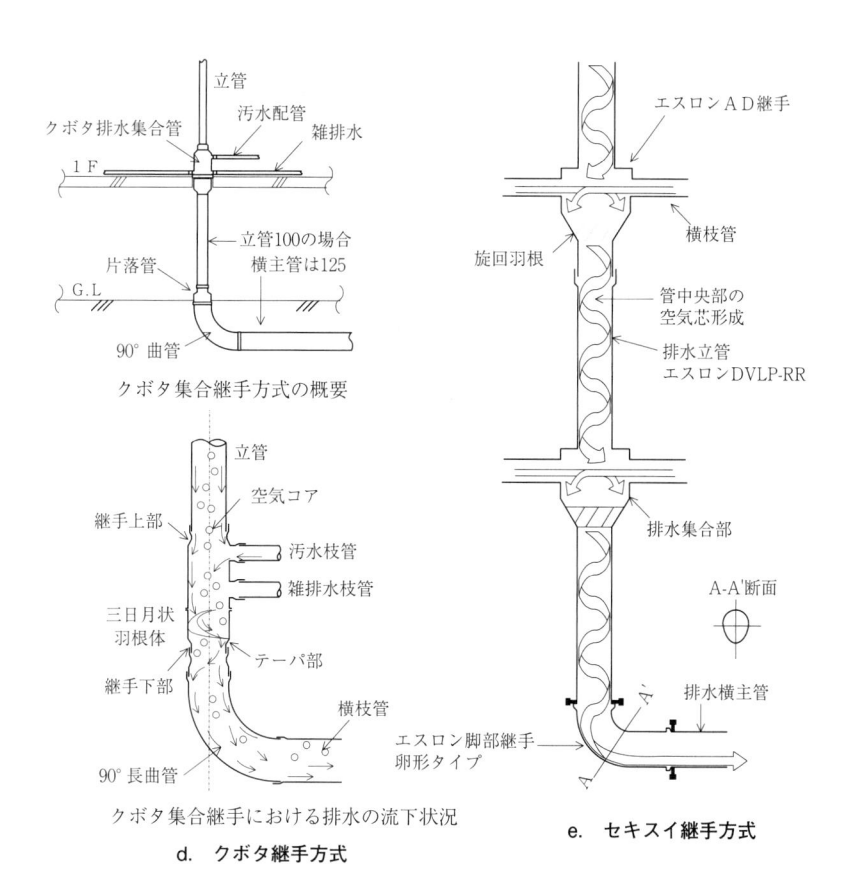

クボタ集合継手方式の概要

クボタ集合継手における排水の流下状況

d. クボタ継手方式

e. セキスイ継手方式

図 4.8　特殊継手排水システム (2)

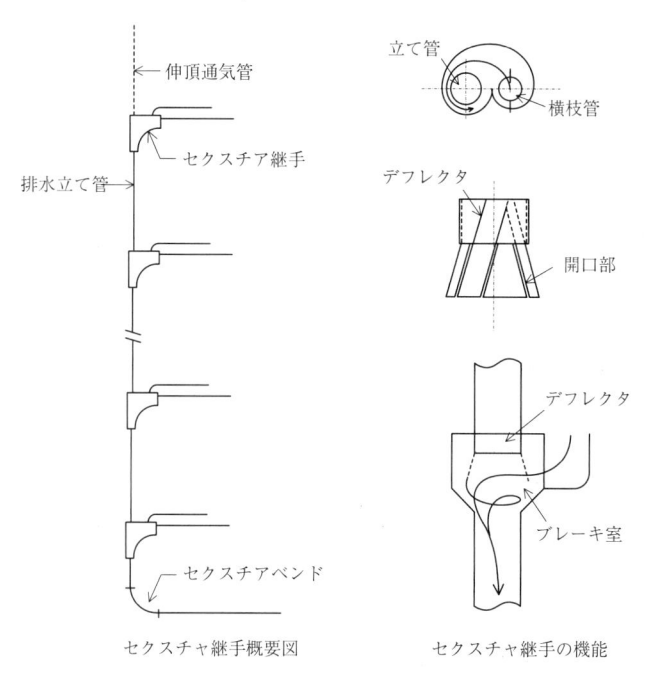

4.3 特殊継手排水システム

単管式排水システムともいう．排水は排水管と通気管の2管式と前述したが，通気を工夫することにより，1管(単管)で排水しようと試みる特殊継手(つぎて)排水システムが出現した．特殊継手排水システムの目的は排水管スペースを小さくし，工事費を安くすることにある．原理は排水時，排水流速を減じ，通気できる空気芯(くうきしん)を作ることにあり，種々工夫されている．現在，日本で5方式程度が実際に利用されている．最初開発されたのは1961年スイスのソマーによるソベント方式で，次いで1967年フランスのレッグ，リシャールによるセクスチャ方式である．その後日本の企業で開発が行われ，現在に至っている．代表的特殊継手排水システムを図4.8に示す．

演習問題4

(1) 自宅で使われている排水トラップの種類を調べ，各々封水深をメジャーで計りなさい．
(2) 長期間使用していない建物に入って異臭(どぶのにおい)を感じた．原因は何か．
(3) 事務所建築の排水設備を計画せよ．(系統図および継手の詳細を描け．)

学籍番号の下4桁をKLMNとし，以下の条件とする

建物条件

階数　(M+N+1)階　階数は最低3階(3以下の場合)
　　　　　　　　　　　　最高7階(7以上の場合)
　　　　　　階数(3〜4階)地下階なし
　　　　　　階数(5〜7階)地下1階あり

配管方式

排水系統　2本の系統(今回は1本の系統でも可とする)
排水方式　N：偶数(0, 2, 4, 6, 8) 2管式排水システム
　　　　　N：1　単管式排水システム(ソベント継手)
　　　　　N：3　単管式排水システム(セクスチャ継手)
　　　　　N：5　単管式排水システム(コジマ継手)
　　　　　N：7　単管式排水システム(クボタ継手)
　　　　　N：9　単管式排水システム(セキスイ継手)

公共下水との接続

　　　　　　階数(3〜4階)直接公共下水管に接続
　　　　　　階数(5〜7階)地下に排水槽を設けポンプで公共下水管に接続

(4) 二重トラップ禁止の意味するものを説明せよ．

第5章

電気設備

建築設備としての電気設備は建物がインテリジェント化，コンピュータ化してきているので増々重要になってきている．都市で利用できるエネルギーとして，電気，ガス，石油が考えられるが，そのうちでも電気はエネルギーの質が高く，利便性が良い．

5.1 日本の電力

日本の主要電力会社の発電状況は図 5.1 に示すように，東日本大震災以前の 2010 年の発電エネルギー構成は天然ガス (29 %)，石炭 (25 %) に対し，大震災後，原子力が停止し，天然ガス (47 %)，石炭 (31 %) の割合が増加している．今後，原子力が復活すると予想される．これらの内，地球温暖化で問題となっている二酸化炭素を排出するのは火力発電であり，水力，原子力発電では，運転時の二酸化炭素排出はない．火力発電の中でも，単位発電量当たりの二酸化炭素発生量は，石炭，石油，天然ガスの順に多い．水力発電は水の位置エネルギーを電気エネルギーに変換する発電形式であり，そのエネルギー効率は 90 %以上である．火力，原子力発電は図 5.2 に示すように，炭化水素 (石炭，石油，天然ガス) の燃焼に伴って発生するエネルギーあるいは，核分裂による核エネルギー等の熱エネルギーを電気エネルギーに変換するものである．火力発電の発電端効率は平均すると 39 %程度であるが，最新鋭の天然ガスコンバインドサイクル火力発電 (ガスタービン発電とガスタービンの廃熱を利用した蒸気タービンによる発電を組み合わせた発電形式) においては，50 %以上の発電端熱効率を持つものもある．原子力発電の発電端熱効率は一般に低く，33～34 %程度である．熱損失は温廃熱として，冷却水として使用される海水の温度を

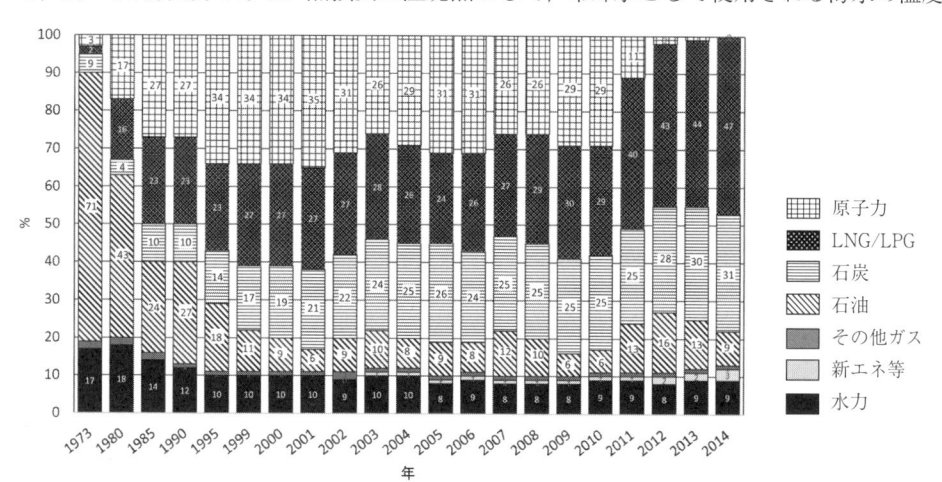

図 5.1　日本の電源構成の推移 (引用：数表で見る東京電力，2015 年)

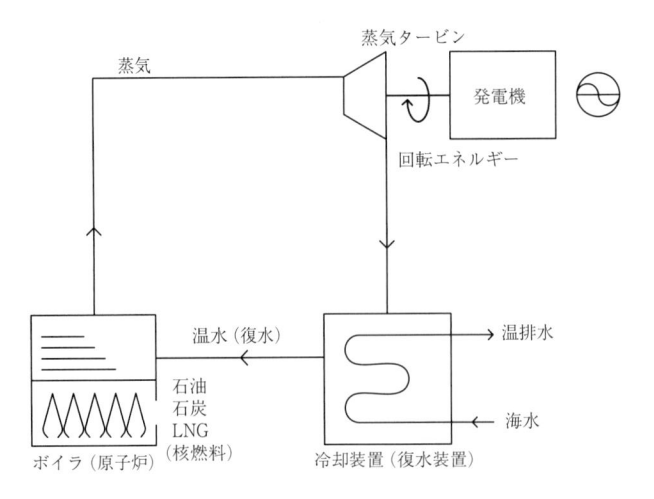

図 5.2 熱エネルギーによる発電

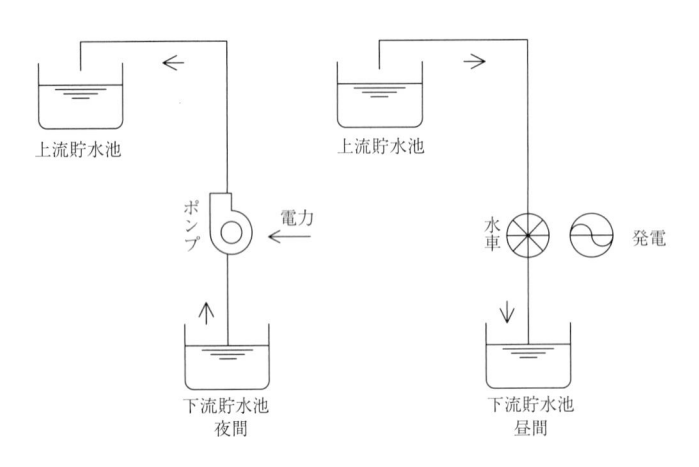

図 5.3 揚水発電

上昇させて排出されている．発電端熱効率と使用端熱効率の間には，4～5％程度の差があり，これは送電時におけるロス(損失)に相当する．電力というものは基本的に貯蔵できないと同時に，需要(負荷)が1日の中の昼間と深夜，年間の季節によって変動が大きいという特徴を持つ．したがって，時刻，季節によって大きく変動している需要(負荷)と発電量が常に一致しているという状況を作り出さないと，電力供給システムの正常な運用ができない．その結果，発電設備の総容量は予想されるピーク負荷以上が確保されている必要がある．年間のピーク負荷は，夏期昼間の冷房負荷が最も大きい時に現れる．当然の事ながら，夜間特に深夜においては負荷が下がることになり，ピーク時の40～50％程度の負荷となる．その対策として，夜間電力料金体系をもうけ，電気料金を昼間の1/3～1/4程度にして，電力需要の夜間シフトを誘導し，夜間の負荷の底上げを図っている．さらに，夜間における余剰電力を利用して，揚水ポンプで上流側貯水池に揚水し，昼間のピーク時に水力発電を行い，負荷の平準化を行っている．しかしながら，この様な揚水発電に適した立地は限られるので限界がある．電力業界全体として設備稼働率の向上，つまり，いかに

ピーク負荷を低減させ，夜間電力負荷を増加させるかは大きなテーマとなっている．

一方，送電効率を向上させるためには，オームの法則から導かれるように，電圧を高め電流値を低減させることがポイントとなる．

$$電力の送電損 \propto (電流)^2 \times (抵抗)$$

現在，日本における長距離送電幹線の電圧は，50万V送電が標準となっており，一部100万V送電も導入が完了している．

日本においては10社の電力会社が存在しているが，富士川を境にして東の50 Hz系と西の60 Hz系に分かれている．この由来は，日本において電力技術が導入された初期の段階で，関西は60 Hzの米国系，関東は50 Hzのヨーロッパ系の技術が導入されたことによる．その後，歴史的に統合されることなく現在に至っている．両系統は，その境界にある3ケ所の周波数変換所(AC–DC–ACの変換を双方向に行う装置)において接続されており，瞬時120万kWの相互融通が可能である．また，本州．北海道間は直流送電で連係されている．

家庭用の低圧電力について日本は，AC100Vに統一されている．これは，世界的に見ると最も低い電圧レベルである．表5.1に代表的な各国の周波数と電圧を示す．海外においては120〜240Vが一般的である．電圧が低いと安全性は高まるが，送電ロスが大きくなることと，同一電力を供給するためのケーブル必要断面積が大きくなり，配線コストが上昇する．しかしながら，最近は日本においても，新築家屋を中心に温水器，エアコンやIHクッキングヒータ等の大容量家電機器用に200V系の導入が進みつつある．

表 5.1 代表的な各国の電圧と周波数

国 名	電 圧	周波数
日本	100V	50/60ヘルツ
カナダ	120/208/240V	60ヘルツ
アメリカ合衆国	120/208/240V	60ヘルツ
ブラジル	127/220V	60ヘルツ
中国	110/220V	50ヘルツ
インド	230/240/250V	50ヘルツ
韓国	100/110/200/220V	60ヘルツ
台湾	110/220V	60ヘルツ
フランス	127/220/230V	50ヘルツ
ドイツ	127/220/230V	50ヘルツ
イタリア	125/220V	50ヘルツ
ロシア	127/220V	50ヘルツ
イギリス	240V	50ヘルツ
オーストラリア	240/250V	50ヘルツ

5.2 受電方式

一般に需要地から離れた遠隔地にある大容量の火力，原子力，水力(揚水を含む)発電所において高電圧(通常500 kV，一部1000 kV)に昇圧して送電され，需要地の近郊以降の

変電所において逐次降圧されて，最終需要家に配電される．山間部の送電は鉄塔による架空送電が一般的であるが，都市部へ入ると幹線道路下の共同構等のトンネル部に敷設される地中線により送電される．地中線のまま配電変電所を経て最終需要家である建物等に配電線が引き込まれるのが都市美観上も望ましいが，地中線は建設コストが高いことと，各種の規制から地中線敷設ができない場合もある．その結果，一般家庭用の配電線は，電柱を使用した架空配電となる場合が多い．中小規模の需要家の場合は，一変電所からの受電が一般的であるが，大規模需要家の場合には，図 5.4 のように二変電所からの受電を行い，停電時の対応を図っている場合もある．

表 5.2　電力供給ルート (東京電力の場合)

電圧の分類	変電所の種類	使用電圧		用　途
特別高圧	発電所	3φ275kV		———
	一次変電所	3φ60kV		超高層ビル，大工場
	二次変電所	3φ20kV		大規模建築
高　圧	配電用変電所	3φ6kV		中規模建築
低　圧	柱上変圧器	3φ200V	1φ100V/200V	小規模，家庭用

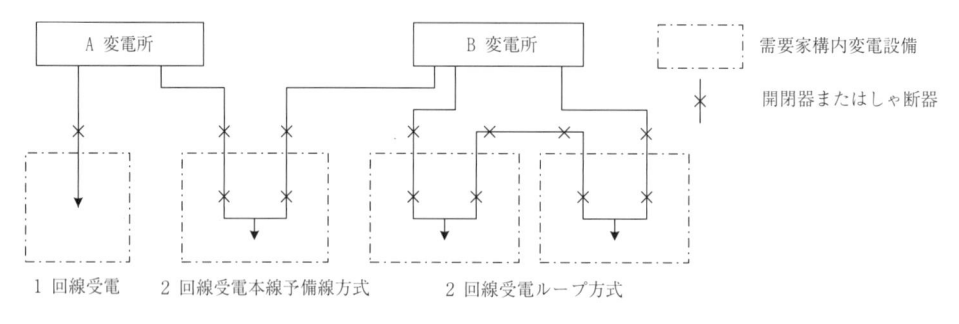

図 5.4　受電方式

5.3　配電方式

図 5.5 に各種配電方式を示す．

(1) 単相 2 線式

家庭用に用いられる方式で，一般の照明機器，コンセント，AV 機器，通常の冷蔵庫，小型エアコンなど，ほとんどの電気製品は 100 V 対応になっている．周波数が 50 Hz と 60 Hz の違いにより，モーターの回転数が異なり，能力に差が出たり，照明がちらついたりすることがある．

(2) 単相 3 線式

日本の単相 2 線式の場合，100 V と電圧が低く，能力不足になる場合があるので，200 V 対応として出現したものである．中央に中性線があり，中性線と両端は各々 100 V で 100

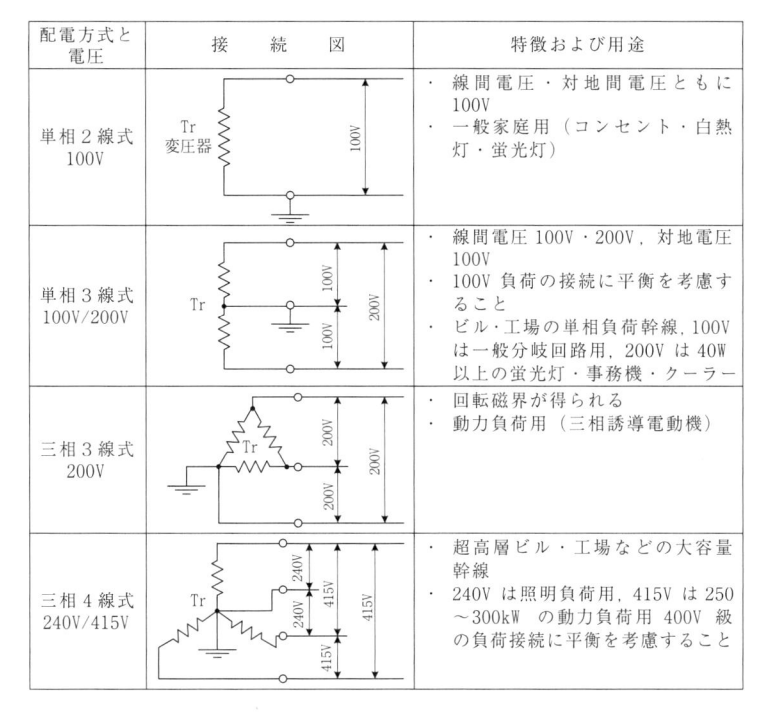

配電方式と電圧	接続図	特徴および用途
単相2線式 100V	Tr 変圧器 100V	・線間電圧・対地間電圧ともに 100V ・一般家庭用（コンセント・白熱灯・蛍光灯）
単相3線式 100V/200V	Tr 100V/100V/200V	・線間電圧 100V・200V，対地電圧 100V ・100V 負荷の接続に平衡を考慮すること ・ビル・工場の単相負荷幹線，100V は一般分岐回路用，200V は 40W 以上の蛍光灯・事務機・クーラー
三相3線式 200V	Tr 200V/200V/200V	・回転磁界が得られる ・動力負荷用（三相誘導電動機）
三相4線式 240V/415V	Tr 240V/415V	・超高層ビル・工場などの大容量幹線 ・240V は照明負荷用，415V は 250～300kW の動力負荷用 400V 級の負荷接続に平衡を考慮すること

図 5.5　各種配電方式

V 対応の電気製品を接続させる．一方，両端を接続させると 200 V 対応電気製品の家庭用大型エアコン，電磁誘導加熱 (induction heating 略して IH) クッキングヒーター等が利用できる．

(3) 三相3線式

動力のモーター用に適した結線方式で，いずれの線間を取っても 200 V である．

(4) 三相4線式

大規模建築で用いられる結線方式で，照明用と動力用に分けられ使用されるが，一般の電圧より高圧である．

5.4　建物内配電方式

建物内では単相交流，三相交流，直流など電気の特性の長所を利用した使い方を行っている．

交流 ⎰ 3ϕ 3 線式　　冷凍機，空調機，換気設備，ポンプ類などの動力
　　 ⎨ 1ϕ 200 V 　　家庭用大型エアコン，IH クッキングヒーター，家庭用温水器など
　　 ⎩ 1ϕ 100 V 　　家庭用小型エアコン，照明機器，OA 機器，コンセントなど

直流 (蓄電池) 　　非常用照明 (24V)，自動火災報知器 (24V)，非常放送 (24V)，電話交換機 (48V) など

図 5.6 のように，中規模以上の建物の場合，3,000 V 以上の三相高圧で受電し，建物内で動力用と低圧用に変換する．低圧は一部直流に変換して使用する．直流は制御性が良く，

蓄電が可能である．

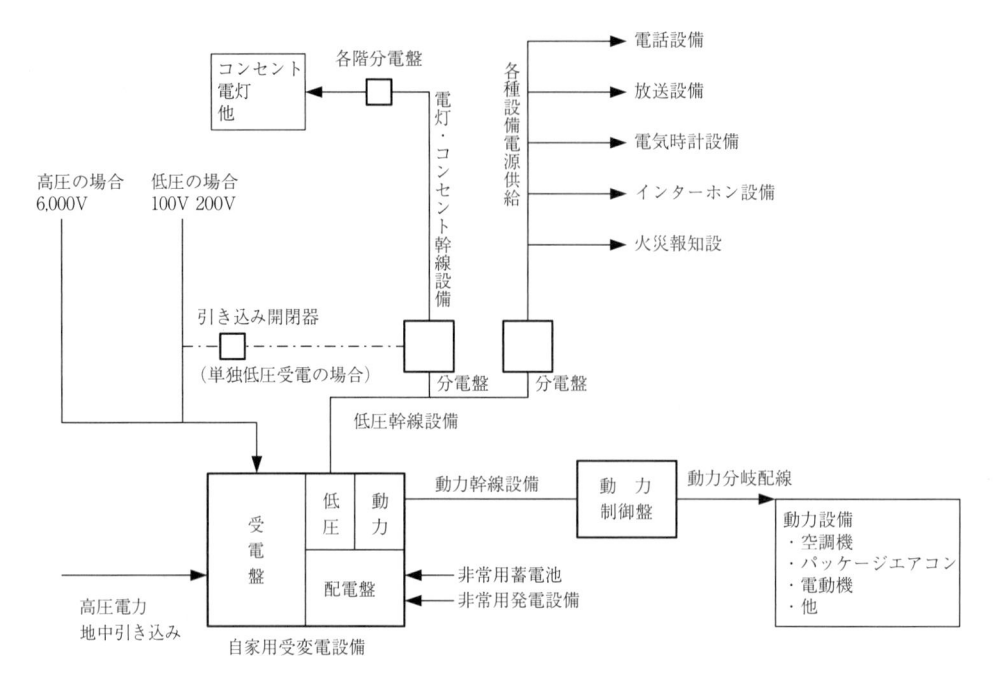

図 5.6 建物内配電

5.5 停電時のバックアップシステム

中規模以上になると停電時の対策を考慮したシステムが構築されている．図 5.7 のように，停電になると，蓄電池系統が働き，直流による非常用照明が点灯する．また，蓄電池の制御により，1 分以内に自家発電機が稼動し，3φ200V の電源が確保できる．この電源により非常用系統の作動が可能になる．非常用系統とは非常用エレベータ，消火ポンプ，排煙設備，非常用コンセントなどである．自家発電機は法定上 30 分稼動であるが，燃料がある限り運転できる．なお，コンピュータなどの電源は定電圧定周波電源装置 (constant voltage constant frequency 略して CVCF) を用い質の高い電力を供給する．

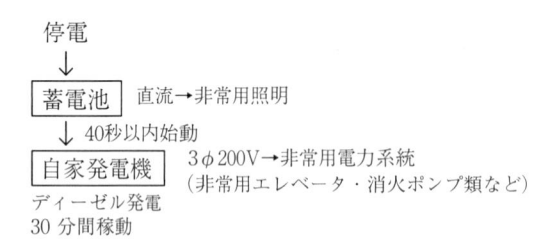

```
停電
 ↓
蓄電池    直流→非常用照明
 ↓ 40秒以内始動
自家発電機  3φ200V→非常用電力系統
         (非常用エレベータ・消火ポンプ類など)
ディーゼル発電
30 分間稼動
```

図 5.7 停電時のバックアップシステムの流れ

5.6 インバータと無停電電源装置

(1) インバータ

最近では家電商品にも使われている部品である．本来の意味は，直流から交流に変換する装置のことをインバータ (inverter) というが，これに由来する．逆に交流から直流に変換する装置のことをコンバータ (converter) という．しかし，図 5.8 のように交流から直流に変え，直流から交流に変えるとき周波数を変えることをインバータと称している．周波数を任意に変えることができると，モーターの回転数が変わり能力が任意に制御できる．例えば冷房で最初急冷にする場合，周波数を上げ，モーター・圧縮機の回転数を増やし能力を上げ，所定の温度に達すると周波数を下げ，モーター・圧縮機の回転数を減らし，能力を落とすことなどである．この場合，50 Hz から 2000 Hz に任意に変えられるのがインバータである．また，蛍光灯等にもインバータが使われ，周波数を上げることで，50 Hz/60 Hz に関係なく，ちらつきがなくなるなどのメリットがある．なお，太陽光発電は直流であり，一般の電源は交流であるので，連系するときは直流から交流に変換する本来のインバータ装置が必要である．

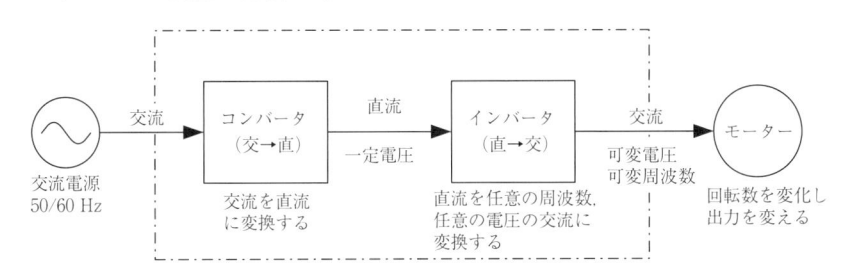

図 5.8 インバータの仕組み

(2) 無停電電源装置

直流は蓄電池 (battery，バッテリー) に蓄電できるので，短時間の停電であれば無停電状態として利用できる．図 5.9 に示すように，蓄電池とインバータを組み合わせた装置を無停電電源装置 (uninterruptible power supply system 略して UPS) といい，重要なコンピュータ用電源，手術用・医療用電源，動物飼育施設の電源，クリーンルームの電源などに用いられる．

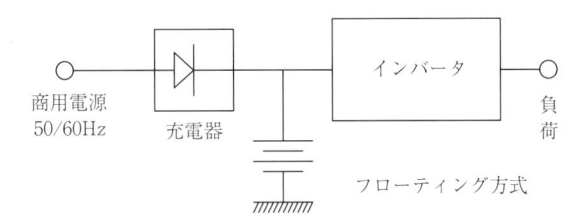

図 5.9 無停電電源装置

受電設備 (キュービクル)　　　　　　　　　受電制御盤

5.7　エレベータとエスカレータ

エレベータ (elevator)，エスカレータ (escalator) とも人の運搬手段であるが，電気エネルギーを用い，モーターを回転させて運用している．図 5.10 に示すエレベータは垂直移動

表 5.3　エレベータ設備

分類	速度	電力
低速	60 m/分以下	3φ 交流
中速	60 m/分〜120 m/分	3φ 交流
高速	120 m/分〜360 m/分	直流
超高速	360 m/分以上	直流

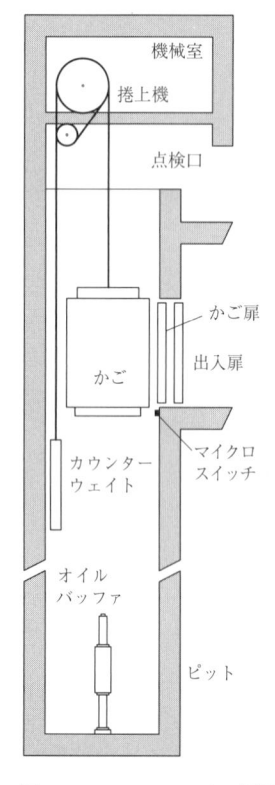

図 5.10　エレベータの構造

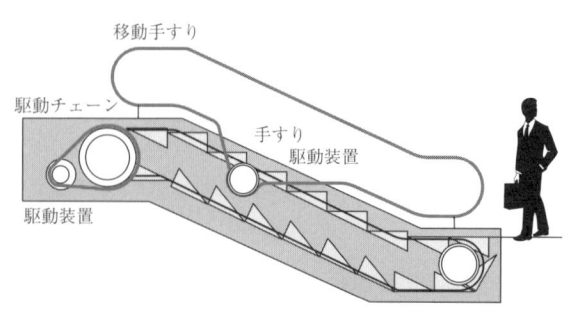

図 5.11　エスカレータの構造

が速やかにでき，高層建築には欠かせないものである．一方，図5.11に示すエスカレータは広い場所を要するが，エレベータに比べて多人数を連続的に移動させることができる．エレベータ設備は表5.3のように分類でき，速度によって交流モーターと直流モーターを使いわけている．低速の場合，直接交流モーターを使うが，120 m/分以上の高速になると制御性のよい直流に変換して直流モーターを利用している．また，積載量は床下のマイクロスイッチで感知して，オーバーの場合は警報を出すようになっている．なお，建築基準法では31 mを超える建物は，非常用エレベータの設置が義務づけられている．火災発生時に消防隊が救助活動，消火活動をするためのもので，平常時は通常のエレベータとして利用し，非常時は消防隊専用となる．エスカレータの場合は交流を用い，安全性を考慮して速度は40 m/分以下，勾配は35度以下である．

演習問題5

(1) 自宅の電気の契約アンペア，単相2線式か単相3線式かを調べよ．また，200 Vで使用している電気製品があれば記せ．
(2) 自宅の各月の電気使用量1年間分を調べ，グラフを作成し，月別変動の理由を述べよ．
(3) 自宅の電気配線を調べ，屋内配線図を作成せよ．
(4) 最寄の電力会社営業所へ行き，電気料金体系を調べ，グラフ化せよ．
(5) 次の電気設備について答よ．
　学籍番号の下4桁をKLMNとし，以下の条件とする．
　$(L+1) \times M + N$の値を下1桁と同一番号を選んで答えよ．
　下1桁が
　0: 太陽光
　　ソーラーパネル面積$(M+N+3) \times 5 m^2$の発電量と電力会社への売電の可能性を述べよ．
　　(発電効率$(10+N)$ %，日積算日射量$3 kWh/m^2 \cdot$日，消費電力量$450 kWh/$月)
　1: 事務所建築の直流電源を用いた設備機器を列記せよ．
　2: 事務所建築の停電時のバックアップシステムの系統図を描け．
　3: インバータエアコンのインバータ制御部を図を書いて説明せよ．
　4: 家庭用電気機器で今後200Vになる可能性のあるものを列記せよ．
　5: 事務所建築で非常用電源を必要とする設備機器を列記せよ．
　6: 中層建築のエレベータ設備の概念図および電源を描け．また，エスカレータとの長短を述べよ．
　7: エスカレータの概念図および電源を描け．また，エレベータとの長短を述べよ．
　8: 重要コンピュータシステムの電源の概念図を描け．
　9: 超高層建築のエレベータ設備の概念図および電源を描け．また，中層エレベータ設備との違いを述べよ．

第6章
ガス設備

　ガスは電気，石油とともに我々に快適な生活を支えるエネルギーである．ガス設備はガス事業法で技術上の基準が定められており，原則として設計，施工はガス事業者が行うことになっている．しかし，建築設備技術者も計画，企画の段階で関与することになり，ガス設備の十分な知識を必要とする．

6.1　ガスの種類

　ガスの種類は液化天然ガス，液化石油ガス，天然ガス，製造ガスなどがあるが，主要なガスは液化天然ガスと液化石油ガスである．

(1) 液化天然ガス，LNG (liquefied natural gas)

　地下に埋蔵している天然ガスを直接取り出し，現地で加圧，液化してLNGタンカーで搬送し，港に近い基地(製造工場)に貯蔵する．さらに，貯蔵したLNGを製造工場でガス化し，熱量調整を行った後パイプラインにて消費地へ圧送する．日本は主として，インドネシア，マレーシア，ブルネイ，オーストラリアから輸入している．製造工場で製造された都市ガスは導管を通じて需要家に供給される．都市ガスの供給方法は図6.1のように高圧，中圧，低圧と徐々にガスの圧力を下げていき，地域冷暖房，大工場等の大口需要家へは中圧で供給し，一般家庭用等の小口需要家へは低圧で供給する．主成分はメタンガス(CH_4 分子量16)で空気の重量(分子量28.8)に対する比重(ガス比重)は約0.6で，空気より軽いので上昇する．したがってガス漏れ警報器は上部に設置しなければならない．熱量は 46.05 MJ/m^3 (N) ($11{,}000 \text{ kcal/m}^3$ (N)) (液化天然ガスは容積で計量し，m^3 (N) はリュウベイノーマルと発音し，1気圧 0°Cに換算)で，本来は無臭である．しかしガスの存在

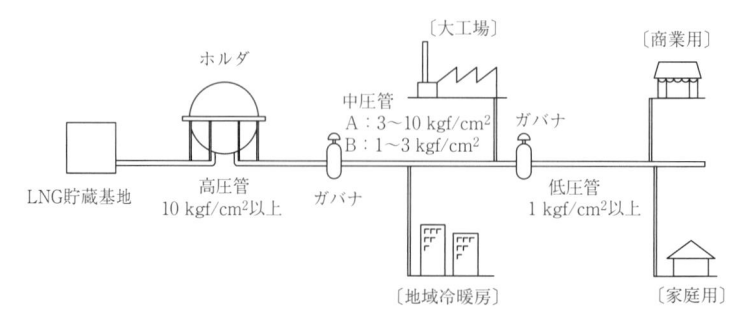

図 6.1　都市ガス供給設備

を知らせるため，においを付けて安全を期している．

(2) 液化石油ガス，LPG (liquefied petroleum gas)

プロパンガスとも称される．石油の精製過程で生産されるもので，生産地は産油国になる．主成分はプロパン (C_3H_8 分子量 44) で，ガス比重 1.53 になり，空気より重いので下部に滞留する．ガス漏れ警報器の設置は床面近くになる．熱量は 100.5 MJ/m^3 (N) (24000 kcal/m^3 (N))，重量で取引されることも多く，50.2 MJ/kg (12000 kcal/kg) である．

都市ガスと同様，本来は無臭であるが，安全のため，においを付けている．

(3) 天然ガス

地下に埋蔵している天然ガスを取り出し，そのまま使用する．国内天然ガスは新潟，千葉，福島で生産されている．将来にわたる安定供給のため，国の援助を受け探鉱開発を行っている．

(4) 製造ガス

製造ガスは乾留，熱分解，接触分解などの化学処理により製造されたガスのことで，原料として，石炭系の石炭やコークスと石油系の原油，ナフサ，LPG などが使用される．地方の中，小都市ガスでは製造ガスが主流である．

6.2 都市ガスの分類

都市ガスとはガス事業法の適用を受け，一般の需要家に導管を介して供給しているガスのことをいう．都市ガスの分類は発熱量と燃焼速度で分類される．発熱量の指数はウオッベ指数 (ウオッベ指数 = 発熱量/$\sqrt{比重}$) を用い，ウオッベ指数を 1000 で除した数値で表示する．燃焼速度は，A は遅い，B は中間，C は速いなどの英文字で表示する．それらによって現在 7 グループ (13A, 12A, 6A, 5C, L1 (6B,6C, 7C), L2 (5A, 5B, 5AN), L3 (4A, 4B, 4C)) に分類されている (5AN は天然ガスを空気により希釈したもの)．

6.3 燃　焼

ガスは燃焼させると主として炭酸ガスと水蒸気および少量の窒素酸化物 (NOx)，硫黄酸化物 (SOx) がガスの種類，燃焼方法により発生する．

液化天然ガスの主成分

$$CH_4 + 2O_2 \rightarrow CO_2 + 2H_2O$$

液化石油ガスの主成分

$$C_3H_8 + 5O_2 \rightarrow 3CO_2 + 4H_2O$$

これら発生物の処理法として給排気が必要になる．また不完全燃焼の場合，一酸化炭素 (CO) が発生し，人体に危険である．

6.4 燃焼方法と給排気方法

ガスを安全に燃焼するために，新鮮な空気を供給し，燃焼に伴って生ずる生成物を排出することが必要である．燃焼方法と給排気方法は図 6.2 のように分類できる．最近の建物は高気密化しているので，密閉型を使用し，開放型，半密閉型は使用しないのが望ましい．密閉型の代表的 2 方式を述べる．

設置場所	燃焼方法	給排気方法	内　容	概念図
屋内	開放型	なし	屋内の空気で燃焼させ，そのまま屋内へ燃焼ガスを排気する	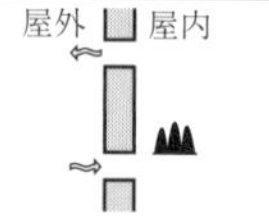
	半密閉型	自然排気型 (CF型, conventional flue type)	屋内から燃焼用空気を取り込み，自然通気力で燃焼ガスを排気筒から屋外へ排気する	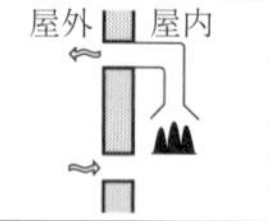
		強制排気型 (FE型, forced exhaust flue type)	屋内から燃焼用空気を吸い込み，ファンを用いて強制的に燃焼ガスを排気筒から屋外へ排気する	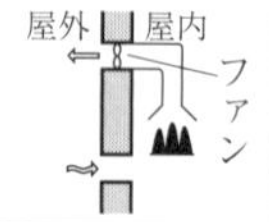
	密閉型	自然給排気型 (BF型, balanced flue type)	6.4（1）参照	
		強制給排気型 (FF型, forced draught balanced flue type)	6.4（2）参照	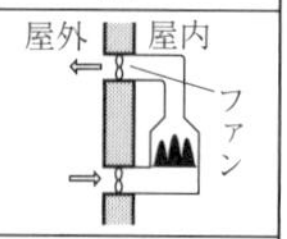
屋外	開放型	自然排気型 (CF型)	屋外の空気で燃焼させ，自然通気力で燃焼ガスを排気する	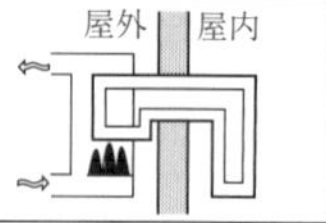
		強制排気型 (FE型)	屋外の燃焼用空気を吸い込み，ファンを用いて強制的に燃焼ガスを屋外へ排気する	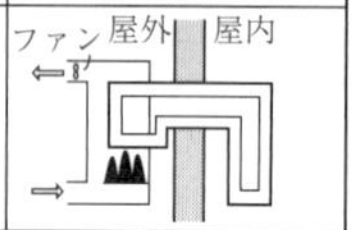

図 6.2　燃焼方法と給排気方法

(1) BF 型 (balanced flue type)

燃焼に伴う上昇気流を利用して，自然換気により新鮮空気を給気する方法で，建物内には熱のみを取り込み，排気ガスは入ってこない．自然現象のみを利用しているので，燃焼には電気は不要である．BF 型は図 6.3 の給気，排気ファンを取り除いた場合である．暖房機，風呂のバランス釜等に用いられている．

(2) FF 型 (forced draught balanced flue type)

BF 型の燃焼効率を上げるため，図 6.3 のように新鮮空気の給気，燃焼空気の排気を強制的にファンで行う方式である．建物内には熱のみが入り，排気ガスは入ってこない．燃焼効率が良いので，小型化している．燃焼時は給排気ファン用の電気が必要である．

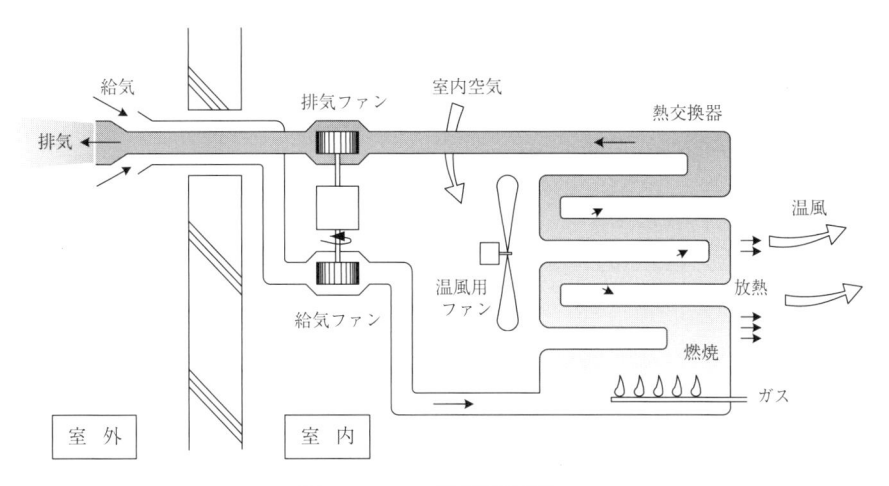

図 6.3　FF 式温風暖房機

なお，燃焼に伴う給排気を必要としない方式として，全電化方式がある．これは IH クッキングヒーター等 200 V 対応の機器で調理を行い，家庭用エネルギーを全て電気でまかなう方法である．

6.5　燃焼機器に伴う建物の対応

集合住宅の各住戸にガス燃焼機器を設置した場合，建物側で対応する必要がある．防火を第一に考慮し，高温の排気ガスによる上階への延焼，近隣への類焼防止に努めなければならない．最近あまり使われなくなったが，高層建築で外部に面していない場所では共用のコンクリートダクトを設け，給排気を行う．図 6.4 に U ダクト (U の形をしている)，SE ダクト (South Eastern Gas board type の略) の 2 例を示す．

6.6　ガスの安全対策

ガスは爆発による大きな被害が想定されるので，地震，防災対策が種々とられている．LNG 地下タンク，ガスホルダー等は震度 7 に耐えられる耐震設計がなされており，高圧導管，中圧導管は鋳鉄管，鋼管，低圧導管は配管用炭素鋼管，ガス用ポリエチレン管，ガス用ステンレス鋼管等を用いて地震対策を行っている．また，ガス工事はガス事業法によりガス会社または指定工事店に限り施工を行い，事故の防止を計っている．また，ガス配管とその周辺に次のような遮断，警報装置を設けている．

(1) 緊急ガス遮断装置

大口需要家の中圧ガスを対象とし，地震時，災害時等の緊急時に遮断する装置で，地震時は自動的に遮断し，災害時等は遠隔で遮断する．

(2) 引き込み管ガス遮断装置

引き込み管口径の比較的大きい集合住宅，オフィスビルなどでは建物のガス引き込み管

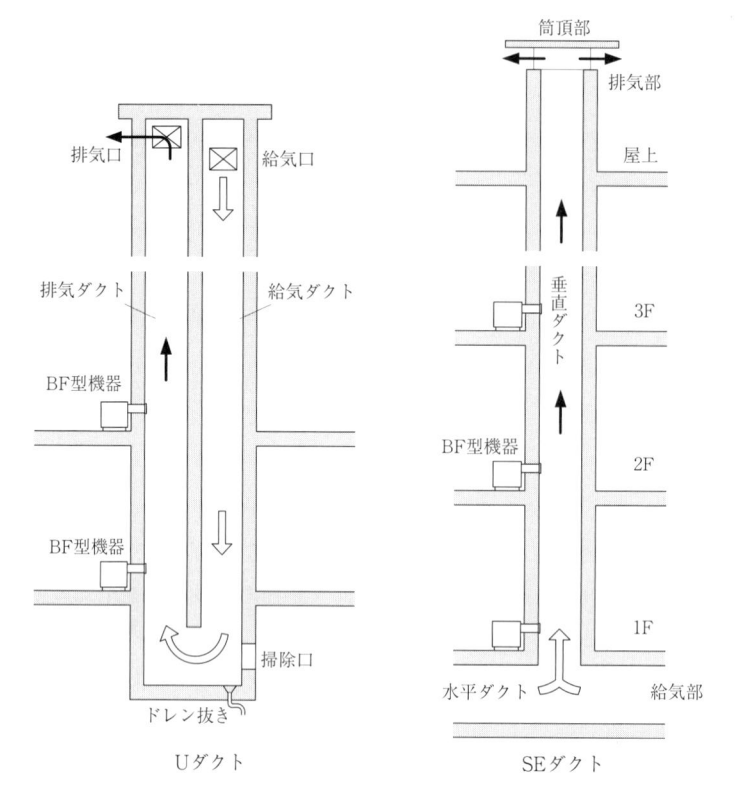

図 6.4　U ダクトと SE ダクト

に設置し，緊急時ガス供給を遮断する．

(3) ガスメーター (マイコンメーター)

ガスメーターには感震器，圧力センサーがマイコンと共に組み込まれており，震度5以上 (250 gal 以上) や，一時的に多量のガスが流れたとき，自動的にガスを遮断する．

(4) ヒューズガス栓

末端の使用で万一ゴム管がはずれたり，多量のガス漏れがあった場合，ガス栓内部のボールが浮き上がり，自動的にガスを停止する．

(5) ガス漏れ警報器

ガス漏れを感知し，警報を発する装置で，前述のように空気より軽い LNG は天井面近くに，空気より重い LPG は床面近くに警報器を設置する．

6.7　コージェネレーションシステム

ガスの大口の代表的利用例として，コージェネレーション，吸収式冷凍機，ガスヒートポンプ等の運転がある．吸収式冷凍機は 15.3 節を参照し，ここではコージェネレーションシステムについて記述する．

コージェネレーションシステムは熱電併給方式ともいい，定義としては原動機として

ディーゼルエンジン，ガスエンジン，ガスタービンなどを用いて発電し，その廃熱によって暖房，給湯あるいは吸収式冷凍機を介して冷房を行い，入力エネルギーを効率良く段階的に利用することを目的としたシステムである．

要約すると，燃焼により発電を行い，廃熱を利用して冷暖房を行うことになる．コージェネレーションシステムと従来の買電システムの比較を図6.5に示す．燃料として石油，ガスが考えられるが都市ガスが圧倒的に多い．コージェネレーションシステムは，図6.6に示すように廃熱を多目的に利用するので，エネルギー効率は70〜80％と高効率である．電力会社でもLNGを用いて火力発電をしているが，電力会社の場合，廃熱は海水で冷却し，温廃熱になるが，コージェネレーションシステムの場合，廃熱を有効利用しているところが異なる点である．したがってコージェネレーションシステムを計画する場合，廃熱利用のバランスが重要になる．

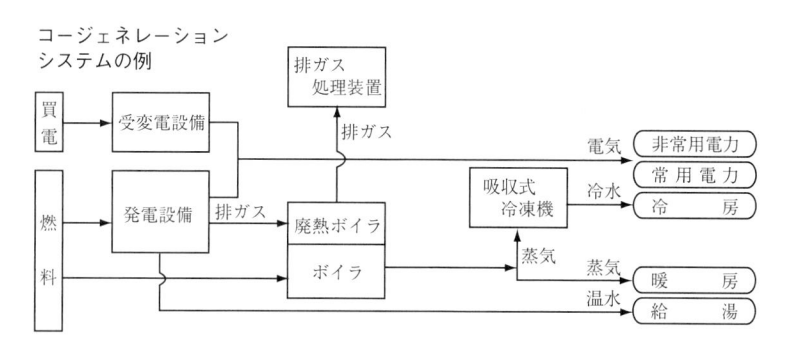

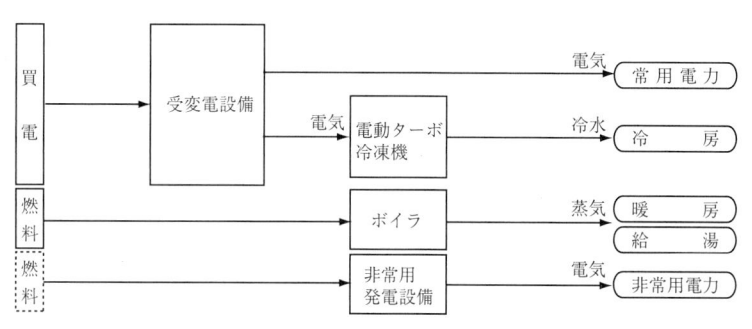

図 6.5 コージェネレーションシステムと従来システムの比較

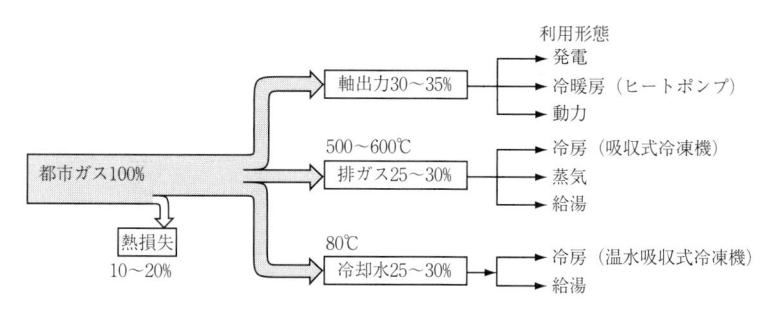

図 6.6 一般的コージェネレーションシステムのエネルギー収支と利用形態

演習問題 6

(1) 自宅のガスの種類，発熱量等を調べ，都市ガスの場合，ウオッベ指数を算出し，ガスの分類を確認せよ．
(2) 自宅の各月のガス使用量1年間分を調べ，グラフを作成し，月別変動の理由を述べよ．
(3) 自宅のガスに対する安全対策を述べよ．
(4) 次のガス設備を説明せよ．
　　ただし，学籍番号の下4桁を KLMN とし，以下の条件とする．
　　(L+M+N−1) の値の下1桁と同一番号を選んで答えよ．
　　下1桁が
　　0： 屋内開放型方式
　　1： 屋内半密閉型自然排気方式
　　2： 屋内半密閉型強制排気方式
　　3： 屋内密閉型自然給排気方式
　　4： 屋内密閉型強制給排気方式
　　5： 屋外開放型自然排気方式
　　6： 屋外開放型強制排気方式
　　7： U ダクト方式
　　8： SE ダクト方式
　　9： コージェネレーションシステム
(5) インターネットで最寄りのガス会社の地震対策を調べよ．

大型ガスメーター
(引き込み管ガス遮断装置付)

第7章

防災設備

　建築物の代表的な災害は火災と地震による被害である．また，それらに伴う人災も大きな問題である．地震に対しては建築構造設計として耐震性能を施すことで対処し，火災に対しては，火災安全設計として構造耐火性能，避難安全性能を施すことで対処している．ここでは主として火災に対する建物の備えを述べる．防災設備には，火災を感知伝達する自動火災報知設備，初期消火あるいは火災による発熱を抑制する消火設備，火災に伴う煙の発生に対して避難や消防隊による救助・消火活動を支援する排煙設備，また，消火，避難のバックアップシステムとしての非常電源設備などがある．設備の設置に関しては建築基準法，消防法および施行令，施行規則に定められる基準に適合しなければならない．また，詳細は所轄官署の消防署と打ち合わせを行い，業務を進める必要がある．

7.1　自動火災報知設備

　防火対象物の用途区分により，自動火災報知設備の設置基準(消防法施行令第21条)，煙感知器の設置基準(消防法施行規則第23条)が定められている．表7.1に代表的な防火対象物について示す．

表 7.1　自動火災報知設備設置基準 (抜粋)

防火対象物の種類		施行令第21条		施行規則第23条	
		延べ床面積 (m^2)	地階，無窓階	地階，無窓階または3階以上	煙感知器 廊下および通路
1	(イ) 劇場，映画館，演芸場，観覧場 (ロ) 公会堂，集会場	300以上		床面積が300 m^2以上のもの	○
2	(イ) キャバレー，ナイトクラブ (ロ) 遊技場	300以上	床面積が100 m^2以上のもの		○
3	(イ) 料理店 (ロ) 飲食店	300以上			○
4	百貨店，マーケット，物販店	300以上			○
5	(イ) 旅館，ホテル	300以上			○
	(ロ) 寄宿舎，共同住宅	500以上			○
6	(イ) 病院 (ロ) 福祉施設	300以上			○
7	学校	500以上			
8	図書館，美術館	500以上			
12	(イ) 工場	500以上			○
13	(イ) 自動車車庫	500以上			
14	倉庫	500以上			
15	事務所ビル	1,000以上			○

(1) 火災感知器の種類

火災感知器は大きく分けて熱感知器と煙感知器がある．また，点で感知するスポット型と線で感知する分布型がある．各種感知器を表 7.2 に示す．

表 7.2　各種感知器の種類

感知器の種類			特徴
熱感知器	差動式	分布型（空気管式，熱電対式，熱半導体式）	スポット型に比べ美観上優れている
		スポット型	
	補償式	スポット型	喫煙場所に適す
	定温式	スポット型／感知線型	湯沸室，厨房に適す
煙感知器	イオン化式光電式	スポット型	
	光電式	分離型	体育館，ホールなどに適す
併用	熱複合式／熱煙複合式／煙複合式／多信号	スポット型	信頼性が要求される所に適す

(2) 自動火災報知設備の構成

火災感知器は防災センターまたは管理人室など常に人がいる場所の受信機と接続させる．また，近くに非常用放送設備を設置する．発信機は赤色表示の押しボタンとし，ベルを併設する．設置場所は人目につきやすい廊下等にし，屋内消火栓と併設することが多い．

7.2　消火設備

劇場，旅館，病院，学校など防火対象物は建築に際し，消防法に従い，消防計画を作成して消火設備を設置しなければならない．消火設備とは，水その他の消火剤を使用して火災を消火する機械器具または設備と定義し，表 7.3 の 10 種類をいう．また，消火活動上必要な施設として，連結送水設備と連結散水設備がある．代表的な消火設備を説明する．

表 7.3　消火設備の種類

① 消火器および簡易消火器具
② 屋内消火栓設備
③ スプリンクラ設備
④ 水噴霧消火設備
⑤ 泡消火設備
⑥ 不活性ガス消火設備
⑦ ハロゲン化合物消火設備
⑧ 粉末消火設備
⑨ 屋外消火栓設備
⑩ 動力消防ポンプ設備

(1) 屋内消火栓設備

屋内での初期火災のための設備であり，設置基準は表7.4のようになる．システムは図7.1に示す水源，消火ポンプ，配管，屋内消火栓より構成されている．屋内消火栓は1号消火栓と一人で操作可能な2号消火栓がある．それらの比較を表7.5に示す．設置個所と個数は，当該階の平面図上で，1号消火栓の場合は設置位置を中心とする半径25 m (2号消火栓の場合は15 m) の円を描き，建物の部分がその円内に含まれるように配置し，人が避難するのに支障のない位置に設ける．水源の水量は，その階の消火栓を同時に開口放水した場合の20分間分とし，水質は清水である必要はなく，単独の消火栓専用の水源が望ましい．火災時にはホースとノズルを火源近くへ持って行き，消火栓箱に内蔵している押しボタンにより消火ポンプを起動させ，バルブを開放し放水する (1号消火栓)．鎮火後は消火栓箱のバルブを閉め，ポンプを停止させる．一連の作業は在館者の行為であるが，火災時はパニックに陥り，動転するので，日頃の消火訓練が必要である．

屋内消火栓

(2) 屋外消火栓設備

屋外からの消火または，類焼防止のための消火設備であり，設置基準は表7.4となる．システムは屋内消火栓設備と同様で，図7.2に示す水源，消火ポンプ，配管，屋外消火栓より構成されている．設置個所と個数は，敷地平面図上で設置位置を中心とする半径40 mの円を描き，その円内に建物全てが含まれるように配置する．屋外消火栓 (最大2個) を開口した場合，ノズルの先端における水圧が2.5 kgf/cm^{2}以上で，放水量が350 l/min以上とする．水量は20分間分であるので，1個であれば7 m^{3}以上，2個を越える場合は14 m^{3}以上となる．

(3) スプリンクラ設備

スプリンクラ (sprinkler) 設備は文字通り，散水により初期火災を自動的に消火する設備であり，火災感知，警報，散水を自動的に行うため，消火の確実性が高く，延焼防止に対する効果は大きい．設置基準を表7.6に示す．スプリンクラ設備は図7.3のように水源，

表 7.4 屋内消火栓，屋外消火栓の設置基準 (抜粋)

防火対象物の別（消防法施行令別表一）			屋内消火栓（抜粋）		屋外消火栓（抜粋）
			一般の延べ床面積（特定施設は別）	地階，無窓階または4階以上	1階または1階および2階部分の床面積
(一)	イ	劇場，映画館，演芸場または観覧場	500 m²以上 (1,000) [1,500]	100 m²以上 (200) [300]	(イ) 耐火建築物 　9,000 m²以上 (ロ) 簡易耐火建築物 　6,000 m²以上 (ハ) その他の建築物 　3,000 m²以上
	ロ	公会堂，集会場	700 m²以上 (1,400) [2,100]	150 m²以上 (300) [450]	
(二)	イ	キャバレー，カフェ，ナイトクラブの類	700 m²以上 (1,400) [2,100]	150 m²以上 (300) [450]	
	ロ	遊戯場，ダンスホール	同上	同上	
(三)	イ	待合，料理店の類	同上	同上	
	ロ	飲食店	同上	同上	
(四)		百貨店，マーケット	同上	同上	
(五)	イ	旅館，ホテル，宿泊所	同上	同上	
	ロ	寄宿舎，共同住宅	同上	同上	

注 1) [ ] 内の数字は，内装を制限した耐火構造の建築物に適用する．
　 2) ( ) 内の数字は，耐火構造の建築物または内装を制限した簡易耐火構造の建築物に適用する．

表 7.5 1 号消火栓と 2 号消火栓の比較

項目	1号消火栓	2号消火栓
警戒区域の半径 [m]	25	15
最大同時使用個数 [個]	2	2
水源の水量 [m³]	同時使用個数×2.6	同時使用個数×1.2
ノズルの放水圧力 [kgf/cm²]	1.7以上	2.5以上
放水量 [l/min]	130以上	60以上
主配管のうちの立上り管 [mm]	50以上	32以上
ノズルの開閉装置	規定なし	必要
消火栓ポンプ（加圧送水装置）の起動	遠隔操作	開閉弁の開放，ホースの延長操作などに連動
開閉弁の呼び径 [mm]	40	25
ホースの呼び径 [mm] × 長さ [m]	40×30	25×20

注) 消防法施行令第11条第3項および同施工規則第12条第1項，第2項をもとに作成

表 7.6 スプリンクラ設備の設置基準 (抜粋)

防火対象物の別（消防法施行令別表一）			スプリンクラ設備（抜粋）				
			一般建築物の床面積	地階・無窓階	4階以上10階以下	地階を除く階数が11以上	11階以上の階
(一)	イ	劇場，映画館，演芸場または観覧場	[舞台部の地階，無窓階，4階以上は300，その他は500以上] 平家建以外で合計 6,000 m² [3,000 m²]	1,000 m²	1,500 m²	全部	全部
	ロ	公会堂，集会場					
(二)	イ	キャバレー，カフェ，ナイトクラブの類		1,000 m²	1,500 m²		
	ロ	遊戯場，ダンスホール					
(三)	イ	待合，料理店の類		1,000 m²	1,500 m²		
	ロ	飲食店					
(四)		百貨店，マーケット		1,000 m²	1,000 m²		
(五)	イ	旅館，ホテル，宿泊所		1,000 m²	1,500 m²		
	ロ	寄宿舎，共同住宅					
(七)		学校					
(十五)		前各項に該当しない事業場					

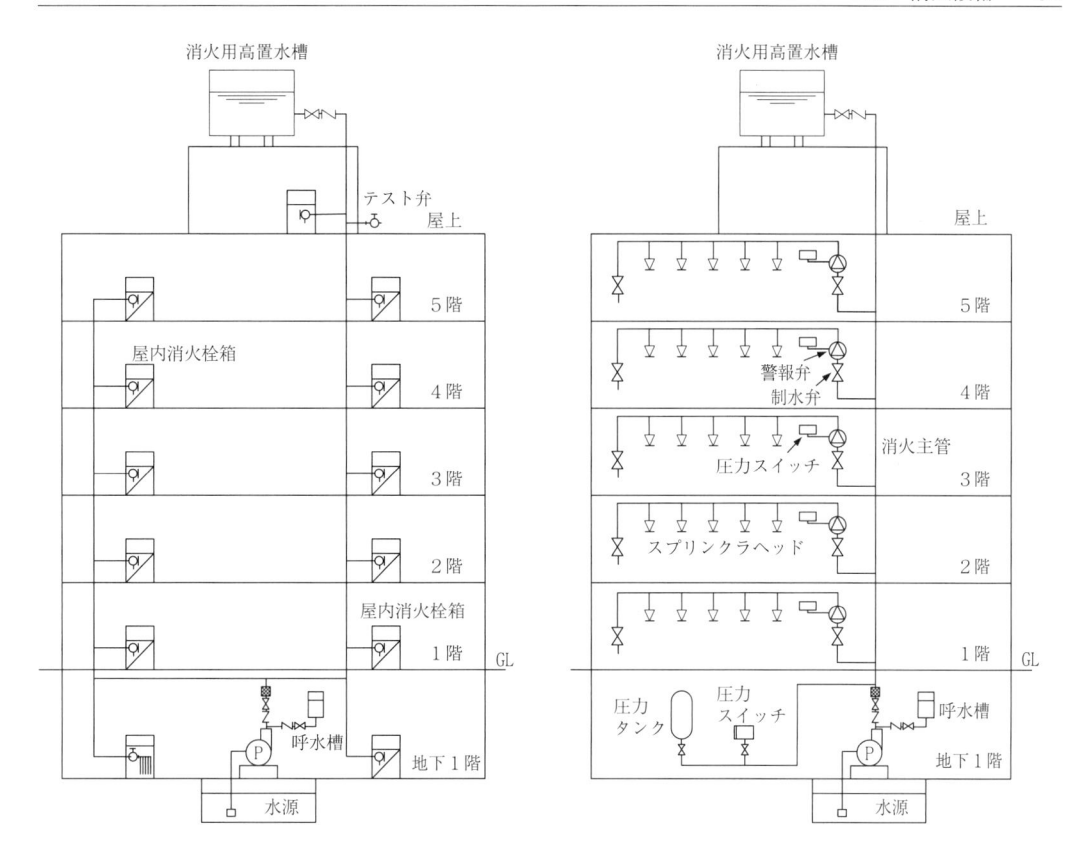

図 7.1　屋内消火栓設備系統図

図 7.3　スプリンクラ設備系統図

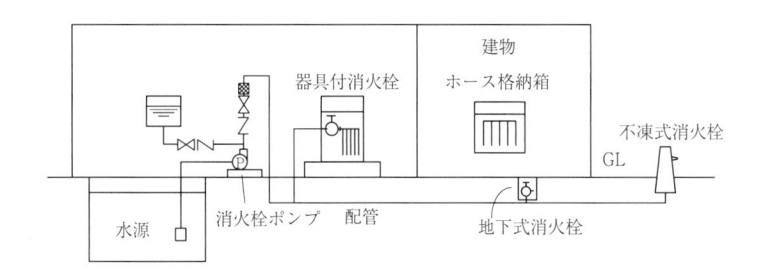

図 7.2　屋外消火栓設備系統図

加圧送水装置，配管，警報弁，制水弁，スプリンクラヘッド (sprinkler head)，末端試験弁などで構成される．スプリンクラ設備は閉鎖型と開放型に分けられる．

閉鎖型はヘッドの放水口が常に閉じており，火災時の熱を感知して放水を開始する．一方，開放型はヘッドのフューズ (fuse) がなく，常に開放しており，配管途中の一斉開放弁を開け放水する．また，閉鎖型には常時配管内に高圧水を充満している湿式スプリンクラと，常時配管内を圧縮空気が充満している乾式スプリンクラがある．乾式スプリンクラはヘッドが作動すると，最初空気が排出され，自動的に空気弁が開いて湿式と同様に散水する．この方式は配管の凍結するおそれのある寒冷地などで用いられる．

スプリンクラヘッドの放水圧力は 1 kgf/cm^2 以上で，放水量は 80 l/min 以上の性能のものとする．また，防火対象物に対するスプリンクラヘッドの算出個数 (N) に基づく個数が同時に散水が 20 分間とし，水量は $1.6 \times$ Nm^3 (湿式) となる．原理は火災が発生すると熱により，天井面などに取り付けられた閉鎖型スプリンクラヘッドのフューズが溶けて，加圧されている管内の水が噴出する．そのとき配管内の圧力低下と流水により，警報弁が鳴り，スプリンクラポンプが起動する．スプリンクラヘッドより噴出した水はヘッドの先端に付いているデフレクタ (deflector) に激しく当たり，四方に散水して消火する．鎮火後は火災階の制水弁を閉じ，ポンプを停止させる．

(4) 連結送水設備

連結送水管は図 7.4 のように消防隊専用の設備であり，1 階に設ける双口送水口 (siamese connection, サイアミューズコネクション) と各階に設ける放水口から成る．サイアミューズコネクションの口径は 65A 2 口とし，配管口径は 100A とする．放水口は 3 階以上の各

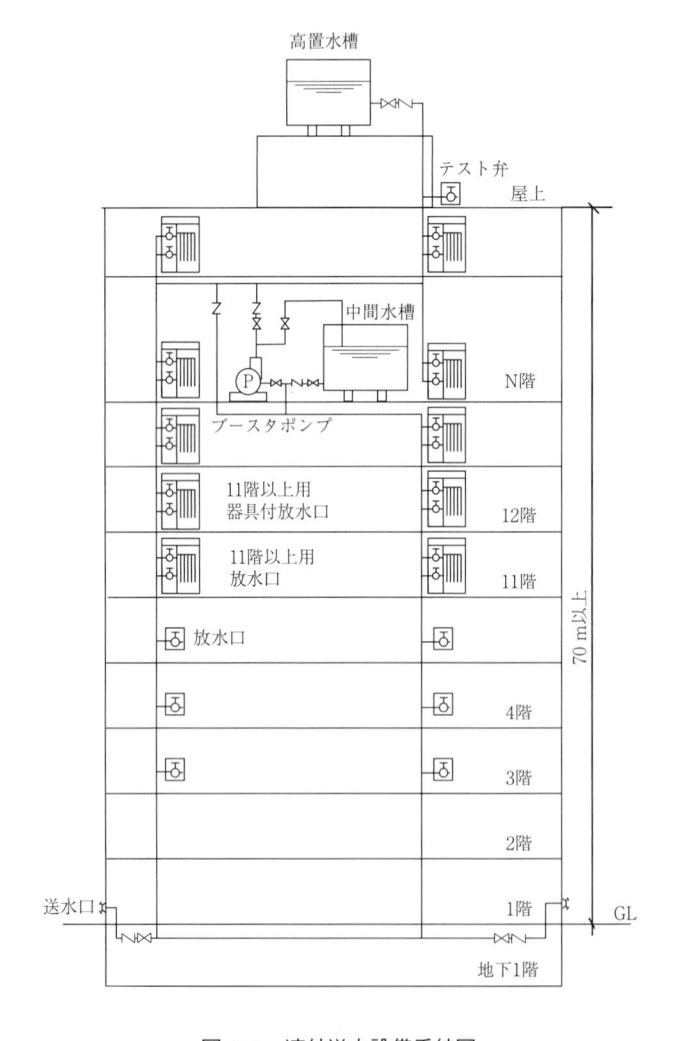

図 **7.4** 連結送水設備系統図

階に設置し，65Aとする．11階以上の放水口は放水用具を設置する．さらに，高さ70 mを超える建物は加圧送水装置(ブースタポンプ)を設置する．放水口の設置は建物の平面図が半径50 mで覆われる中心位置とし，消防隊が有効に活動できる直通階段直近とする．原理は火災時に消防隊が駆けつけ，水道本管につながっている消火栓または防火用水槽より取水し，消防車のポンプとサイアミューズコネクションを接続し，ポンプで消火用水を揚水する．消防隊は専用ホースを携行し，火災階の放水口にホースを接続し，消火にあたる．11階以上はホースの運搬が困難なので，現場設置としている．また，高さ70 m以上の建物は消防車のポンプの揚程が不足するのでブースタポンプを設置している．

(5) 連結散水設備

建物の地下で火災が発生すると煙の充満，受変電設備の故障などで消火活動が困難になる場合があるが，そのような火災時でも人が直接入らないで有効に消火するシステムである．図7.5に示すように，天井面に散水ヘッドを設け，1階の送水口より連結送水設備と同様，消防車のポンプで送水し，散水ヘッドより散水し消火する．散水方法は，散水ゾーンを分けず一斉散水弁で散水する一斉散水と，選択弁で散水ゾーンを分けるゾーン散水がある．また，散水ヘッドは原則としてフューズを付けない開放型を用いるが，通常のスプリンクラヘッドと同様にフューズを付けた閉鎖型を用いることもある．送水口，配管等の仕様は連結送水設備と同様である．

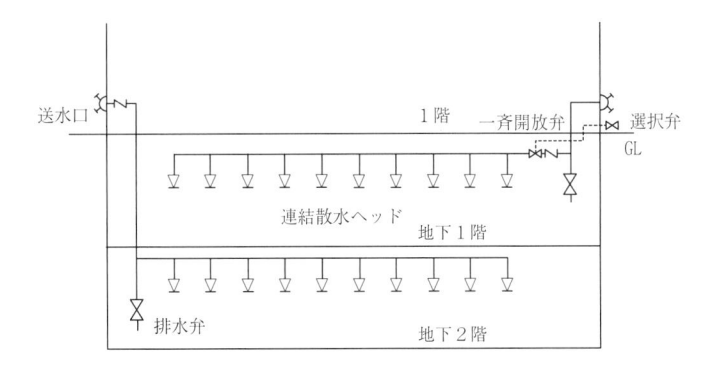

図 7.5 連結散水設備系統図

(6) 特殊消火設備

油，ガス，化学薬品などの特殊可燃物には水を放水する一般の消火設備では消火が難しい．これらを内蔵している建物に対しては次のような特殊消火設備を設置する．

1) 水噴霧消火設備

水噴霧ヘッドにより水を微粒子にして放散し，消火する．スプリンクラ設備の開放型スプリンクラヘッドの変わりに水噴霧ヘッドを用いる．特徴として，水滴の冷却効果と水蒸気による窒息効果がある．適用場所として，駐車場，油貯蔵所等がある．

2) 泡消火設備

消火剤として原液の泡消火剤を水でうすめたもので，泡による窒息作用と水の冷却作用

がある．適用場所として，駐車場，格納庫等がある．

3) 二酸化炭素消火設備

噴射ヘッドより二酸化炭素を放出し，空気中の酸素濃度を希釈させ消火する．二酸化炭素を消火域の濃度にすると人命に危険なので，他の消火設備に比べ，安全対策を必要とする．消火剤が無色，無臭でガス状のため物品に損傷を与えることはない．また，狭い隙間にも侵入し，消火を容易にしている．電気絶縁性も高く，電気室，情報通信機械室，ボイラ室，書庫等に適している．

4) ハロゲン化物消火設備

ハロン等のハロゲン化物を用い，負触媒効果により消火する設備である．しかし，このハロゲン化物はオゾン層破壊物質として指定され，製造禁止になっている．現在，代替物質を商品化中であり，方式，用途は二酸化炭素消火設備と同様である．

5) 粉末消火設備

消火剤として炭酸水素ナトリウム (重ソウ) などの微細な粉末を使用し，負触媒効果により消火する．消火剤貯蔵容器内の圧力で噴射ヘッドより噴射する．消火剤が粉末なので凍結せず寒冷地でも利用できる．電気絶縁性が高く，引火性の液体表面火災に適している．格納庫，駐車場，電気室の消火に適している．

7.3 排煙設備

建築物の火災においては，火炎に包まれて死に至るよりも，煙に巻かれることで有毒ガスによる中毒，あるいは高温気体による気道熱傷が起こり，死亡するケースが圧倒的に多い．排煙設備はこれら火災発生時の煙を速やかに排除し，居住者の避難経路の確保および消防隊等の防災活動を容易にするための設備である．排煙設備は一定規模以上の建物，特殊建築物には設置が義務付けられている．

(1) 設置基準

建築基準法と消防法に基づき詳細に定めた排煙設備技術指針 ((財) 日本建築センター) にまとめられている．

  ① 一定の建築物の居室，通路などの部分
  ② 地下街の地下道
  ③ 特別避難階段の附室
  ④ 非常用エレベータの乗降ロビー

などが対象となっている．

(2) 排煙方式

排煙方式は自然排煙方式と機械排煙方式の 2 つに大別される．

1) 自然排煙方式

火災による温度上昇に伴い浮力が生じ，煙が天井面にそって移動する性質を利用して，外気に面した開放可能な開口部より排煙する．防煙区画を床面積 500 m^2 以下にし，排煙

開口部面積は床面積の 1/50 以上必要である．手動操作による開口部確保のため確実性は高いが，排煙の能力は外部風速に左右される．窓の大きな建物や階段附室に適している．

2) 機械排煙方式

電動ファンを用いて強制的に排煙する方式である．吸引機械排煙方式が主流であり，防煙区画に配置された排煙口から，煙を吸引し，排煙ダクトを経て，排煙機（排気ファン）で屋外に排気する．防煙区画は 500 m^2 以下とし，床面積 1 m^2 につき 1 m^3/分の排煙量とする．電源装置は停電時にも対応できる予備電源装置とする．自然排煙方式に比べて，排煙性能が確保できるが，設備費が高額になる．また，電動ファンを用いて強制的に給気することで，開口部から排気する押し出し排煙方式や，この方式と機械排煙方式を組み合わせた加圧排煙方式もある．給気は廊下，エレベータホール，階段室や階段附室に対して行われ，これらの空間を加圧により煙汚染から防ぐ効果がある．

演習問題 7

(1) 木造 2 階建，延べ床面積 200 m^2 の病院に自動火災報知設備は必要か．
(2) 耐火構造の延べ床面積 1,800 m^2 のスーパーマーケットに屋内消火栓設備は必要か．
(3) 簡易耐火建築物の 2 階建，延べ床面積 5,000 m^2 の倉庫に屋外消火栓設備は必要か．
(4) 各階に屋内消火栓を設けるべき 7 階建の防火対象物に屋外消火栓設備を設置すると，2 階以下の階は屋内消火栓設備を設置する必要はないか．
(5) 耐火建築物の 3 階建，延べ床面積 5,000 m^2 の旅館にスプリンクラ設備は必要か．
(6) 各階が縦 20 m，横 50 m 床面積 1,000 m^2，地下 1 階（階高 3.5 m），地上 5 階建（各階高 3.5 m），鉄骨鉄筋コンクリート造りの消火設備を設計せよ．ただし，連結送水設備は除く．
(7) 次の防火設備を説明せよ．
ただし，学簿番号の下 4 桁を KLMN とし，以下の条件とする．
(M+N+3) の値の下 1 桁と同一番号を選んで答えよ．
下 1 桁が
　　0： 自動火災報知設備
　　1： 屋内消火栓設備
　　2： 1 号消火栓
　　3： 2 号消火栓
　　4： スプリンクラ設備
　　5： 屋外消火栓設備
　　6： 連結送水設備
　　7： 連結散水設備
　　8： 自然排煙方式
　　9： 機械排煙方式

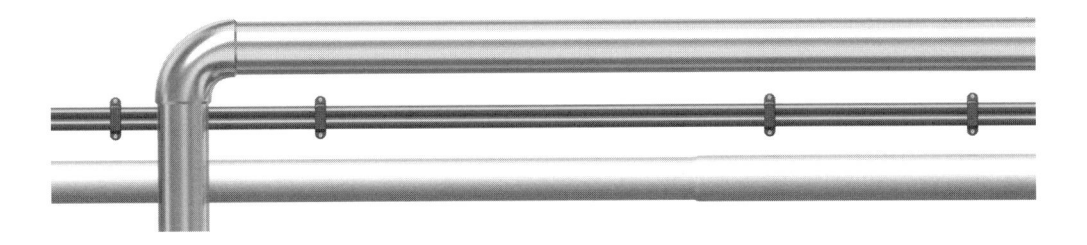

第II部

空気調和設備

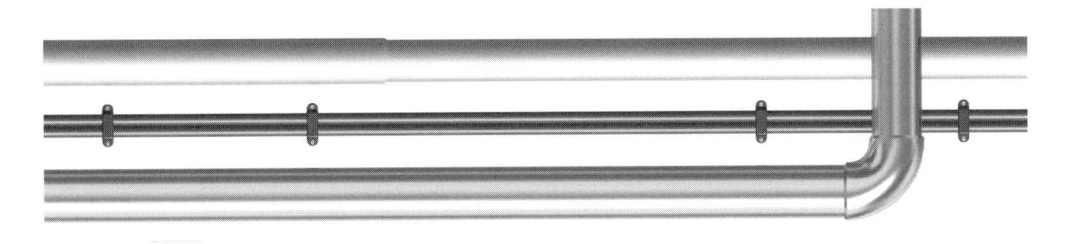

第8章

空気調和の概要

8.1 空気調和の目的

空気調和とは，air conditioning を日本語訳したものであり，略して空調と言うことがある．室内など空間の目的に適するように空気の温度，湿度，気流を制御し，かつ，じんあい，臭気，有毒ガスなどを除去し，清浄度を保つことである．空気調和は人間または物品を対象とすることが多い．人間を対象とする場合は健康な快適空間の創造が目的となり，保健用空気調和 (comfort air conditioning) と称する．物品を対象とする場合は，精密機械であれば正常に作動し，食品であれば腐敗したり傷んだりせず鮮度を保ち，製造であれば製造過程で不良品を出さず，精度の良い製品を効率良く作ることが目的となる．また，特殊な空気調和の一つのバイオクリーンルームでは人体に危険な細菌を取り扱うこともあり，安全性を考え気密性を重んじている．これらは産業用空気調和 (industrial air conditioning) と称する．保健用空気調和も産業用空気調和も現代社会には不可欠な装置といえる．ここでは範囲を限定し，保健用空気調和を主な目的とする．

空気調和関係でよく用いられる用語を次に示す．

- 冷暖房・換気 (cooling, heating and ventilation)
  冷房，暖房および強制換気をいう．
- 冷房 (cooling)
  冷房のみをいい，一般には強制換気は含まない．
- 暖房 (heating)
  暖房のみをいい，一般には強制換気は含まない．
- 換気 (ventilation)
  送風機による強制換気のみをいう．

建物を建設する場合，シェルターである建築躯体と空気調和を主とする建築設備に分けると，いずれも建設時のイニシャルコスト (工事費) と維持管理費は必要である．一方，建築躯体のランニングコスト (経常費) はほとんど無視できるのに対し，建築設備のランニングコストは無視できない．月々の電気，ガス，石油等のエネルギー費，水道代また，空調オペレータ (運転者) の人件費も必要になる．例えば住宅でセントラルヒーティングの設備を設置しても，ガスなどのエネルギー費が高いので，別途個別の石油ストーブで暖房している例などは最初の計画段階でランニングコストを考慮しなかった悪い設計といえる．このように建築設備，特に空気調和設備はランニングコストを考えて設計しなければならない．

8.2 冷暖房の原理

(1) 暖　房

熱は高温から低温へ流れる(熱力学第2法則)．したがって暖房をするということは，なにもしない自然室温以上の高い温度より熱の供給を受けることを意味する．また，熱の3様態(伝導，対流，放射)のいずれかにより，受熱し，暖かく感じることになる．その例を示す．

1) 伝　導　式

体表面と発熱面との接触により暖かく感じる熱移動で，床暖房，電気毛布などがある．

2) 対　流　式

空気の対流により暖かく感じる熱移動で，部屋全体を暖める一般の空気暖房をいう．大多数の空気調和機がこれに当たる．例えばダクト式空調機，ファンコイルユニット，コンベクタ，対流式石油ストーブ，対流式電気ヒーターなどである．

3) 放射(ふく射)式

発熱体と人体との放射による直接の熱のやりとりにより暖かく感じる熱移動で，寒い冬，気温が低くても，たき火にあたると暖かく感じる様態である．ラジエータ，ふく射式石油ストーブ，ふく射式電気ヒーター，天井放射暖房などがある．発熱体の表面温度が人体より高温であれば放射熱を受けていることになり，伝導式，対流式の機器でも表面温度が高ければ放射熱があり，併用していることになる．例えば，床暖房でも表面温度が人体温より高ければ人体が放射熱を受け取ることになる．また受熱量の大小は発熱面との角関係(形態係数)で決まり，正対している方が受熱量は大きい．

(2) 暖房の熱源

暖房の熱源は燃料の燃焼によるものが多い．例えば石油(重油，灯油)，ガス(LNG, LPG)の燃焼などによる直接利用，温水，蒸気製造による間接利用などである．電気の場合，電気ヒーターを用いる場合と，ヒートポンプの原理を利用するヒートポンプ暖房がある．

(3) 冷　房

冷房は暖房の逆で，なにもしない自然室温より低い室温または周囲温度にして人体表面より熱を奪う現象をいう．冷房の場合，温度のみでなく湿度も問題になる．空気温度を低くすることは見かけ上，熱力学第2法則の逆の現象になり何らかの原理とエネルギーを利用しなければ成立しない．これらの原理がヒートポンプの原理と吸収式冷凍機の原理である．これら2種の原理は14章，15章を参照すること．なお，自然界では蒸発または放射冷却による冷房の現状があり，パッシブクーリング(passive cooling)として研究が行われているが，長時間連続して行うことはむずかしい．暖房と同様，熱の3様態による熱移動が考えられる．

1) 伝　導　式

体表面と冷却面との接触により冷たく感じる熱移動であり，冷たい床などに寝ころんだ場合である．伝導式では一般に湿気の移動は無視できる．

2) 対流式

空気の対流により冷たく感じる熱，湿気移動で，部屋全体を冷やす一般のエアコンをいう．大多数の空気調和機がこれにあたる．例えばダクト式空調機，ファンコイルユニットなどである．

3) 放射 (ふく射) 式

冷熱体と人体との放射による直接の熱のやり取りにより冷たく感じる熱移動である．暖房の放射式の説明と同様，対流式冷房機でも表面温度が人体表面温度より低温であれば冷放射が存在するが，温度差が小さいので冷放射熱量は小さく，人体に感じる量は少ない．天井放射冷房が代表的なものである．

(4) 冷房の熱源

連続的冷房は前述の2原理のみである．これらのエネルギーは石油 (重油，灯油)，ガス (LNG, LPG)，電気などである．吸収式冷凍機の原理を用いる場合は高温が必要なので石油，ガスによる燃焼になる．またヒートポンプの原理による場合は回転エネルギーが必要なので，電気によるモーターの回転になることが多い．

8.3 空気調和の基本事項

空気調和に関して基本的事項がある．これらの事項を記述する．

(1) 空気調和設備の構成

空気調和設備の機器構成は建物の用途，規模，地域の気象条件，要求条件によって異なるが，ここでは最も一般的な空気調和システムについて述べる．図8.1は冷房を行う場合のシステムで，主要機器は冷水を作る冷凍機・冷却塔，空気を制御する空気調和機・ダクトより成り立つ．居室を冷房設計条件の室温26°C，相対湿度50%になるように運転する．図8.2は暖房を行う場合のシステムで，主要機器は温水を作るボイラ・煙突，空気を制御

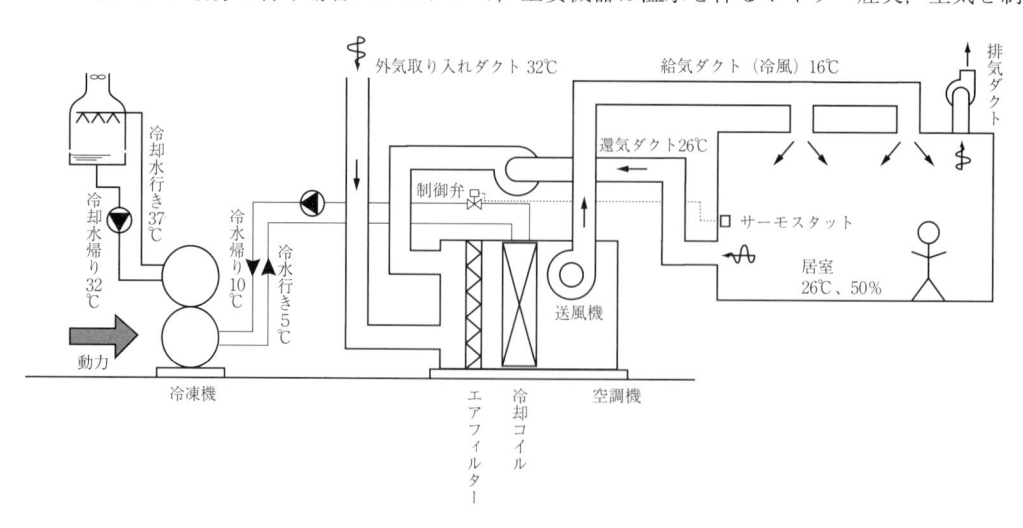

図 8.1 冷房の空気調和設備の構成

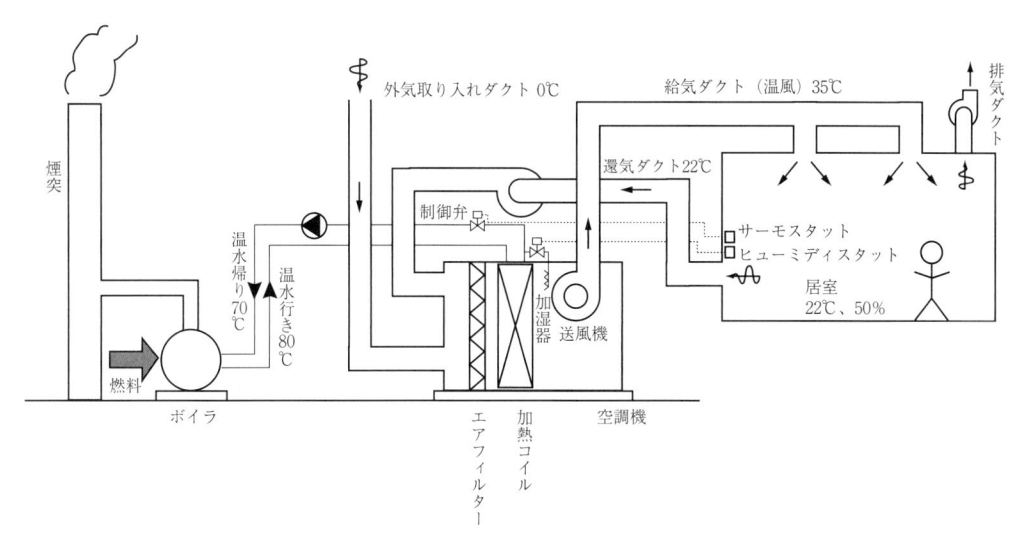

図 8.2 暖房の空気調和設備の構成

する空気調和機・ダクトより成り立つ．また，湿度調整は加湿機で行う．居室を暖房設計条件の室温 22℃，相対湿度 50 %になるように運転する．

(2) 室内環境基準

人の体感温度は 6 要素 (気温，湿度，気流，放射，着衣量，代謝量) で決まる．しかし，すべてを制御することは困難なので，そのうちで敏感に感じる気温と湿度を居住空間の設計値としている．一般に表 8.1 に示すように，夏期と冬期は異なる設計用室内温湿度条件とし，また，春，秋の中間期は夏期，冬期の条件の中間値を採用している．法律によるビル管法 (正式には建築物における衛生的環境の確保に関する法律) の室内環境基準は表 8.2 に示すように規定されている．

表 8.1 設計用室内温湿度条件

	夏期	冬期
室内温度	26℃（25～27℃）	22℃（20～22℃）
室内相対湿度	50%（40～60%）	50%（40～50%）

(3) ダクト

空気を送る筒状のものである．通常は鋼板製で断面が長方形状の角ダクトが多い．高速ダクトの場合，空気の圧力損失を少なくするため断面が丸状の丸ダクトにする場合もある．熱損失，騒音防止のためダクト周囲にグラスウール等の断熱材を巻く．図 8.1, 8.2 に示すように給気ダクト (supply duct, サプライダクト)，還気ダクト (return duct, レターンダクト)，外気取り入れダクト (out air duct, OA ダクト) があり，中央式空気調和機に接続している．また，厨房，トイレなどの排気のための排気ダクト (exhaust duct, エグゾーストダクト) がある．それらダクトを通すためのスペースをダクトスペースという．

表 8.2 ビル管法における環境基準 (抜粋)

項　目		基　準
温熱環境	温度	17〜28℃
	湿度	40〜70%
	気流	0.5 m/s 以下
空気環境	浮遊粉じん量	0.15 mg/m³ 以下
	CO	10 ppm 以下
	CO_2	1,000 ppm 以下

注) [ppm] parts per million　体積，質量の百分率を表す．mg/l に置き換えられる．

(4) 配　管

水を通すための管である．給排水設備，防火設備用と空気調和設備用がある．材料は配管用炭素鋼鋼管 (黒ガス管，白ガス管)，圧力配管用炭素鋼鋼管 (スケジュール管)，銅管，塩化ビニル管 (塩ビ管) などがあり，目的に応じて用いられる．空気調和設備用配管などは熱損失を防ぐため通常グラスウールなどの断熱材を巻く．配管を通すためのスペースをパイプスペースという．

(5) ゾーニング

ゾーニング (zoning) とは図 8.3 に示すように建物の外乱により熱負荷が変動するのに対処するため建物内をゾーンに分けることをいう．建物内で，外乱の影響を受けやすい場所をペリメータゾーン (perimeter zone) またはエクステリアゾーン (exterior zone) といい，窓面より 3〜5 m 程度を指す．一方，外乱を受け難い建物内部の場所をインテリアゾーン (interior zone) という．さらにペリメータゾーンは時刻により太陽位置が変化するので，各方位毎にゾーン分けをし，東側ゾーン (E ゾーン)，南側ゾーン (S ゾーン)，西側ゾーン (W ゾーン)，北側ゾーン (N ゾーン) に細分する．これらゾーン分けをすることにより，図 8.4 のような熱負荷特性に応じて各ゾーンに空気調和機を各々設置し，各々の自動制御で運転することを目的としている．これらを設置することにより，ペリメータゾーンで暖房，

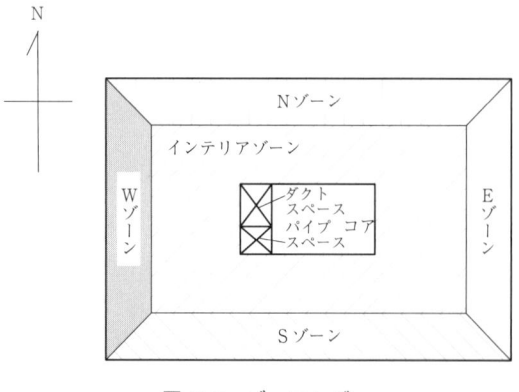

図 8.3　ゾーニング

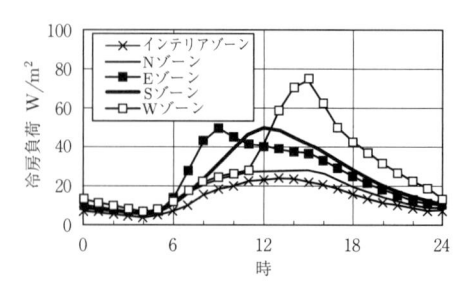

図 8.4　各ゾーンごとの単位面積あたり冷房負荷特性

インテリアゾーンで冷房あるいは N ゾーンで暖房，S ゾーンで冷房等にも対処可能になる．

(6) 機械室 (設備階)

建築設備を設置するためのスペースが必要になる．設置スペースを図 8.5 に示す．一般の建物は機械室と称し，超高層などで設備を主として設置する階を設備階と称す．

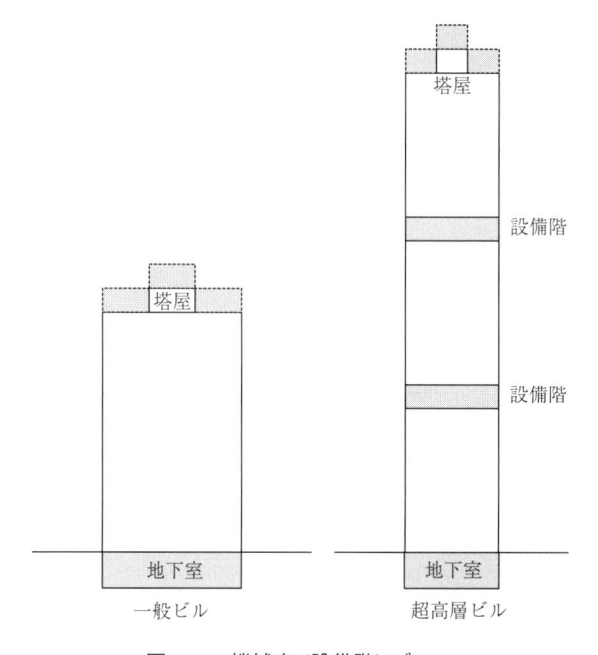

図 8.5 機械室 (設備階) ゾーン

機械室を設置する理由として
1) 巨大な設備があり，通常の開口部では出し入れできない．また，階高が高くなければ設置できない．
2) 荷重の重いものがあり特別な床仕様になる．
3) 騒音，振動を発生するものがある．
4) 漏水の危険性がある．

等があり，また機械室は直接経済的利益を上げないので，居住スペースと異なる場所に設置するのが一般的である．機械室の候補場所として，地下と屋上があげられる．したがって，地下には巨大で重量がある熱源機器 (冷凍機，ボイラ)，巨大で騒音，振動の可能性のある中央式空気調和機，漏水の心配のあるポンプ類，屋上には比較的軽い冷却塔，受電設備 (キュービクル) などが考えられる．

演習問題 8

(1) 事務所の空気環境で次の測定値を得た．ビル管法に違反している項目はどれか．
　　1) 二酸化炭素濃度 800 ppm
　　2) 浮遊粉じん濃度 1 mg/m^3
　　3) 一酸化炭素濃度 5 ppm
(2) 冷房システムの設備機器を挙げ，系統図を描け．
(3) 暖房システムの設備機器を挙げ，系統図を描け．
(4) 現在自分が居る部屋の温湿度を推定し，温湿度計と比較し，温度，湿度いずれの方に敏感かを考えよ．
(5) 現在自分が居る部屋のペリメータゾーンを確認せよ．

空気調和機

中央監視盤

冷温水配管

第9章
空気調和方式の種類と特性

オフィスビルの空気調和というと，図 9.1 示すように地下に空気調和機を設置し，全館にダクトを引き回し，空気調和を行うことが定番であった．しかし，空気の搬送に多大な動力エネルギーを必要とすることより，最近は省エネルギーを考慮して搬送はエネルギーの少ない水，冷媒を用い，機器も小型分散化の傾向にある．

空気調和方式には，大規模事務所建築を中心とする中央式と住宅や小規模建築を中心とする個別方式がある．中央式と個別式のシステムの大きな違いは，冷媒の取り扱いにある．冷熱源の冷凍機 (ヒートポンプ) の冷媒回路は気密性を要し，圧力が高く，冷媒制御が困難である．小規模の場合，直接冷媒を用いて冷暖房を行うが，大規模になると，冷媒配管を長い距離引き回し，冷媒を配分するのがむずかしいので，一旦，冷媒を制御の容易な水に熱交換し利用することが多い．

空調システムの設計に当たっては各空調システムの長所，短所を見極め，その建物に合ったシステムを選定する必要がある．

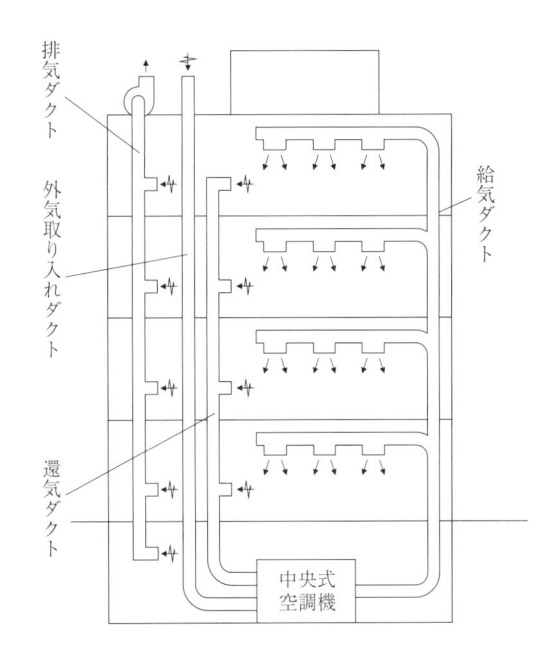

図 9.1 中央式ダクト空気調和方式

9.1 空気調和方式の種類

熱エネルギーを搬送する熱媒 (空気，水，冷媒) による空気調和方式の分類を表 9.1，その種類を図 9.2 に示す．ここでは空調システムとしての特徴を述べる．各機器の詳細は 13 章参照のこと．

インダクションユニット方式

ファンコイルユニット方式

天井放射冷暖房方式

個別分散型冷暖房方式

単一ダクト方式（CAV方式）

単一ダクト方式（VAV方式）

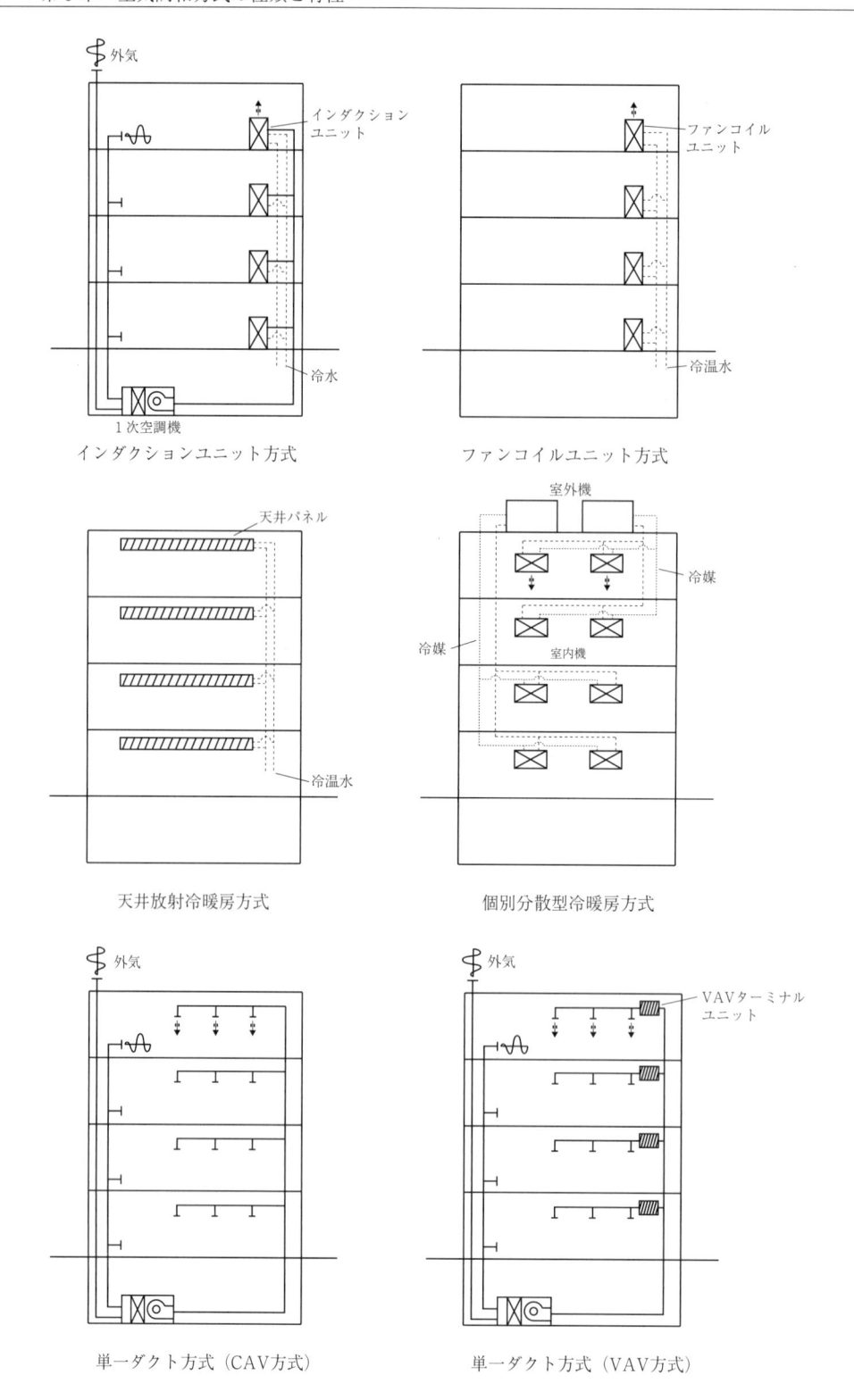

図 9.2　空気調和の種類 (1)

9.1 空気調和方式の種類　97

各階ユニット方式　　　　二重ダクト方式

パッケージ型エアコンディショナー方式　　　ルームエアコンディショナー方式

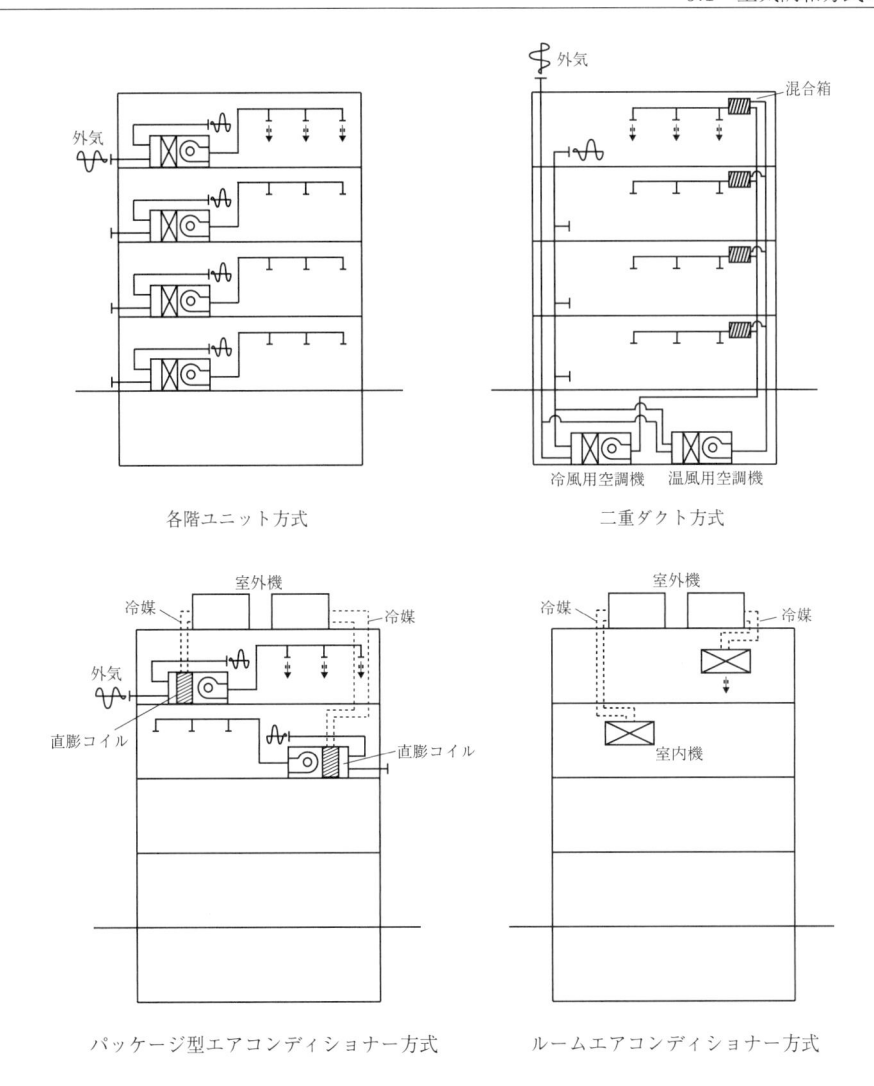

図 9.2　空気調和の種類 (2)

表 9.1　空気調和方式の分類

搬送熱媒体 による分類	空調方式
空気	単一ダクト方式 (CAV方式, VAV方式), 各階ユニット方式 二重ダクト方式, 床吹出方式
空気・水	インダクションユニット方式
水	ファンコイルユニット方式 天井放射冷暖房方式, 床暖房方式
冷媒	個別分散型冷暖房方式 パッケージ型エアコンディショナー方式 ルームエアコンディショナー方式

(1) 単一ダクト方式

単一ダクト方式 (single duct system) は，中央 (セントラル) 方式の最も代表的な空気調和方式である．外気取り入れを行い，給気ダクト (supply duct) の温湿度を制御する．インテリアゾーンによく用いられるが，ペリメータゾーンにも用いられることもある．単一ダクト方式には一定風量を吹き出す定風量方式 (constant air volume system，略して CAV 方式) と，省エネルギーを考慮して熱負荷に応じて風量が変化する変風量方式 (variable air volume system，略して VAV 方式) の 2 種類がある．VAV 方式は図 9.3 のごとく，熱負荷の変動をサーモスタットで感知し，吹き出し口近くの風量調整ダンパーの開閉を自動的に調節する．調節することにより，送風ダクト内の空気の圧力 (静圧) が変動する．変動する圧力を圧力センサーで感知し，送風機の回転数，即ちインバータでモーターの回転数を変え，省エネルギーを図ることにある．例えば熱負荷が減じてくると，風量調整ダンパーが閉じる方向に動き，吹き出し風量を少なくする．そのことにより給気ダクト内の静圧が上昇する．その静圧を感知して送風量を少なくするため，モーターの回転数を減らし，電力使用量の削減を行う．しかし，人間が居住する空間は，外気取り入れ量を通常 25 m³/h·人 確保する必要がある．

以前は現場で，空気調和機を一品施工することが多かったが，最近はエアハンドリングユニット (air handling unit 略してエアハン) と称し，プレハブ化した工場生産の空気調和機を現場で組み立てることが多くなっている．

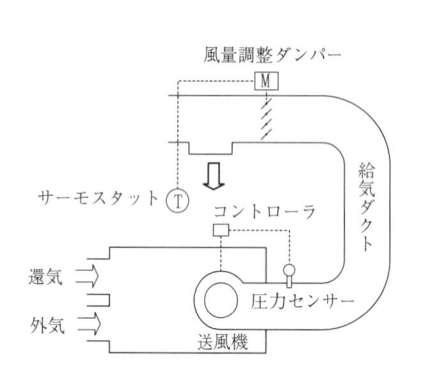

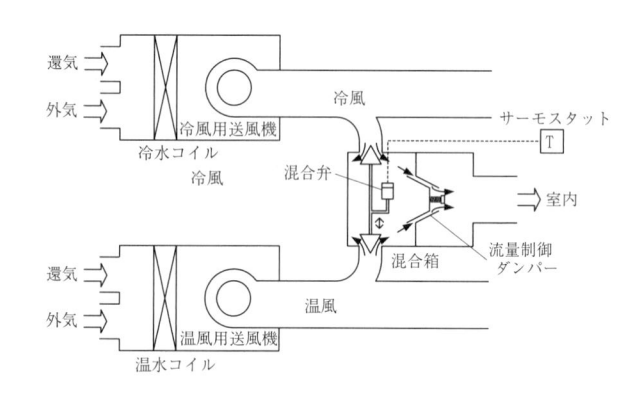

図 9.3 可変風量方式 (VAV 方式) の原理

図 9.4 二重ダクト方式の原理

(2) 二重ダクト方式

二重ダクト方式 (dual duct system) は外気の取り入れを行い，給気ダクトが 2 系統で温湿度を制御する．原理を図 9.4 に示す．すなわち冷風と温風を製造し，各混合箱 (mixing box) で混合し，各スペースの好みの室温を作る．混合箱毎に室温を制御できるのでパーソナル空調に近い．しかし，常に冷熱源，温熱源を用意しておく必要があり，冷風と温風を混合することによる混合損失 (mixing loss) が生じる．また，冷風用ダクトと温風用ダクトの 2 系統のダクトスペースが必要である．これらの事項より現在ではほとんど採用されないシステムになった．インテリアゾーン，ペリメータゾーン共に利用できる．

(3) ファンコイルユニット方式

ファンコイルユニット方式 (fan coil unit system) は冷房および暖房が可能である．通常，外気の取り入れはできない．ペリメータゾーンに用いられることが多い．中央から搬送される冷水，温水の配管，制御方式により配管方式は図 9.5 のように 2 管式，3 管式，4 管式に分かれる．2 管式の場合，冷房または暖房のいずれかであるが，3 管式，4 管式になると冷暖房いずれにも瞬時に対応できる．3 管式と 4 管式の違いは 3 管式の場合，リターン水の混合損失が生じるが，4 管式の場合混合損失はほとんど生じなくなる．(13.4 節参照)

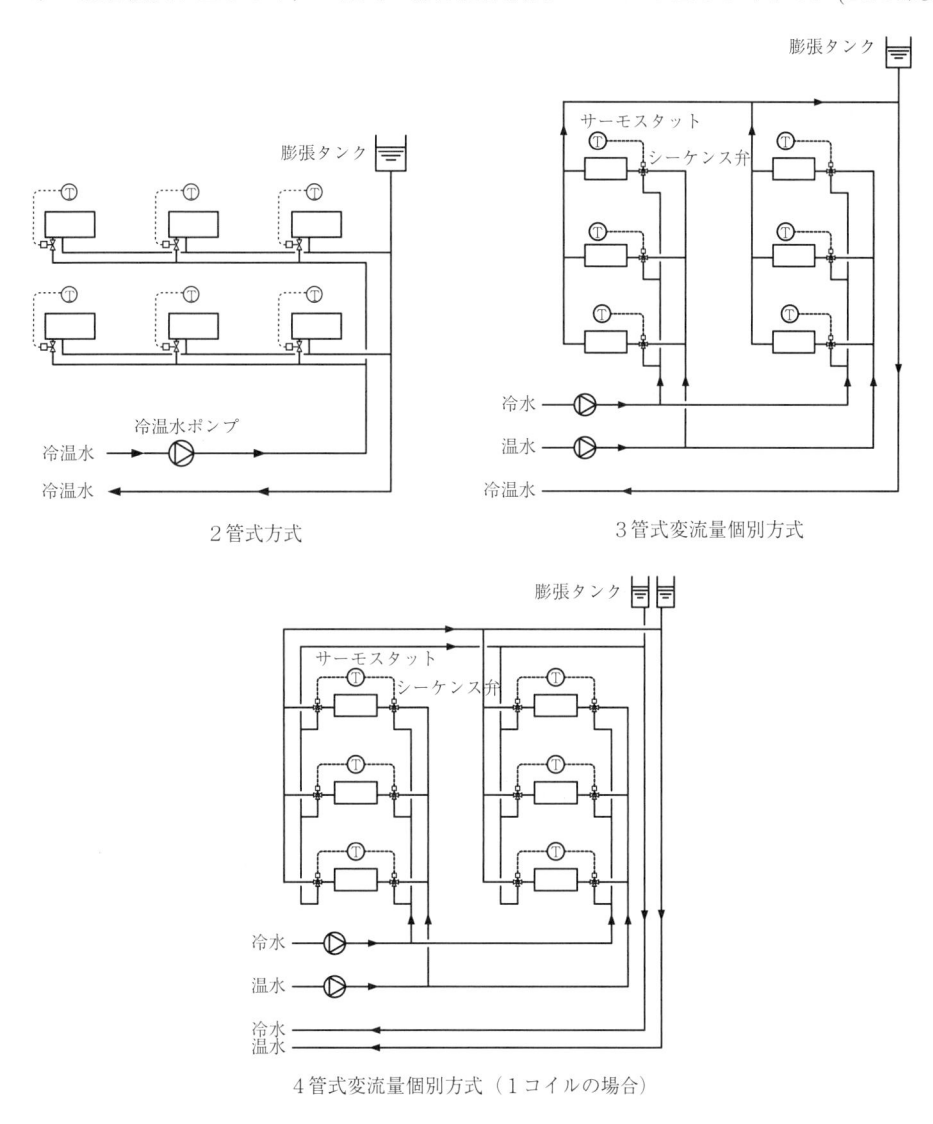

図 9.5 ファンコイルユニット方式の配管方式

(4) インダクションユニット方式

インダクションユニット方式 (induction unit system, 誘引ユニットシステム) は冷房お

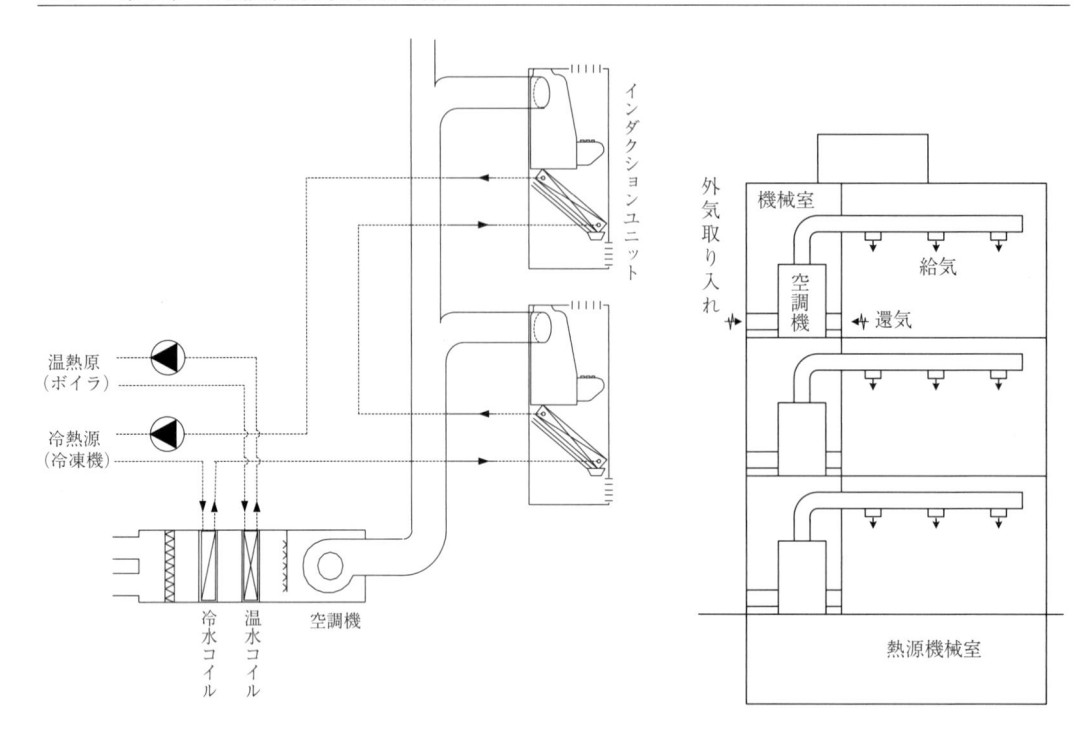

図 9.6　インダクションユニット方式　　　図 9.7　各階ユニット方式

よび暖房が可能である (図 9.6). また，一次空気がダクト式空気調和機と接続していることより，外気の取り入れが可能である．ペリメータゾーンに用いられる．アメリカではよく採用されているが，高速ダクト工事が大変なこと，防火区画をダクトが貫通する問題，混合損失が生じるなどのため，日本ではほとんど見られなくなった．(13.4 節参照)

(5) 各階ユニット方式

各階ユニット方式は各階に単一ダクト式空気調和機を設置して，その階の空調を行う (図 9.7). 中央式ダクト方式に比べて，ファン動力は少ない．冷凍機，ボイラなどの熱源は別途設置することが多く，地下機械室などに配置される．冷暖房が可能で，一般に外気は各階で取り入れる．ダクト系統が他の階へ行かないので，防火上比較的安全であり，超高層ビルはこのシステムが多い．また，一般のビルでも各階で空調機のオンオフができ，賃貸ビルの場合，空調料金の徴収が容易なので，採用することが多い．

(6) 放射冷暖房方式

放射冷暖房方式は天井面または床面を冷やしたり暖めたりして冷暖房を行うシステムである (図 9.8). 水式放射冷暖房方式が一般的である．床面の場合は，頭寒足熱の原理で足元を暖める床暖房 (floor panel heating) となる．天井面の場合は天井放射冷房 (radiant panel cooling) またはまれに天井放射暖房 (radiant panel heating) を行う．いずれも放射を利用しているので，空気による冷房時に発生する冷え症などの冷房病は少ない．上下温度分布が少なく，快適であるが放射冷暖房のみでは能力が不足し，外気を取り入れる必要もあるので，単一ダクト方式などの別システムとの併用になる．そのためパネルエアシス

テム (panel air system) とも称される．また，天井放射冷房の場合，天井面の結露防止対策が必要である．

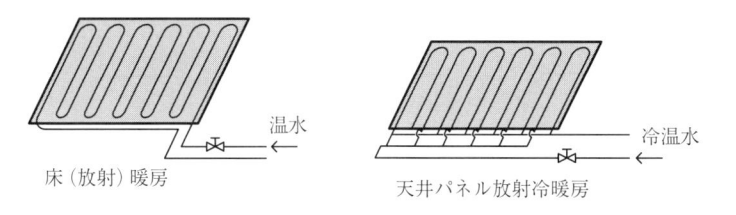

図 9.8 放射冷暖房方式

(7) 個別分散型冷暖房方式

空気熱源ヒートポンプマルチパッケージエアコン方式，ビル用マルチエアコン方式 (building multi air conditioning system) またはビルマル方式と略称する冷暖房方式である (図 9.9)．空気熱源ヒートポンプの一種で，室外機 1 台に対して，室内機が 2 台以上で，冷暖房が自由にできる．室外機は一体であるが，ケーシング内に圧縮機を 1～2 台有し，室内機をすべて冷房・暖房運転してもよい容量となっている．室外機と室内機は冷媒配管でつながっており，配管内は冷媒が循環している．外気取り入れ量，加湿量に限界があるが，工事が主として冷媒配管工事と電気工事のため安価になり，最近非常に普及している．また，この応用ともいえる個別分散型氷蓄熱システム (エコアイス) が出現した．このシステムは，室外機と併置している蓄熱槽に，深夜の安価な深夜電力を利用して氷を作り，昼間冷房に利用しようとするものである．夏期の昼間のピーク時間帯にヒートポンプを停止するピークカット方式 (peak cut system)，同じくピーク時間帯に運転を移行し，電力使用量を軽減するピークシフト方式 (peak shift system) などがある．夏期の昼間の電力移行に効果がある．

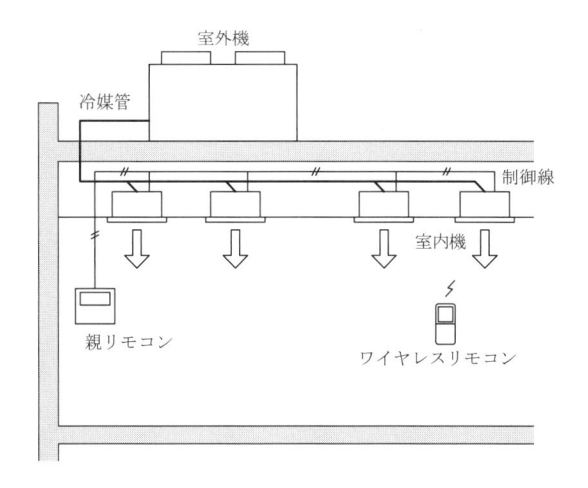

図 9.9 個別分散型冷暖房方式

(8) パッケージ型エアコンディショナー方式

パッケージ型エアコンディショナー方式 (packaged unit air conditioner system，略してパッケージエアコン方式) は空調機に圧縮機，ヒーターなどの熱源機器を内蔵したものである (図 9.10)．(9) に述べるエアコンディショナー方式との区別は明確ではないが，一応，メーカーが業務用として生産し，能力が 5 kW 程度以上をパッケージエアコンと称している．用途は小規模事務所，商店，飲食店などである．空気熱源と地下水等の水または冷却塔を用いる水熱源があるが，最近では冷暖房兼用で，維持管理の容易さ等で空気熱源 (空冷) パッケージエアコンが主流になっている．空気熱源パッケージエアコンの場合，室外機器に圧縮機を内蔵させ，室内機は空調機の役目をするセパレートタイプになる．水熱源パッケージエアコンの場合，室内機に圧縮機を内臓させる一体形になる．室内機の設置方式は床置型が多いが，天井吊り型などもある．

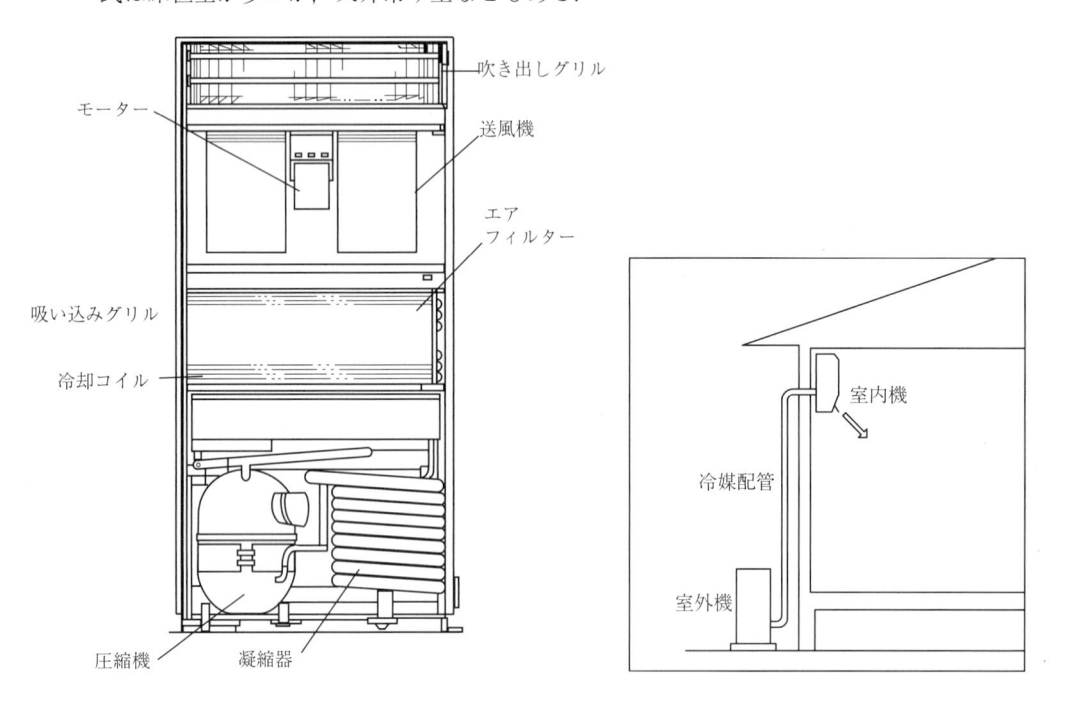

図 9.10 パッケージ型エアコンディショナー方式

図 9.11 ルームエアコンディショナー方式

(9) ルームエアコンディショナー方式

ルームエアコンディショナー方式 (room air conditioner system，略してルームエアコン方式) は，家庭用の冷暖房方式で，冷房および暖房に全て電気を使用して行う (図 9.11)．電気のみを利用しているので，室内外の空気を汚染することはない．ヒートポンプの原理を利用したものであるため，室内外温度差が大きいと能力が低下する欠点がある．室外機に対し室内機が対応し，冷媒配管で結ばれており，中を冷媒 (フロンガス等) が循環している．自動制御は他の空調機に比べて一番発達しており，急冷，ドライ運転等インバータ制御で自在に運転可能である．形式は壁掛形，天吊形，床置形がある．性能は成績係数

(C.O.P., coefficient of performance) で表示され，大きい値ほど性能がよい (通常 C.O.P. 3〜4)．最近は外気取り入れができるものもある．通常は室外機 1 台に対し室内機 1 台が対応しているが，ビル用マルチエアコン方式のように室外機 1 台に対し，室内機数台の場合もある．また給湯用温水も製造できるもの (エコキュート，冷媒 CO_2) もある．最近，寒冷地仕様も出てきている．

9.2 システムの構築

前節で空気調和方式を説明したが，小規模な場合単独で使われることがあるが，大規模な場合，空気調和方式を組み合わせてシステムを構築することが多い．その例を示す．

1) ペリメータゾーンとインテリアゾーンに分担別けをする場合

ペリメータゾーン	インテリアゾーン
① ファンコイルユニット方式	単一ダクト方式
② インダクションユニット方式	単一ダクト方式
③ ファンコイルユニット方式	各階ユニット方式
④ インダクションユニット方式	各階ユニット方式
⑤ 二重ダクト方式	二重ダクト方式

2) システムとして組み合わせる場合
   ① 放射冷暖房方式+単一ダクト方式
   ② 放射冷暖房方式+各階ユニット方式
   ③ 個別分散型冷暖房方式+換気方式 (+加湿方式)

などがある．

演習問題 9

(1) 自宅の冷暖房方式を図を描いて説明せよ．
(2) 現在自分が通学 (通勤) している部屋 (教室，事務室等) の冷暖房方式を図を描いて説明せよ．
(3) 日本でインダクションユニット方式の採用が少ない理由を述べよ．
(4) 日本で二重ダクト方式の採用が少ない理由を述べよ．
(5) オフィスビル基準階で，ペリメータゾーンがファンコイルユニット方式，インテリアゾーンが単一ダクト方式の平面図を描け．

第10章
空気調和設備の計画

建物の建設を構想し，竣工，使用するまで，一連の作業の流れがある．そこには種々の専門家が英知をしぼり努力して作品が完成して行く．建築設備に携わる人々もその流れの一部を形成する．設計に関しては，意匠設計，構造設計，設備設計 (空気調和設備設計，給排水設備設計，電気設備設計等) の人々が集まり知恵を出し，意見を出し合い，三位一体となって仕事をする．一般の建物の場合，意匠設計の人がグループをまとめることが多い．しかし，空気調和設備設計者は特に省エネルギー，地球環境問題の観点から，建築計画の初期の段階より，平面計画，部位 (外壁，開口部) 計画など建築設計においても，環境工学的手法で積極的に提案しなければならない．また，設計の流れは，最初，構想が生まれ，企画，基本計画，基本設計，実施設計と進んでいく．これらの境は明確に分離できるものではないが流れがある．何度もフィードバックして計画，設計を練り直すことが多い．それらの内容は表 0.1 設計の手順に既に示した．

10.1 空調計画の基本的考え方

建物を建設する施工主は，工事費，竣工後の毎月の経常利益等建物を作るプロジェクトの採算性，経済性を重要視する．意匠設計，構造設計では経常費 (running cost) を考慮する必要は少ないが，設備設計の場合，設備システムにより経常費が大きく異なるので，その建物に合致した最適システムを提案する必要がある．初期建設費 (initial cost)，経常費とも安価で信頼性がおけ，居住空間が快適であれば良いが，長期的に見た場合，初期建設費が少々高価でも経常費が安価であれば，そのシステムを提案するべきである．経常費に影響する使用エネルギーの省エネルギー (energy conservation, energy saving) を心掛けるべきである．エネルギーをできる限り少なく使い，できる限り効率よく，快適な空間を創造すべきである．また建物が存在しそれを利用する限り，建築設備はエネルギーを消費する．その建物の竣工より取り壊すまでの建物生涯の間使用することにより生ずる費用，即ちライフサイクルコスト (life cycle cost) を評価し，できる限り低く押さえる必要がある．また，環境負荷に一番影響を与えるのは建築設備で，オゾンホール破壊の原因といわれる冷凍機のフロンガス問題，地球温暖化の原因といわれる空調，照明エネルギーの炭酸ガス排出問題がある．一般に省エネルギーを行えば環境負荷は軽減できるが，さらに冷凍機のフロンに代わる別の冷媒の開発，利用等も考慮する必要がある．これら経済性，省エネルギー，環境負荷問題は熟慮する必要がある．空調設備の省エネルギー計画を表 10.1 に示す．

表 10.1 空調設備の省エネルギー計画

番号	項目	具体的手法
1	システム効率の向上	① 変風量（VAV）方式による動力の削減 ② 変流量（VWV）方式による動力の削減 ③ 大温度差利用による搬送動力の削減 ④ 風量の低減による動力の削減 ⑤ 流量の低減による動力の削減 ⑥ 混合損失を伴うシステムの採用中止 ⑦ ダクト・配管の断熱強化
2	制御の改善	① 自動制御による過熱・過冷の防止 ② 適切なチューニング ③ 深夜電力と蓄熱槽の有効利用 ④ 群管理の採用 ⑤ 始動時の外気導入抑制 ⑥ 在室人員に見合った外気導入量制御 ⑦ コンピュータによる最適運転制御
3	エネルギーの有効利用	① 熱交換器（全熱交換器，顕熱交換器）の利用 ② 廃熱回収システムの採用 ③ コージェネレーションシステムの採用 ④ ゴミ焼却熱の利用
4	機器効率の向上	① 高効率機器の採用 ② 熱交換器の掃除 ③ エアフィルターの手入れ ④ 老朽器材の更新
5	自然エネルギーの利用	① 外気冷房の積極的利用 ② 太陽熱利用給湯，暖房システムの採用 ③ 太陽光発電システムの採用 ④ 風力発電システムの採用
6	使い方の改善	① 設定温湿度の見直し ② 照明の削減 ③ 同時冷暖房の中止 ④ 外気導入量の見直し

10.2 現地の情報収集

建物の現地条件はすべて異なると考えてよく，建設敷地に伴う調査が重要になる．建物自身に関しては建築基準法に基づいて設計，施工しなければならない．また，各地域により種々の制限があるので，市役所等地方公共団体に出向いて，用途，容積率，建ぺい率，斜線制限等を確認する必要がある．

建築設備関係では，まず，その地点の気温，湿度，日射量，風向，風速，雨量など気象調査が必要である．大都市では設計用資料が比較的整備されているのでそれを利用できるが，気象データが不備の地点ではアメダス (AMeDAS) 気象データの利用も考えられ，これらは空気調和設備設計資料になる．また，雨量データ以外に過去に何度も局地的な風水害に見舞われた地点であれば，それに対して雨水排水管，地下の排水対策等も考慮する必要がある．

エネルギーの引き込みに関しては，地元のエネルギー企業と打ち合わせを行いながら設計を進めていく．電力の場合，受電の可能性，受電設備の容量，特に 20 kV 以上の特別高圧受電になると多額の受益者負担になるので，ガス冷房等代替エネルギーの利用も検討する必要がある．都市ガスの場合，ガス引き込み管の可能性，負担金問題，ガス引き込み管の口径を決定する必要がある．石油の場合，石油貯蔵タンクの法的規制，タンクローリー

車の進入，駐車の可能性などである．水道引き込み管と下水管に関しては地方公共団体が管理運営しているので，担当部署との打ち合わせにより，水道引き込み管・公共下水道の利用可能性，水道引き込み管・下水管の口径を決定する必要がある．特に，大切なのは水道管の水圧で時間変動，季節変動のチェックを要する．これは所轄水道局や，近隣から情報を入手するよう心がける．それに伴い朝夕の水圧の低下が激しい所は給水方法の設計に反映しなければならない．

10.3 熱源と熱源機器の位置

　空気調和設備には熱源用エネルギーが必要である．一部，風力発電，太陽光発電等新エネルギーの利用が考えられるが，大量に安定的に利用できるエネルギーは石油，ガス，電気と考えてよい．これらエネルギーを用いて，温熱源と冷熱源を製造する．温熱源は通常，石油，ガスをボイラで燃焼させ発生する熱で温水，蒸気，温風を製造する．または電気を用いてヒートポンプで温水，温風を製造する．冷熱源は通常，電気を用いて冷凍機で冷水，冷風を製造する．または石油，ガスを用いて吸収式冷凍機で冷水を製造する．これらボイラ，ヒートポンプ，冷凍機を熱源機器という．

　熱源機器の設置位置は，比較的大きく，重量があるので，意匠設計，構造設計に大きく影響し，計画の初期段階で，決定しておく必要がある．温熱源のボイラの場合，煙突が必要で，地下にボイラを設置した場合，屋上までまっすぐ立ち上がる煙突のスペースを考えなければならない．冷熱源の冷凍機，ヒートポンプの場合，冷凍機，ヒートポンプ本体は地下機械室に設置することが多く，付属設備である冷却塔，室外機は放熱のため風通しの良い屋外に設置する必要がある．騒音と振動が発生するので，これらを考慮して設置場所を選定しなければならない．一方，空気調和機は，容量は大きいが，比較的軽量で，ダクト送風の搬送エネルギーを減らすためにも地下機械室以外に中間階，屋上等に設置することもある．熱源機器と空気調和機の設置例を図10.1に示す．

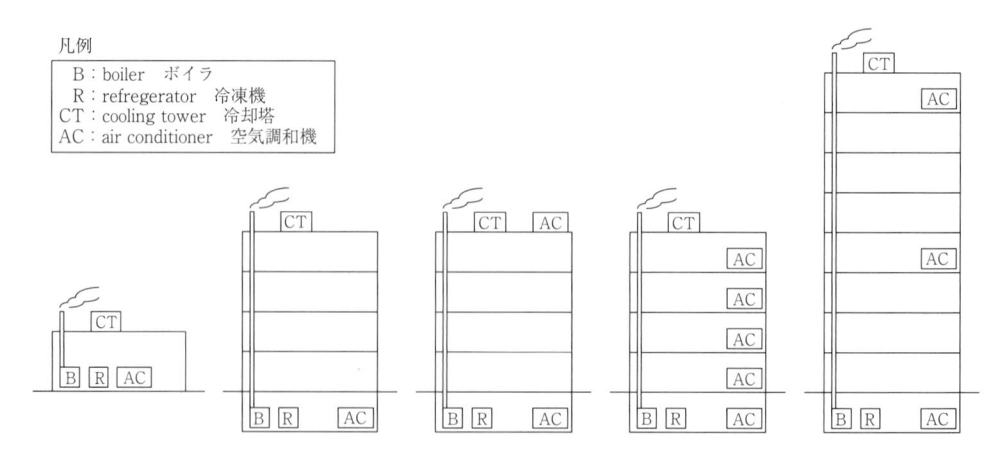

図 10.1　熱源機器と空気調和機の設置例

10.4 受電方式

一般家庭用受電は，単相 (1ϕ) 2 線式 100 V または単相 3 線式 100 V/200 V である．住宅より規模が大きい場合は三相 (3ϕ) 3 線式になる．三相 3 線式は動力用 (モーター用) に適している．規模が大きくなるに従い低圧受電，高圧受電，特別高圧受電と電圧が高くなる (表 5.2 参照)．住宅用は電柱の変圧器で 100V/200V に電圧を落として家庭に入ってくる．契約電力が 50 kW 以下の小規模建物の場合も，同じく柱上変圧器より低圧の 3ϕ 200 V で受電する．それより大きな建物は建物側で高圧受電設備を設置することになる．中規模程度までキュービクルと称するユニット化した屋外用受電設備 3ϕ 6kV で受電し，動力用 3ϕ 400V，一般用 1ϕ 100V/200V に変圧することが多い (図 5.6 参照)．なお，単体で大きな電力を必要とするのは冷凍機で，6 kV 直結で配電することもある．契約電力が 2000 kW 以上の大規模な場合は特別高圧受電になり，建物内に特別高圧受電設備を設置する．3ϕ 20 kV で受電し，動力用と一般用に変圧する．これらの設備はすべて受益者 (施工主) の費用負担になる．契約電力を抑えるため深夜電力用蓄熱槽の利用，ガス焚き吸収式冷凍機の採用，コージェネレーションシステムの導入等を検討することがある．

10.5 機械室スペース

機械室スペースは建物には不可欠であるが，直接利益を生まないため，建物の価値が比較的低い所で，狭いスペースしか与えられないことが多い．しかし，機器を効率よく，安全に運転でき，維持管理の容易な場所であることが必要である．また，冷温熱源機器等は重量があり，高さを必要とするので，別途機械室を設ける．一般のビルの場合，機械スペースは階高を高くして地下室に設ける．機械室の階高と延べ床面積は表 10.2 の概略になる．また，空調方式によっても異なるが，空調機械室と延べ床面積の関係はおおむね表 10.3 になる．さらに事務所ビルの基準階に対するダクト，配管スペースは表 10.4 になる．

表 10.2 主要機械室 (電気室) の階高概略値

延べ床面積	階高 (ボイラ室も含む) [m]	備 考
1000	4.0	(1) 梁せいを0.7～1.0m見込む
3000	4.5	
5000	4.5	(2) 電気室，受水槽室，ポンプ室なども左の階高と同じである．
10000	5.0	
15000	5.5	
20000	6.0	
25000	6.0	
30000	6.5	

木内，大橋，他：既存冷凍空調設備の省エネルギー判断基準 (昭59-10)，日本冷凍空調工業連合会，より抜粋．

表 10.3　事務所ビル等の空調設備機械室概略床面積

延べ床面積 [m²]	(1) 空調設備機械室 (一般的概略値) [m²]	(2) 空調方式よりの空調設備機械室		
		各階単一ダクト方式 (定風量・変風量とも)	各階・単一ダクト方式ファンコイルユニット方式 [m²]	1系統の単一ダクト方式　[m²]
1000	70 (7.0)	75 (7.5)	—	50 (5.0)
3000	200 (6.6)	190 (6.3)	120 (4.0)	130 (4.3)
5000	290 (5.8)	310 (6.2)	200 (4.0)	220 (4.4)
10000	450 (4.5)	550 (5.5)	350 (3.5)	—
15000	600 (4.0)	750 (5.0)	550 (3.7)	—
20000	770 (3.8)	960 (4.8)	730 (3.6)	—
25000	920 (3.7)	1200 (4.8)	850 (3.4)	—
30000	1090 (3.6)	1400 (4.7)	1000 (3.0)	—

[備考]　( ) 内は%を示す．
木内：建築計画用の建築設備スペース，建築設備と配管工事 (1977-9)

表 10.4　事務所ビル等の基準階ダクト・配管スペース

項　目	基準階床面積に対する比率 [%]	備　考
ダクトスペース (排煙ダクトを含む)	1.6～2.5	外気導入・排気のための共有シャフトは含まず
空調配管スペース	0.4～1.0	
衛生配管スペース	0.3～0.8	
電気配管・配線スペース	0.3～1.0	分電盤スペース，トランス室を含む

木内：建築計画用の建築設備スペース，建築設備と配管工事 (1977-9)

演習問題 10

(1) 自分が居る建物の屋上に行き，建築設備に関係がある機器を列記せよ．
(2) 建築設備の使い方による省エネルギー手法を具体的に述べよ．
(3) インターネットで自分の県のアメダス観測地点を調べよ．
(4) 自分が居る建物の受電設備を調べよ．
(5) 熱源エネルギーの石油，ガス，電気の長所，短所を述べよ．

第11章
冷暖房負荷計算法

　冷暖房機器(装置)の大きさ(容量,能力)を決定するためには種々の条件を設定して,それに伴う熱量を算出しなければならない.例えば外気温度は地域により異なり,年により異なる.地域を特定し,気象観測データを統計上,信頼性のある危険率を採用して,設計用外界条件を設定しなければならない.また,室温を何°Cに設定するかも決めなければならない.それらに基づいて装置容量を算出する.算出プロセスを明確にしておくと,もし,暖まらないとか冷えないとか逆に機器が大き過ぎるとかの問題が生じたとき,原因の追求が容易になる.一般に冷暖房装置のうち暖房装置よりも冷房装置のほうが経済的に高価であり使用エネルギー費も高い.また,冷暖房兼用装置では冷房装置の方で容量が決まることが多いので冷房負荷を厳密に行う傾向がある.冷暖房負荷計算法は複雑であるが,ここでは一般的原理,考え方を記述する.

11.1 用語の定義

　冷暖房負荷計算を行うとき,いくつかの専門用語を用いる.これらの用語は明確な意味を持ち,互いに意思の疎通をはかるとき誤解を招かないためでもある.次によく用いられる語句の定義を示す.

顕熱 (sensible heat)　顕熱とは熱量に対して温度変化が生じる熱のことをいう.物体に与えた熱量が温度変化に顕われるためこの名称が付く.

潜熱 (latent heat)　潜熱とは蒸発,凝縮や凍結,融解のように相変化(固体⇔液体⇔気体)に伴って生じる熱で,物体(水分)自身は温度変化を伴わずに,熱が移動し,潜んだ状態のため潜熱という.

熱取得 (heat gain)　室内温湿度を一定と想定した時に室内に流入する熱量および室内発熱量をいう.例えば窓からの日射熱が入射した時点のことをいい,この入射熱が床などに蓄熱する前の状態をさす.このように流入もしくは発生した瞬時の熱量をいい,それらの熱が蓄熱することは熱取得の段階では考慮しない.室温が外気温度より高く,部屋から熱が流出する場合を**熱損失**(heat loss)ということもあるが,この場合も計算上,マイナスの熱取得があったとする.

熱負荷 (室負荷) (heat load)　室内を一定温湿度に保つときの熱量をいう.したがって熱取得の後,蓄熱に伴いタイムラグが生じた状態の熱量である.

冷暖房負荷 (cooling and heating load)　冷房負荷と暖房負荷を総称して空調負荷(空気調

和負荷) ともいい，熱負荷に冷暖房装置荷に伴う負荷 (外気負荷, 再熱負荷, 送風機の発熱, ダクトの熱損失など) を加えたものをいう. 冷房負荷はプラス記号, 暖房負荷はマイナス記号で表すのが一般的である.

設計用外界条件 (TAC 法)　アメリカ暖房・冷凍・空調工学会 (ASHRAE – American Society of Heating, Refrigeration and Air-conditioning Engineers) の前身アメリカ暖房・換気工学会 (ASHVE – American Society of Heating and Ventilating Engineers) の技術助言委員会 (Technical Advisory Committee) が提案した手法. 例えば, TAC 温度とは冷房外界条件の場合, 6～9 月の 4 ヶ月の毎時 (24 時間) の外気温度の超過度数パーセントにより作成する温度のことをいう. 外気湿度にも適用し, これを TAC 湿度とする. 日射量は一般的には大気透過率で定義することが多く, 大気透過率 $P = 0.65 \sim 0.70$ 程度とすることが多い. ここでは手法を明確にするため, 日射量にも TAC 法を適用する. この方法による超過度数のパーセントを TAC%といい, 通常 TAC2.5%または TAC5.0%を用いる. 暖房用外界条件の場合, 12～3 月の 4 ヶ月の期間とする. TAC 法の長所は理論は明快で, 各地の設計用外界条件の作成が容易である. 短所としては気温, 湿度, 日射量の気象要素間の相関がなく, また, 時系列を無視しているので, 晴れた日の昼間は暑いが, 朝方は気温が低いなどは反映していない.

実効温度差 (ETD)(equivalent temperature difference)　外気温度と面に当たる日射量を考慮した SAT(sol-air temperature 相当外気温度, (11.2) 式参照) および壁体の蓄熱を考慮し, みかけ上, 定常計算ができるように, 室内外温度差にそれらを入れたものをいう. 実効温度差の表を作成するには壁体の非定常熱流をコンピュータで演算する必要がある.

遮へい係数(shading coefficient)　3 mm 標準ガラス (3 mm 透明単板ガラス, 遮へい物なし) の日射に対する取得熱量を 1 としたときの, 他のガラスや遮へい物 (ブラインド, カーテン等) を付けた場合の取得熱量の比をいう. ガラスを透過して室内へ侵入した日射量のうち, 瞬時に熱負荷になる対流成分 (convection) と, 透過していったん床, 内壁に当たり, 吸収されて蓄熱し, 時間遅れで熱負荷になる放射成分 (radiation) がある. 対流成分の遮へい係数を対流遮へい係数 (SC_C), 放射成分の遮へい係数を放射遮へい係数 (SC_R) という.

定常伝熱と非定常伝熱　定常伝熱とは熱容量を無視し, タイムラグを考慮しない場合のことをいい, 壁体の場合, 熱通過率 (熱貫流率) という瞬時値で表される. 一方, 非定常伝熱とは熱容量を考慮することをいい, 時間を伴う (時系列) 応答になり, タイムラグが生じる. 通常は非定常といえども熱物性値 (熱伝導率, 熱伝達率, 熱容量) は一定とする.

全日空調と間欠空調　全日空調とは 1 日 24 時間空調することをいい, 通常一定温湿度とする. 室温変動がないので, 室温変動に伴う蓄熱負荷は生じない. 一方, 間欠空調は 1 日のうち時間を限って空調を行うので, 非空調時は設定温度からずれ, 室温変動を生じる. その影響が空調時に, 室温変動に伴う蓄熱負荷を生じることになる. 一般に蓄熱負荷とはこの室温変動に伴う蓄熱負荷を指す.

周期定常伝熱と純非定常伝熱　周期定常伝熱とは外界条件 (外気温度, 外気湿度, 日射量) が毎日繰り返し, 同じ日が続くと仮定したときの, 室温変動, 壁体の熱流応答をいう. こ

こでは定常という名称で呼んでいるが，応答は非定常応答である．一方，純非定常伝熱は外界条件が毎日変化する時の応答をいう．外界条件に1年間365日24時間の気象条件を用いる時の冷暖房負荷を年間負荷 (年間冷暖房負荷) という．

11.2 冷房負荷計算法

暖房負荷計算に比べ，厳密な計算を要する冷房負荷の種類を図11.1に示す．外気温，日射などの外乱を受ける建物の壁体 (外壁, 屋根, 床) と開口部 (ガラス窓) の熱負荷計算は壁体の熱容量により，タイムラグと減衰が生じる．また太陽位置の計算が入るので複雑である．一方，すき間風，人体からの発熱量等は即熱負荷になるので扱いやすい．前者の蓄熱を伴う熱負荷は厳密にはコンピュータを用いて計算しなければならない．ここでは手計算を想定しているので，それらを前もってコンピュータで処理し計算結果を表に作成している．表11.1に室内設計条件，表11.2に設計外界条件として東京の冷暖房設計時刻別温湿度 (TAC5.0%) を示す．

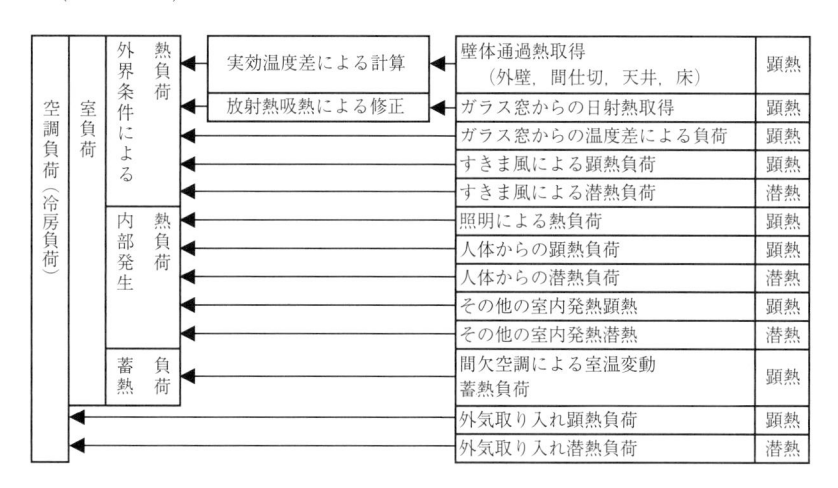

図 11.1　冷房負荷の種類

表 11.1　室内設計条件

冷暖房	期	室温 [℃]	相対湿度 [%]	絶対湿度 [g/kg]
冷房	夏期	26	50	10.5
	中間期	24	50	9.2
暖房	冬期	22	50	8.2

A　壁体通過熱負荷

壁体 (外壁, 屋根, 間仕切, 床) を通過する熱量は次式で求められる．

$$q_w = K_w \cdot A_w \cdot \text{ETD} \tag{11.1}$$

ここに，

表 11.2　東京における冷暖房設計時刻別温湿度 (TAC5.0%) (1991〜2000 年，冷房 6〜9 月，暖房 6〜9 月)

	時刻（中央標準時刻）	1	2	3	4	5	6	7	8	9	10	11	12	13
冷房設計用	気温 [℃]	28.0	27.8	27.6	27.5	27.4	27.6	28.6	29.8	30.9	31.7	32.8	33.3	33.6
	露点温度 [℃]	23.9	24.0	24.0	24.0	23.9	24.0	24.0	23.9	23.9	24.0	24.0	24.0	23.9
	絶対湿度 [g/kg]	18.8	18.9	18.9	18.9	18.8	18.9	18.9	18.8	18.8	18.9	18.9	18.9	18.8
	水平面全日射量 [W/m²]	0	0	0	0	8	92	247	431	597	736	839	883	869
暖房設計用	気温 [℃]	2.2	1.9	1.7	1.5	1.3	1.2	1.3	1.7	2.8	3.8	4.4	4.8	5.2
	露点温度 [℃]	-10.4	-10.6	-10.5	-10.6	-10.6	-10.8	-10.8	-10.9	-11.5	-11.7	-11.9	-12.1	-12.6
	絶対湿度 [g/kg]	1.7	1.7	1.7	1.7	1.7	1.7	1.7	1.6	1.6	1.5	1.5	1.5	1.4

	時刻（中央標準時刻）	14	15	16	17	18	19	20	21	22	23	24	日平均
冷房設計用	気温 [℃]	33.7	33.2	32.6	31.9	31.0	30.1	29.6	29.3	28.9	28.5	28.2	30.2
	露点温度 [℃]	23.9	23.8	23.9	24.0	24.1	24.0	24.0	24.0	24.0	24.0	23.9	24.0
	絶対湿度 [g/kg]	18.8	18.8	18.9	18.9	19.0	18.9	18.9	18.9	18.9	18.9	18.8	
	水平面全日射量 [W/m²]	803	683	517	336	158	31	0	0	0	0	0	7231 (日積算)
暖房設計用	気温 [℃]	5.5	5.4	5.4	5.0	4.6	4.0	3.5	3.2	2.9	2.8	2.4	3.3
	露点温度 [℃]	-12.6	-12.3	-11.9	-11.5	-11.4	-11.1	-10.9	-10.7	-10.7	-10.6	-10.3	-11.2
	絶対湿度 [g/kg]	1.4	1.4	1.5	1.6	1.6	1.6	1.6	1.7	1.7	1.7	1.7	1.6

(絶対湿度は露点温度より換算)

表 11.3　外壁および屋根の時刻別実効温度差 (ETD) [K]

熱容量	内容	方位	1	2	3	4	5	6	7	8	9	10	11	12	13	14	15	16	17	18	19	20	21	22	23	24	日平均
薄い外壁および屋根	熱容量の無視できる壁体	水平	1.2	1.0	0.8	0.5	1.2	5.1	10.7	17.0	22.8	27.1	30.6	31.9	31.0	28.3	23.7	18.3	11.9	6.1	3.7	2.8	2.4	2.0	1.8	1.5	11.8
		N (日影)	1.2	1.0	0.8	0.5	1.2	3.8	4.9	5.3	7.0	8.1	8.7	9.0	9.2	9.3	9.0	8.8	8.6	5.5	3.6	2.8	2.4	2.0	1.8	1.5	4.8
		E	1.2	1.0	0.8	0.5	1.6	8.8	14.1	17.7	17.5	15.8	12.4	9.0	8.5	7.3	5.2	3.6	2.8	2.4	2.0	1.8	1.5				6.8
		S	1.2	1.0	0.8	0.5	0.9	2.1	3.7	5.3	8.9	11.7	13.7	14.4	13.9	12.5	10.2	8.5	7.3	5.2	3.6	2.8	2.4	2.0	1.8	1.5	5.7
		W	1.2	1.0	0.8	0.5	0.9	2.1	3.5	5.0	7.0	8.1	8.7	9.9	15.2	19.1	20.4	14.9	6.4	3.6	2.8	2.4	2.0	1.8	1.5		6.7
軽量外壁および屋根	普通コンクリート 50mm厚相当	水平	1.5	1.3	1.0	0.8	0.8	2.2	5.7	10.8	16.5	21.8	26.2	29.4	30.7	30.1	27.5	23.5	18.2	12.5	7.7	4.9	3.4	2.6	2.2	1.8	11.8
		N (日影)	1.5	1.3	1.0	0.8	0.8	1.8	4.5	5.5	6.8	7.8	8.5	8.9	9.1	9.0	8.8	7.8	5.8	4.1	3.2	2.6	2.1	1.8			4.8
		E	1.5	1.3	1.0	0.8	0.9	3.5	8.5	13.0	15.9	16.5	15.1	12.4	10.3	9.6	9.3	9.0	8.3	7.0	5.4	4.0	3.1	2.5	2.1	1.8	6.8
		S	1.5	1.3	1.0	0.8	0.7	1.2	2.2	3.7	5.8	8.6	11.2	13.0	13.7	12.4	10.3	8.6	7.2	5.4	4.0	3.1	2.5	2.1	1.8		6.8
		W	1.5	1.3	1.0	0.9	0.7	1.2	2.2	3.7	5.2	6.7	7.8	8.7	11.1	15.0	18.4	20.0	18.6	13.7	8.2	5.0	3.5	2.7	2.2	1.8	6.7
中量外壁および屋根	普通コンクリート 150mm厚相当	水平	5.3	4.3	3.5	2.8	2.3	2.0	2.4	3.9	6.4	9.8	13.6	17.3	20.7	23.3	24.8	25.0	23.9	21.6	18.5	15.2	12.3	9.9	8.0	6.5	11.8
		N (日影)	3.3	2.8	2.4	2.0	1.7	1.5	1.8	2.4	3.1	3.8	4.8	6.5	7.1	7.6	8.0	8.2	8.3	7.9	7.1	6.2	5.3	4.5	3.9		4.8
		E	3.4	2.9	2.4	2.1	1.7	1.7	2.7	4.9	7.5	9.9	11.5	12.1	11.8	11.2	10.7	10.3	9.9	9.4	8.5	7.5	6.5	5.5	4.7	4.0	6.8
		S	3.5	3.2	2.8	2.5	2.1	1.7	1.5	1.5	1.8	2.6	3.8	5.4	7.2	8.8	10.1	10.8	10.9	10.5	9.9	8.9	7.8	6.7	5.5		4.8
		W	4.5	3.7	3.0	2.5	2.1	1.7	1.7	2.0	2.7	3.5	4.5	5.5	6.5	8.1	10.4	12.8	14.7	15.2	14.0	11.9	9.8	8.0	6.6	5.4	6.7
重量外壁および屋根	普通コンクリート 250mm厚相当	水平	10.8	9.6	8.5	7.5	6.6	5.8	5.2	4.9	5.2	6.1	7.6	9.6	11.9	14.3	16.4	18.2	19.3	19.7	19.4	18.4	16.9	15.3	13.7	12.1	11.8
		N (日影)	5.1	4.6	4.2	3.8	3.4	3.1	2.8	2.7	2.8	3.1	3.4	3.9	4.4	5.0	5.5	6.0	6.4	6.8	7.0	7.0	6.8	6.5	6.0	5.5	4.8
		E	5.9	5.3	4.8	4.3	3.9	3.5	3.2	3.5	4.3	5.5	6.8	8.0	8.9	9.3	9.5	9.5	9.4	9.2	8.9	8.3	7.8	7.1	6.5		6.8
		S	5.7	5.2	4.7	4.2	3.8	3.4	3.0	2.8	3.0	3.4	4.2	5.2	6.2	7.2	8.0	8.5	8.7	8.7	8.5	8.0	7.5	6.9	6.3	5.7	5.7
		W	7.6	6.8	6.1	5.4	4.8	4.2	3.8	3.5	3.4	3.4	3.7	4.1	4.6	5.3	6.2	7.5	9.0	10.3	11.2	11.4	10.9	10.2	9.3	8.4	6.7

q_w：壁体通過熱負荷 [W]

K_w：壁体熱通過率 [W/m²·K]

A_w：壁体面積 [m²]

ETD：実効温度差 [K]（表 11.3）

実効温度差とは，みかけ上の室内外温度差のことをいい，外壁の熱容量がなければ

$$\text{ETD} = \left(\frac{aI}{\alpha} + t_0\right) - t_i \tag{11.2}$$

ここに，

a：外壁の日射吸収率 [-]

I：外壁面に当たる日射量 [W/m²]

α：外側熱伝達率 [W/m²·K]

t_0：外気温度 [°C]

t_i：室温 [°C]

なお，$\left(\dfrac{aI}{\alpha} + t_0\right)$ を SAT という

B　ガラス窓からの熱負荷

ガラス窓からの熱取得は図 11.2 に示す様に 3 要素に分かれる．日射 (直達日射および天空日射) がガラスを透過する日射透過分，日射吸収によりガラス温度が上昇し，そのうち室内へ流入する日射対流分および室内外温度差による熱通過分である．熱通過分は方位に無関係に温度差のみで算出される値である．

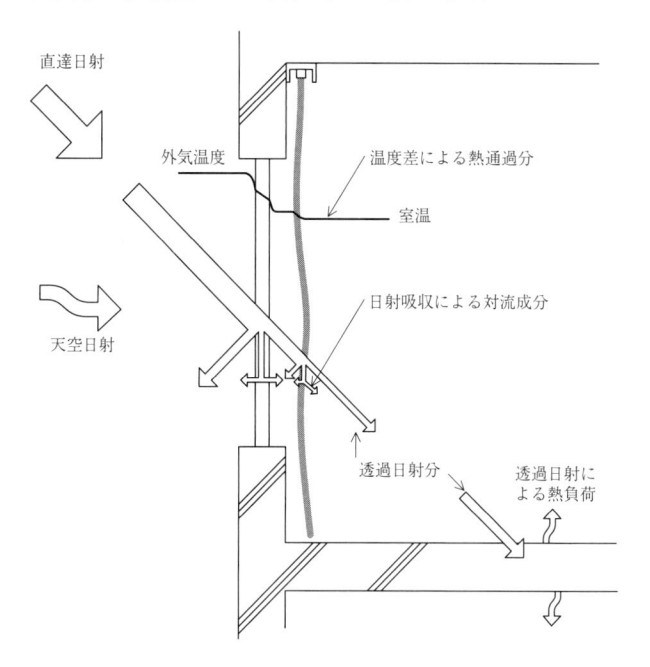

図 11.2　ガラス窓の熱取得 3 要素

ガラス面 (3 mm 標準ガラス) よりの要素別熱取得を表 11.4 に示す．日射対流分・熱貫流分は即熱負荷になるが，日射透過分は床，間仕切等に当たり壁体内へ流入する．床等の熱容量の違いにより時間遅れを生じて室内へ再び流出して熱負荷となる．ガラス面 (3 mm 標準ガラス) の透過日射量 (透過日射分) の躯体重別熱負荷を表 11.5 に示す．ここでいう重量別とは，コンクリートスラブ厚 50 mm，150 mm，250 mm とし，通常の床仕上げに天井があるものを各々の軽量，中量，重量と分類する．

ガラス面からの放射による熱負荷 (蓄熱を考慮したもの)

$$q_{GR} = Q_{GR} \cdot SC_R \cdot A_g \tag{11.3}$$

ここに，

q_{GR} ：ガラス面からの放射による熱負荷 [W]
Q_{GR}：3 mm 標準ガラスの透過日射量の躯体重量別熱負荷 [W/m^2] (表 11.5)
SC_R：放射遮へい係数 [−] (表 11.6)
A_g ：ガラス面積 [m^2]

ガラス窓からの対流による熱負荷

$$q_{GC} = (H_{GR} + H_{GC}) \cdot SC_C \cdot A_g \tag{11.4}$$

表 11.4　3 mm 標準ガラスよりの要素別熱取得 [w/m²]

方位		時刻																								日積算
		1	2	3	4	5	6	7	8	9	10	11	12	13	14	15	16	17	18	19	20	21	22	23	24	
水平	全熱取得	13	11	10	9	28	113	255	416	556	662	752	781	752	665	531	373	203	78	35	23	21	18	16	14	6335
	透過分					19	101	234	385	516	616	697	723	692	606	477	324	163	45	9						5607
	対流分					0	2	5	7	9	10	12	12	12	10	9	7	3	1	0						99
N（日影）	全熱取得	13	11	10	9	25	78	80	89	101	107	110	110	112	114	110	99	105	63	31	23	21	18	16	14	1469
	透過分					16	67	63	64	69	70	66	63	63	64	64	56	66	30	5						826
	対流分					0	1	1	1	1	1	1	1	1	1	1	1	2	1							14
E	全熱取得	13	11	10	9	39	246	379	438	407	305	166	110	112	114	110	103	88	55	31	23	21	18	16	14	2838
	透過分					30	233	357	407	369	263	120	63	63	64	64	59	50	23	5						2171
	対流分					0	3	6	7	7	4	1	1	1	1	1	1	1	0	0						38
S	全熱取得	13	11	10	9	19	48	72	90	118	163	204	215	195	157	113	102	88	55	31	23	21	18	16	14	1805
	透過分					10	37	55	65	85	124	156	164	144	105	66	59	50	23	5						1148
	対流分					0	1	1	1	2	3	5	5	3	3	2	1	1	0	0						28
W	全熱取得	13	11	10	9	20	48	72	89	101	107	111	109	240	390	464	455	314	91	31	23	21	18	16	14	2777
	透過分					10	37	55	64	69	70	66	62	187	334	412	406	272	58	5						2109
	対流分					0	1	1	1	1	1	1	1	5	7	7	7	5	1	0						39
各方位（方位に無関係）	熱通過分	13	11	10	9	9	10	16	24	31	36	43	46	48	49	45	42	37	32	26	23	21	18	16	14	629

表 11.5　3 mm 標準ガラスの透過日射量の躯体重量別熱負荷 [w/m²]

方位		時刻																								日積算
		1	2	3	4	5	6	7	8	9	10	11	12	13	14	15	16	17	18	19	20	21	22	23	24	
水平	軽量	6	5	3	2	14	73	178	307	430	533	621	666	664	613	516	393	251	135	76	47	30	21	14	9	
	中量	97	86	76	66	65	90	141	209	281	349	413	458	479	473	441	386	317	252	210	181	160	141	124	110	5607
	重量	112	103	97	90	91	116	166	234	301	362	417	752	464	450	410	352	283	221	185	164	150	138	129	120	
N（日影）	軽量	1	1	0	0	12	50	55	58	63	66	65	63	63	63	63	58	64	41	17	9	6	3	3	2	
	中量	14	13	12	9	15	34	37	41	45	49	50	51	52	53	55	52	57	45	34	28	24	21	19	16	826
	重量	16	15	14	13	19	37	41	43	47	49	50	50	50	51	52	50	53	42	30	26	22	21	19	17	
E	軽量	1	1	0	0	21	166	283	347	342	276	167	107	90	81	76	67	59	37	19	10	7	5	3	2	
	中量	28	26	22	20	28	100	166	210	222	201	155	126	116	109	105	98	91	76	62	53	47	41	36	33	2171
	重量	36	34	31	29	38	110	174	214	221	194	143	112	102	98	94	91	85	72	60	53	49	45	42	40	
S	軽量	1	1	0	0	7	27	44	55	72	105	135	149	141	114	83	71	60	38	19	10	7	5	3	2	
	中量	20	17	15	14	16	24	34	41	50	70	88	100	101	92	78	73	67	56	44	37	33	29	26	23	1148
	重量	23	21	20	19	21	30	38	44	53	72	90	99	98	87	72	66	62	50	40	34	31	28	27	24	
W	軽量	5	3	2	1	8	28	44	55	62	65	64	62	148	269	349	370	288	129	59	36	24	16	12	7	
	中量	48	42	37	33	33	40	47	51	55	57	58	57	101	167	219	243	215	142	107	91	79	70	62	55	2109
	重量		49	45	42	40	41	49	56	60	63	65	64	63	107	171	219	237	205	127	91	76	67	62	57	52	

ここに，

q_{GC}：ガラス窓からの対流による熱負荷 [W]
H_{GR}：3 mm 標準ガラスの日射透過分 [W/m²]（表 11.4）
H_{GC}：3 mm 標準ガラスの日射対流分 [W/m²]（表 11.4）
SC_C：対流遮へい係数 [-]（表 11.6）

ガラス窓からの温度差 (熱通過) による熱負荷

$$q_{GK} = K_G \cdot A_g \cdot \Delta t \tag{11.5}$$

ここに，

q_{GK}：ガラス窓からの温度差による熱負荷 [W]
K_G　：ガラスの熱通過率 [W/m²·K]
Δt　：室内外温度差 [K]（表 11.2）

表 11.6 日射遮へい係数および熱通過率 [W/m²·K]

ガラス番号	ガラスの種類 ( ) 内の数字は厚さ[mm]	内部遮蔽なし				明色ブラインド			
		放射遮蔽係数 SC_R	対流遮蔽係数 SC_C	全遮蔽係数 SC_T	熱通過率 K_G	放射遮蔽係数 SC_R	対流遮蔽係数 SC_C	全遮蔽係数 SC_T	熱通過率 K_G
1	普通 (3)	0.99	0.01	1	6.48	0.27	0.26	0.53	4.49
2	普通 (5)	0.96	0.02	0.98	6.37	0.27	0.26	0.53	4.43
3	普通 (6)	0.95	0.02	0.97	6.33	0.26	0.27	0.53	4.41
4	普通 (8)	0.93	0.02	0.95	6.22	0.26	0.27	0.53	4.36
5	普通 (12)	0.9	0.02	0.92	6.03	0.25	0.28	0.53	4.27
6	吸熱 (3)	0.79	0.07	0.86	6.48	0.25	0.28	0.53	4.49
7	吸熱 (5)	0.76	0.1	0.77	6.37	0.24	0.28	0.52	4.43
8	吸熱 (6)	0.63	0.1	0.73	6.33	0.23	0.28	0.51	4.41
9	吸熱 (8)	0.54	0.13	0.67	6.22	0.21	0.28	0.49	4.36
10	吸熱 (12)	0.41	0.16	0.57	6.03	0.2	0.27	0.47	4.27
11	普通 (3) +普通 (3)	0.9	0.01	0.91	3.49	0.24	0.28	0.52	2.81
12	普通 (5) +普通 (5)	0.84	0.04	0.88	3.42	0.23	0.29	0.52	2.27
13	普通 (6) +普通 (6)	0.81	0.05	0.86	3.4	0.24	0.29	0.53	2.76
14	普通 (8) +普通 (8)	0.77	0.06	0.83	3.35	0.23	0.3	0.53	2.71
15	吸熱 (3) +普通 (3)	0.69	0.05	0.74	3.49	0.2	0.25	0.45	2.81
16	吸熱 (5) +普通 (5)	0.56	0.07	0.63	3.42	0.17	0.24	0.41	2.77
17	吸熱 (6) +普通 (6)	0.5	0.08	0.58	3.4	0.17	0.22	0.38	2.76
18	吸熱 (8) +普通 (8)	0.4	0.1	0.5	3.35	0.15	0.24	0.38	2.71

したがって，ガラスよりの全熱負荷は

$$q_{GT} = q_{GR} + q_{GC} + q_{GK} \tag{11.6}$$

となる．ここに，

q_{GT}：ガラスよりの全熱負荷 [W]

C すきま風による顕熱負荷 [W]

すきま風による顕熱負荷

$$q_{IS} = 1.005 \cdot G_I \cdot \Delta t \cdot \frac{1,000}{3,600} = 0.28 \cdot G_I \cdot \Delta t \tag{11.7}$$

または

$$q_{IS} = 0.28 \cdot 1.2 \cdot Q_I \cdot \Delta t = 0.34 \cdot Q_I \cdot \Delta t \tag{11.7}'$$

ここに，

q_{IS}　：すきま風による顕熱負荷 [W]

1.005：空気の定圧比熱 [kJ/kg·K]

1,000/3,600：[kJ/h] を [J/s] に換算

1.2　：空気の密度 [kg/m³]

G_I　：すきま風量 [kg/h]

Q_I　：すきま風量 [m³/h] (通常の事務所の場合，換気回数 0.5〜1.0)

Δt　：室内温度差 [K] (表 11.2)

すきま風による潜熱負荷

$$q_{IL} = 2,501 \cdot G_I \cdot \Delta x \times \frac{1,000}{3,600} = 695 \cdot G_I \cdot \Delta x \tag{11.8}$$

または

$$q_{IL} = 695 \cdot 1.2 \cdot Q_I \cdot \Delta x = 834 \cdot Q_I \cdot \Delta x \tag{11.8}'$$

ここに,

    q_{IL}：すきま風による潜熱負荷 [W]
    2501：水蒸気の蒸発潜熱 [kJ/kg]
    Δx：室内外絶対湿度差 [kg/kg]（表 11.2）

したがって，すきま風による全熱負荷は

$$q_{IT} = q_{IS} + q_{IL} \tag{11.9}$$

となる．ここに，

    q_{IT}：すきま風による全熱負荷 [W]

D　照明による熱負荷

照明よりの発熱は，厳密には照明方法により即熱負荷になる対流成分と壁対等に蓄熱するふく射成分に分けられるが，ここでは簡単にするため，すべて即負荷，すなわち対流成分と見なす．

照明設計が進んで，判明している場合はその発熱量を用いる．未定の場合は単位面積当たりより算出する．照明電力 [W] を熱負荷に換算する場合，表 11.7 による．通常の事務所建築の照明は 20～40 W/m² である．

表 11.7　照明 1 W あたりの発熱量

照明の種類	蛍光灯	白熱灯
熱負荷	1.16W	1W

蛍光灯の場合，安定器の発熱を含む

E　人体からの熱負荷

人体からの熱負荷は皮膚表面からと呼気による顕熱発熱と，潜熱発熱がある．参考データを表 11.8 に示す．

表 11.8　人体の発熱量

作業内容	適用	顕熱 室温		潜熱 室温			
		22℃	26℃	22℃		26℃	
		W/人	W/人	W/人	g/h·人	W/人	g/h·人
静かに腰掛けている	劇場	65	52	26	38	40	57
事務作業	事務所	71	53	48	69	64	92
軽い作業	工場	88	62	109	157	138	198
歩行	工場	112	83	151	218	183	264
重作業	工場	150	123	233	336	261	375

F　その他の室内発生熱

その他の室内発生熱とは，室内に設置してある器具，装置からの発生熱で顕熱および潜熱があるものと，いずれか一方のものとがある．事務所建築ではOA機器とコンセントの顕熱負荷として，20～40 W/m² 程度である．

G　外気取り入れ負荷

外気取り入れ負荷はA～Fまでの室負荷とは異なり，直接空調機で処理するので空調負荷となる．

外気取り入れによる顕熱負荷

$$q_{OS} = 0.28 \cdot G_O \cdot \Delta t \tag{11.10}$$

または

$$q_{OS} = 0.34 \cdot Q_O \cdot \Delta t \tag{11.10'}$$

ここに，

q_{OS}：外気取り入れによる顕熱負荷 [W]
G_O：外気取り入れ量 [kg/h]
Q_O：外気取り入れ量 [m³/h]（通常の事務所建築の場合，20～25 m³/h·人）
Δt：室内外温度差 [K]（表11.2）

外気取り入れによる潜熱負荷

$$q_{OL} = 695 \cdot G_O \cdot \Delta x \tag{11.11}$$

または

$$q_{OL} = 834 \cdot Q_O \cdot \Delta x \tag{11.11'}$$

ここに，

q_{OL}：外気取り入れによる潜熱負荷 [W]
Δx：室内外絶対湿度差 [kg/kg]

したがって，外気取り入れによる全熱負荷は

$$q_{OT} = q_{OS} + q_{OL} \tag{11.12}$$

ここに，

q_{OT}：外気取り入れによる全熱負荷 [W]

11.3　暖房負荷計算法

冷房負荷計算法との相違点

a) 暖房外界条件

現在の暖房熱負荷計算では外界条件のうち，日射量は無いものとしている．TACの考え方でいけば日射量を考慮する必要があるが，計算の繁雑さと，日射量を無視することによる装置容量の安全性にある．

表 11.9 熱負荷計算表

室 負 荷						階		室 名		
室面積			(m^2)			室容積				(m^3)

壁体の負荷				冷 房						暖 房		
方位	熱通過率 $W/m^2 \cdot K$	寸法 $m \times m$	面積 m^2	12時		14時		16時		熱通過率 $W/m^2 \cdot K$	Δt	暖房負荷
				ETD K	冷房負荷 W	ETD K	冷房負荷 W	ETD K	冷房負荷 W		K	W

窓ガラス負荷				温度差 熱取得	冷房負荷 W	温度差 熱取得	冷房負荷 W	温度差 熱取得	冷房負荷 W	温度差	暖房負荷 W
方位	熱通過率・しゃへい係数	巾×高 $m \times m$	面積 m^2								
	K			$\triangle t$		$\triangle t$		$\triangle t$		$\triangle t$	
	SC_R			Q_{GR}		Q_{GR}		Q_{GR}			
	SC_C			$H_{GR}+H_{GC}$		$H_{GR}+H_{GC}$		$H_{GR}+H_{GC}$			
	K			$\triangle t$		$\triangle t$		$\triangle t$		$\triangle t$	
	SC_R			Q_{GR}		Q_{GR}		Q_{GR}			
	SC_C			$H_{GR}+H_{GC}$		$H_{GR}+H_{GC}$		$H_{GR}+H_{GC}$			
	K			$\triangle t$		$\triangle t$		$\triangle t$		$\triangle t$	
	SC_R			Q_{GR}		Q_{GR}		Q_{GR}			
	SC_C			$H_{GR}+H_{GC}$		$H_{GR}+H_{GC}$		$H_{GR}+H_{GC}$			
	K			$\triangle t$		$\triangle t$		$\triangle t$		$\triangle t$	
	SC_R			Q_{GR}		Q_{GR}		Q_{GR}			
	SC_C			$H_{GR}+H_{GC}$		$H_{GR}+H_{GC}$		$H_{GR}+H_{GC}$			

すきま風負荷		Q	$\triangle t$	q_S	Q	$\triangle t$	q_S	Q	$\triangle t$	q_S	Q	$\triangle t$	q_S
$q_S = 0.34 \cdot Q \cdot \triangle t$ (w)													
$q_L = 834 \cdot Q \cdot \triangle x$ (w)			$\triangle x$	q_L		$\triangle x$	q_L		$\triangle x$	q_L		$\triangle x$	q_L

照明負荷		床 縦×横 $m \times m$	床面積 m^2	単位面積負荷 W/m^2	係数 −	冷房負荷 W	
	蛍光灯				×1.16		
	白熱灯				×1.0		
	(3)小計						

人員器具発熱	種類	数量	単位発熱量 $W/人$またはW/m^2		顕 熱 W	潜 熱 W	
			SH	LH			
	人員	人					

集計	顕熱	計(a)					
		安全率(b)					
		a×b					
	潜 熱						
	合 計						
備 考(単位面積負荷)			(W/m^2)		(W/m^2)	(W/m^2)	(W/m^2)

ここでは従来通り日射量を無視した，温湿度のみで TAC5.0% を暖房設計用外界条件 (表 11.2) としている．

b) 内部発生の無視

暖房負荷としては安全側になるので装置容量計算では通常算入しない．

c) 壁体の定常計算

暖房設計用外界条件を参照しても分かるように，外気温の日較差が小さいので定常計算で行う．

d) 間欠空調による室温変動蓄熱負荷の無視

これまで手計算で蓄熱負荷が計算できなかったので無視している．

A 室内外温度差による壁体通過熱負荷

暖房負荷は室内外温度差のみを考慮する．

$$q_W = K_W \cdot A_W \cdot \Delta t \tag{11.13}$$

ここに，

q_W ：壁体通過熱負荷 [W]
K_W ：壁体熱通過率 [W/m^2·K]
A_W ：壁体面積 [m^2]
Δt ：室内外温度差 [K]

B ガラス窓からの温度差による熱負荷

窓ガラスからの暖房負荷は室内外温度差のみを考慮する．冷房の窓ガラスからの温度差による熱負荷と同様である (式 (11.5) 参照)．

C すきま風による熱負荷

冷房と同様である (11.3.C 参照)．

D 外気取り入れ負荷

冷房と同様である (11.3.G 参照)．

以上が暖房負荷計算法であるが，冷房負荷計算法に比べて簡単であることがわかる．

演習問題 11

(1) 図 11.3 に示す事務所建築の設計外界条件のみによる冷房負荷 (スキンロード) を求めよ．ただし，室内設定温度は表 11.1，外界条件は表 11.2 とし，時刻は (12, 14 時) とする．

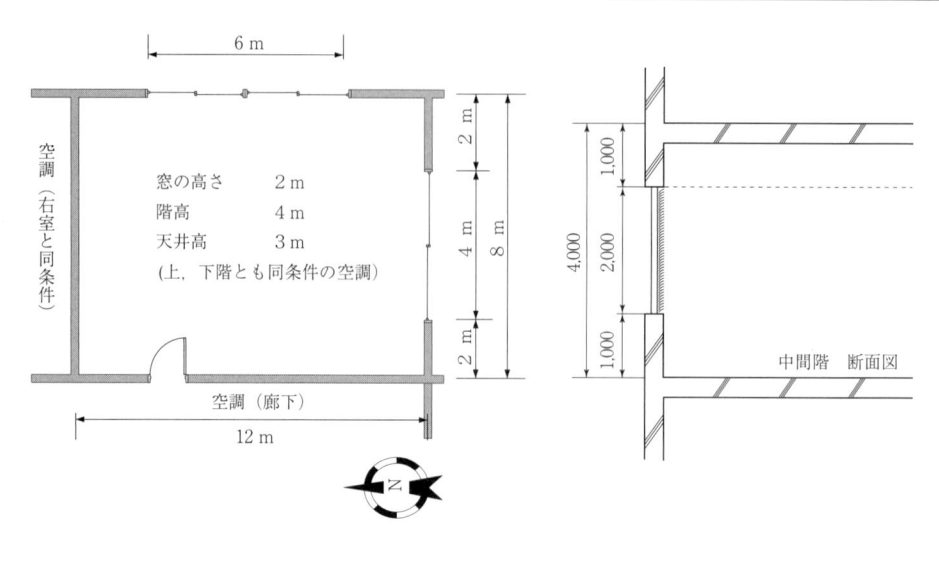

図 11.3

条　件
① 学籍番号下 4 桁を KLMN とする
② 外壁タイプ　(M+1) を 4 で割った余り (J) で分類する
　　$J = 0$，薄い外壁 $K_w = 5.50$ [W/m²·K]，$J = 1$，軽量 $K_w = 5.40$ [W/m²·K]，
　　$J = 2$，中量 $K_w = 4.06$ [W/m²·K]，$J = 3$，重量 $K_w = 3.24$ [W/m²·K]
③ ガラス番号　(N+1)，スラブ厚 中量
④ 遮へい物　　L：奇数 内部遮へい物なし，L：偶数 明色ブラインド
⑤ 換気回数　　0.5 回/h

(2) 図 11.3 に示す事務所建築の暖房負荷を求めよ．ただし，時刻は (8 時) とする．

条　件
① 学籍番号下 4 桁を KLMN とする
② 外壁タイプ　(M+1) を 4 で割った余り (J) で分類する
　　$J = 0$，薄い外壁 $K_w = 5.50$ [W/m²·K]，$J = 1$，軽量 $K_w = 5.40$ [W/m²·K]，
　　$J = 2$，中量 $K_w = 4.06$ [W/m²·K]，$J = 3$，重量 $K_w = 3.24$ [W/m²·K]
③ ガラス番号　(N+1)
④ 換気回数　　0.5 回/h

(3) 実効温度差 (ETD) の概念を考え出した理由を述べよ．
(4) 冷房潜熱負荷，暖房潜熱負荷を空調装置としてどのように対処しているか述べよ．
(5) 冷房負荷計算法と暖房負荷計算法の違いを述べよ．

第12章
湿り空気線図と空気調和の設計

　空気調和の設計をするということは，空気をどのように制御するかということであり，主として空気の温湿度制御をいかに行うかともいえる．室内外の空気の成分組成は，体積組成では窒素78％，酸素21％，アルゴン1％，二酸化炭素0.03％であり，この空気の温度と湿度を変化させることになる．また，空気に含まれる水蒸気は質量にして，数パーセントであり，1 kgの空気に対して数10 gでわずかであるが，居住者の快適性に対しては敏感に反応する．このように水蒸気を含んだ空気を湿り空気 (moist air) という．空気調和では乾き空気 (水蒸気を含まない湿度0％の状態，dry air，DAと表示) の考え方を用い，空気に含まれる水蒸気と分離し，取り扱いを簡単にしている．例えば1 [kg] の乾き空気にa [kg] の水蒸気があるとakg/1 (DA)kgまたはakg/1kg'と表示し，重量成分のakg/(1+a)kgとは表示しない．また，湿り空気を扱うときは自明であるということでakg/1kgと表示することも多い．ここではakg/1kgを用いる．

12.1 湿り空気の表し方

　空気中に含まれる水蒸気の表し方は種々の方法があり，用途に応じて適宜用いている．

(1) 絶対湿度 (x [kg/kg] または [kg/kg(DA)]) (absolute humidity)

　空気中に含まれる水蒸気の質量を乾き空気を基準としたときの質量比をいう．空気調和の除湿量，加湿量，熱量計算に用いられる．

$$x = 0.662 \frac{P_w}{P - P_w} \times 100 \tag{12.1}$$

ただし x：絶対湿度 [kg/kg]
　　　　P：大気圧 [Pa]
　　　　P_w：水蒸気分圧 [Pa]

(2) 相対湿度 (ϕ_R [％]) (relative humidity)

　相対湿度はそのときの水蒸気分圧 P_w [Pa] と飽和水蒸気圧 P_{ws} [Pa] との百分率で

$$\phi_R = \frac{P_w}{P_{ws}} \times 100 \tag{12.2}$$

をいう．相対湿度は温度に依存しているので，温度が変われば相対湿度も変わる．人間の体感湿度は相対湿度に比較的近いといわれている．

(3) 露点温度 (t'' [°C]) (dew point)

露点温度は湿り空気を冷却してゆき，水蒸気が凝縮して結露を生じる温度，すなわち飽和水蒸気圧となったときの温度を指す．露点温度は水蒸気分圧に対して一対一の温度を示す．また，圧力一定のもとでは，絶対湿度に対しても一対一の温度を示す．

(4) 湿球温度 (t' [°C]) (wet bulb)

通風式乾湿度計 (アスマン乾湿度計) で，感温部を布で包み，毛細管で水分を吸い上げる状態の温度を指す．断熱飽和温度とも呼ばれ，近似的に後述のエンタルピー一定の変化は湿球温度一定の変化とみなせる．また，湿球温度は温度計で比較的容易に測定できる．

(5) エンタルピー (h [kJ/kg] または [kJ/kg(DA)]) (enthalpy)

エンタルピーとは，ある温度を基準としたときの保有熱量をいい，通常，0°C の乾き空気の熱量を基準とする．単位重量あたり (1 kg) のエンタルピーを厳密には「比エンタルピー」というが，建築設備の分野では比エンタルピーのことを単にエンタルピーと称することが多い．ここでも慣例に従い，単に「エンタルピー」と称する．湿り空気は乾き空気のエンタルピー h_a と水蒸気のエンタルピー h_w の合計で表される．

$$H = h_a + h_w \tag{12.3}$$

$$h_a = 1.005t \tag{12.4}$$

$$h_w = x(2,501.1 + 1.846t) \tag{12.5}$$

ただし，t：温度 [°C]
x：絶対湿度 [kg/kg]　　　　(9 ページの物理値参照)

(6) 比容積 (v [m^3])

比容積 v は，乾き空気 1 kg を含む湿り空気の容積をいう．理想気体とすると，ボイル・シャルルの法則に従う．大気圧では

$$v = 4.555 \times 10^{-3}(x + 0.622)(273.15 + t) \tag{12.6}$$

となる．一方，空気調和設備では標準空気として，20° の乾き空気 (密度 1.2 kg/m^3) を用いる．標準空気の比容積 $v_0 = 0.83$ [m^3/kg] となる．一般の空調設計では，あまり精度を必要としないので，標準空気の風量で近似的に取り扱うことが多い．

12.2　湿り空気線図

空気調和設計において空気調和機内の空気の状態を把握したり，熱量計算を行う場合，式 (12.1)〜(12.6)，あるいは温度と水蒸気圧の関係式 (ゴフ・グラッチ (Goff-Gratch) の式，またはウエクスラー・ハイランド (Wexler-Hyland) の式) を毎回用いるのは煩雑で実用的でない．これら，湿り空気の温度，湿度，エンタルピー，比容積等の関係を 1 枚の平面の座標に表した図が湿り空気線図 (psychrometric chart，略して空気線図ともいう) である．

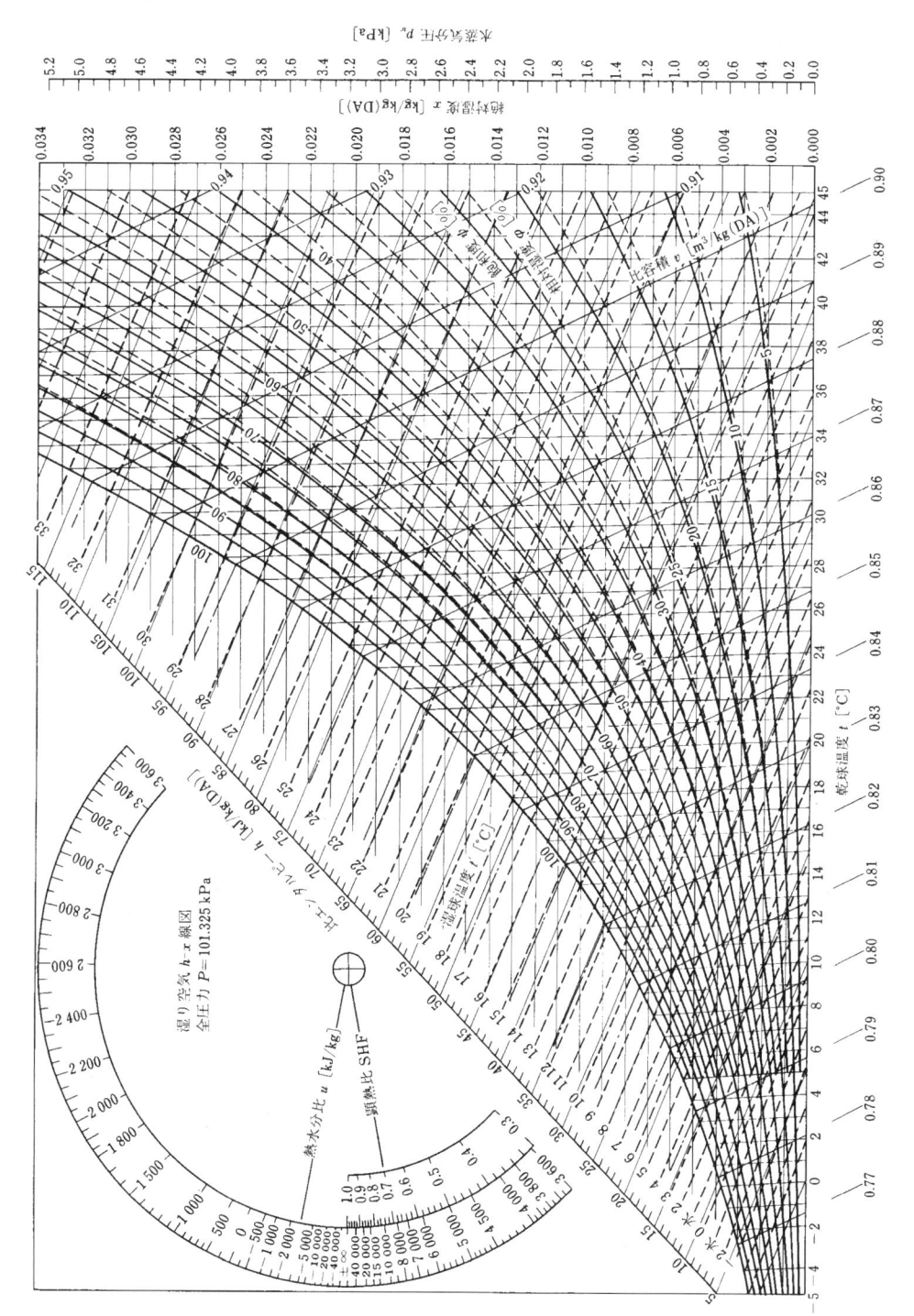

図 12.1 湿り空気線図（引用：空気調和・衛生工学便覧，第 11 版，p.I-110）

表現方法は種々考えられ，エンタルピー h と絶対湿度 x とを斜交軸とした h-x 線図，温度 t と絶対湿度 x を軸とした t-x 線図，温度 t とエンタルピー h を軸とした t-h 線図などがある．ここでは空調設計に便利な h-x 線図を用いる．図 12.1 に h-x 湿り空気線図を示す．なお，h-x 線図はエンタルピーと絶対湿度を最初に定め，他の状態値は h-x 軸を基準にして作成されているため，横軸の温度と縦軸の絶対湿度は直交しておらず，絶対湿度の軸の上部がやや開いている．

(1) 空気の状態

湿り空気線図では温度と相対湿度，温度と湿球温度など 2 つの要素を与えることにより，他のすべての状態値を知ることができる．図 12.2 に示すように，冷房室内設計条件，温度 26°C，相対湿度 50 % より，絶対湿度 0.0105 kg/kg，水蒸気圧 1.68 kPa，露点温度 15.0°C，湿球温度 18.7°C，エンタルピー 53.0 kJ/kg などが読み取れる．同様に図 12.3 に示すように，暖房室内設計条件，温度 22°，相対湿度 50% より，絶対湿度 0.0082 kg/kg，水蒸気圧 1.35 kPa，露点温度 11.0°C，湿球温度 15.6°C，エンタルピー 43.0 kJ/kg などが読み取れる．

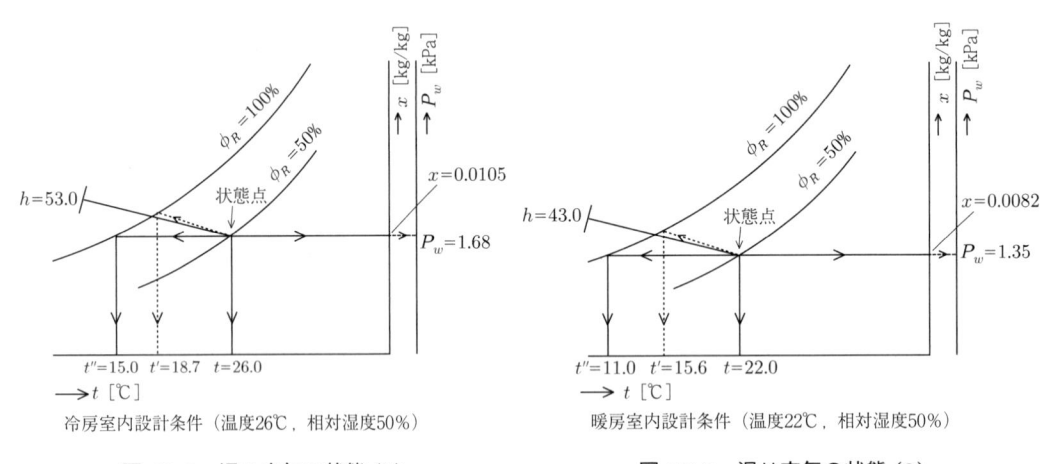

図 12.2 湿り空気の状態 (1)　　　　図 12.3 湿り空気の状態 (2)

(2) 熱水分比と顕熱比

熱水分比 u [kJ/kg] は，エンタルピー変化 (Δh) と絶対湿度 (Δx) の変化との比で，次式で表される．

$$u = \frac{\Delta h}{\Delta x} \tag{12.7}$$

熱水分比は湿り空気線図上では一定の傾きとして表され，図 12.4 に示す基準点 (O) を中心に熱水分比の目盛りが示されている．熱水分比が一定のとき，勾配が一定となるので，状態 1 から 2 への変化はそのときの熱水分比に平行な直線で示される．

一方，顕熱比 (sensible heat factor，略して SHF) は顕熱量変化とエンタルピー変化との比であり，次式で表される．

$$\text{SHF} = \frac{c_p \Delta t}{\Delta h} \tag{12.8}$$

顕熱比一定の変化は，湿り空気線図上ではほぼ一定の傾きの直線で表される．図 12.4 に示す基準点 (O) を中心に顕熱比の目盛りが示されている．顕熱比が与えられた場合，基準点 (O) と顕熱比目盛りを結び，これに平行な直線を状態 3 から 4 へ変化を求めることができる．

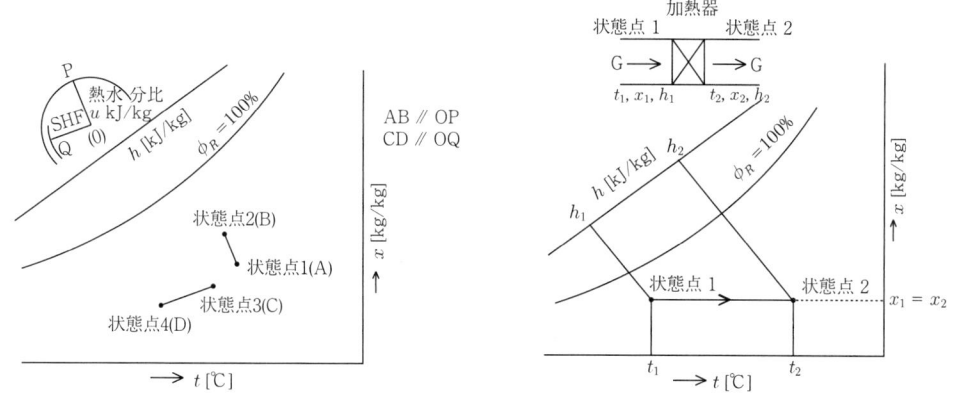

図 12.4　熱水分比と顕熱比

図 12.5　湿り空気線図上の加熱

(3) 加　熱

電気ヒーターや温水コイル等で空気を加熱する場合は，顕熱変化のみで，潜熱変化はない．したがって，図 12.5 に示すように，左から右へ絶対湿度一定の線上の変化として表される．

温度 t_1，絶対湿度 x_1（状態点 1）の空気を温度 t_2，絶対湿度 $x_2 = x_1$（状態 2）まで加熱すると，熱量 q_h [kJ/h] は

$$q_h = G(h_2 - h_1) \tag{12.9}$$

$$q_h = c_p G(t_2 - t_1) \tag{12.10}$$

ただし，G：風量 [kg/h]

c_p：空気の定圧比熱 1.005 [kJ/kg°C]

h_1, h_2：状態点 1, 2 の空気のエンタルピー [kJ/kg]

t_1, t_2：状態点 1, 2 の空気温度 [°C]

風量単位に [m³/h] を用いる場合は，t_1 と t_2 の温度で厳密には風量が異なるが，実務計算では標準状態の物性値 (20°C の空気の比容積 $v_0 = 0.83$ [m³/kg]) を用いることが多い．したがって式 (12.9)，(12.10) は

$$q_h = \frac{V}{v_0}(h_2 - h_1) = 1.20 V(h_2 - h_1) \tag{12.11}$$

$$q_h = \frac{V}{v_0} c_p (t_2 - t_1) = 1.21 V(t_2 - t_1) \tag{12.12}$$

ただし，V：風量 [m³/h]

となる．

■計算例 12.1 ■

温度 22°C，相対湿度 50 % の空気を 35°C に加熱するために必要な熱量 q_h を求めよ．ただし，風量を 1,000 m³/h とする．

解　答

エンタルピー h_1, h_2 を計算式で求める場合

式 (12.3)〜(12.5) より

$$h_1 = 1.005t + x(2501.1 + 1.846t)$$

$$= 1.005 \times 22.0 + 0.0082(2501.1 + 1.846 \times 22.0) = 42.95 \text{ [kJ/kg]}$$

$$h_2 = 1.005 \times 35.0 + 0.0082(2501.1 + 1.846 \times 35.0) = 56.21 \text{ [kJ/kg]}$$

　　（エンタルピー h_1, h_2 を湿り空気線図上で求めてもよい）

式 (12.11) に代入すると

$$q_h = 1.20 \times 1,000(56.21 - 42.95) = 15,912 \text{ [kJ/h]}$$

温度差 t_1, t_2 より求める場合

式 (12.12) より

$$q_h = 1.21V(t_2 - t_1) = 1.21 \times 1,000(35.0 - 22.0) = 15,730 \text{ [kJ/h]}$$

　　（計算式で少し誤差が生じる）

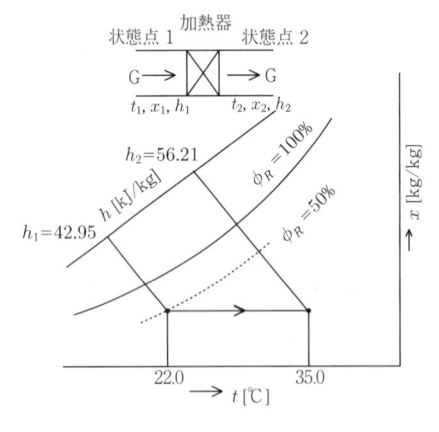

図 12.6　計算例 12.1 の状態変化 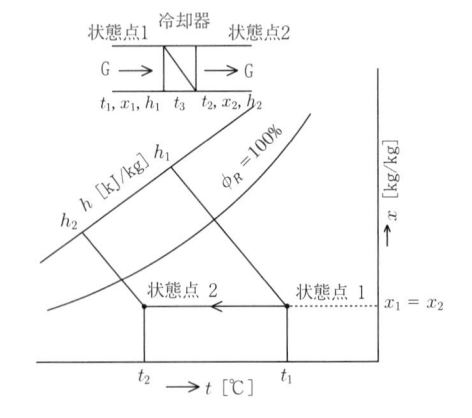　　　　図 12.7　湿り空気線図上の冷却 (顕熱のみ)

(4) 冷　却

冷却コイルで空気を冷却する場合，コイルの表面温度で湿り空気線図上の動きが異なる．いま，コイル表面温度が空気の露点温度より高ければ，空気中の水蒸気はコイル表面で結

露しない．この場合は潜熱の変化がないので，図 12.7 のような絶対湿度一定線上の変化となる．冷却熱量 q_c の計算式は式 (12.11)，(12.12) と同様となり，実用式は

$$q_c = \frac{V}{v_0}(h_1 - h_2) = 1.20V(h_1 - h_2) \tag{12.13}$$

$$q_{CS} = \frac{V}{v_0}c_p(t_1 - t_2) = 1.21V(t_1 - t_2) \tag{12.14}$$

$$q_c = q_{CS} \tag{12.15}$$

となる．

一方，コイル表面温度が空気の露点温度より低い場合は，コイル表面で結露が起こり，結露水 (ドレーン) が生じ，その分空気中の水蒸気量を除湿したことになる．コイルはフィンとチューブより構成されており，チューブ配列を列と称し，空気がコイルを通過する過程で列を通過する毎に除湿量が多くなり，湿り空気線図上での挙動は湾曲した曲線になる．このようなコイルの特性を厳密に計算することが難しいので，コイルを通過した状態をコイル表面に長時間触れた空気 (contact air) と，まったく触れないで素通りした空気 (bypass air) の合成であると考え，前者の割合を CF(contact factor)，後者の割合を BF(bypass factor，バイパスファクタ) と呼ぶ．なお，式は

$$\text{CF} + \text{BF} = 1 \tag{12.16}$$

となる．湿り空気線図上での動きを図 12.8 に示す．

冷却熱量 q_c の計算式は同様に

全熱量 $\quad q_c = \dfrac{V}{v_0}(h_1 - h_2) = 1.20V(h_1 - h_2) \tag{12.17}$

顕熱量 $\quad q_{CS} = \dfrac{V}{v_0}c_p(t_1 - t_2) = 1.21V(t_1 - t_2) \tag{12.18}$

潜熱量 $\quad q_{CL} = \dfrac{V}{v_0}c_v(x_1 - x_2) = 1.20 \times 2{,}538V(x_1 - x_2) = 3{,}046V(x_1 - x_2) \tag{12.19}$

図 12.8　湿り空気線図上の冷却 (顕熱＋潜熱)

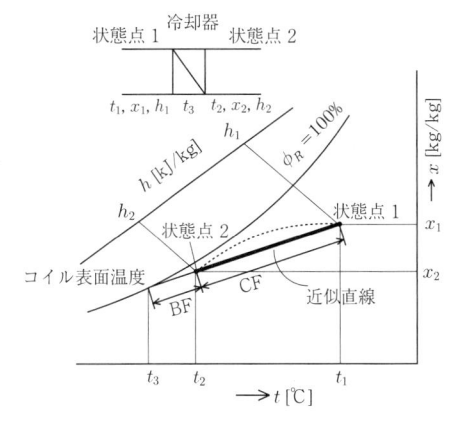

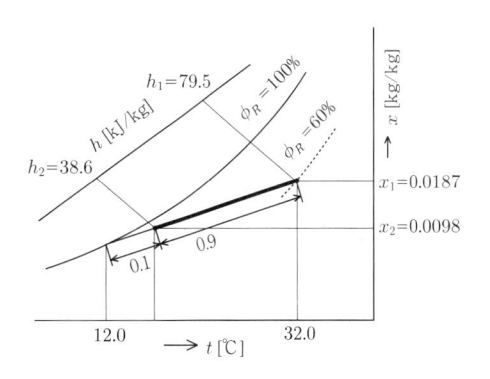

図 12.9　計算例 12.2 の状態変化

除湿量 　　$L = \dfrac{V}{v_0}(x_1 - x_2) = 1.20V(x_1 - x_2)$ 　　　　　　　　　　(12.20)

$$q_c = q_{CS} + q_{CL} \tag{12.21}$$

ただし，c_v：標準空気 (20 [°C]) の蒸発潜熱 2538 [kJ/kg]

$$c_v = 2501.1 + 1.846 \times 20 \fallingdotseq 2538$$

L：除湿量 [kg/h]

■計算例 12.2 ■

> 温度 32°C，相対湿度 60 % の空気を冷却コイルに通して冷却減湿する．コイルの表面温度を 12°C，バイパスファクタ (BF) を 10 % としたとき，除去される熱量 q_c，除湿量 L を求めよ．ただし，風量を 1,000 m³/h とする．
>
> **解　答**
>
> 湿り空気線図上では，状態 1 から露点温度 12°(コイル表面温度) の状態 3 に向かって，直線的に冷却減湿される．バイパスファクタが 10 % であることより，状態点 1, 3 を 10:90 に分ける状態点 2 が，コイル通過後の状態となる．
>
> 湿り空気線図より
>
> 　　$h_1 = 79.5$ [kJ/kg]，　　$h_2 = 38.6$ [kJ/kg]
>
> 式 (12.18) より
>
> 　　$q_c = 1.20V(h_1 - h_2) = 1.20 \times 1,000(79.5 - 38.6) = 49,080$ [kJ/h]
>
> 湿り空気線図より
>
> 　　$x_1 = 0.0187$ [kg/kg]，　　$x_2 = 0.0098$ [kg/kg]
>
> 式 (12.21) より
>
> 　　$L = 1.20V(x_1 - x_2) = 1.20 \times 1,000(0.0187 - 0.0098) = 10.68$ [kg/h]

(5) 加　湿

　加湿には水，温水，蒸気加湿がある．水，温水などで空気温度と同等の温度の場合は熱のやり取りのない断熱状態となり，図 12.10 のように湿球温度一定 (断熱飽和温度) の線上を変化し，温度は低下して絶対湿度は上昇する．一般に湿り空気線図上では熱水分比一定が状態線になり，熱水分比の値は加湿に用いる温水あるいは蒸気のエンタルピーに等しい．

図 12.10 湿り空気線図上の加湿

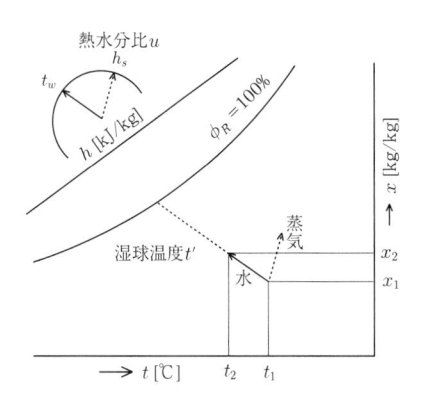

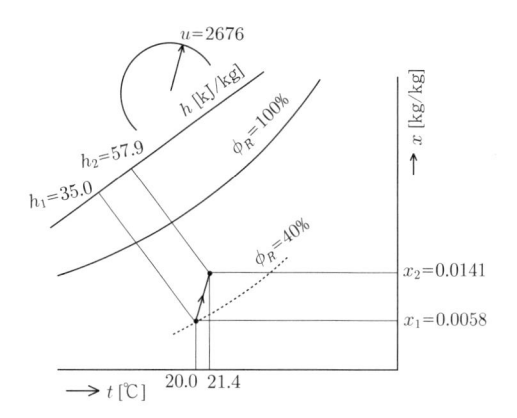

図 12.11 計算例 12.3 の状態変化

■計算例 12.3■

温度 20°C，相対湿度 40 %の空気に蒸気 10 kg/h(100°C) を噴霧した時の空調機の出口空気の温度，絶対湿度，エンタルピーを求めよ．ただし，風量を 1,000 m³/h，蒸気のエンタルピーを 2,676 kJ/kg とする．

解　答
湿り空気線図より，温度 20°C，相対湿度 40 %の絶対湿度 $x_1 = 0.0058$ kg/kg
加湿量 10 kg/h，風量 1,000 m³/h より，エンタルピー $h_1 = 35.0$ kJ/kg
絶対湿度の増加分は

$$\Delta x = \frac{10}{1.20 \times 1,000} = 0.0083 \text{ [kg/kg]}$$

出口の絶対湿度

$$x_2 = x_1 + \Delta x = 0.0058 + 0.0083 = 0.0141 \text{ [kg/kg]}$$

熱水分比 $u = 2,676$ kJ/kg に平行な状態点 1 を通る直線を引き，$x_2 = 0.0141$ kg/kg と交叉する点が状態 2 となる．状態点 2 を湿り空気線図で読み取ると

$$t_2 = 21.4 \text{ [°C]}, \qquad h_2 = 57.9 \text{ [kJ/kg]}$$

となる．

(6) 混　合

温度 t_1，風量 G_1，エンタルピー h_1 の空気と温度 t_2，風量 G_2，エンタルピー h_2 を混合する場合，混合後の空気の温度 t_3，風量 G_3，エンタルピー h_3 は

$$q_1 = c_p \cdot G_1 (t_3 - t_1) \tag{12.22}$$

$$q_2 = c_p \cdot G_2 (t_2 - t_3) \tag{12.23}$$

$q_1 = q_2$ より

$$G_3 = G_1 + G_2 \tag{12.24}$$

$\dfrac{G_1}{G_3} = k$ とすると $\dfrac{G_2}{G_3} = 1 - k$ となる.

$$t_3 = \frac{G_1}{G_3}t_1 + \frac{G_2}{G_3}t_2 = kt_1 + (1-k)t_2 \tag{12.25}$$

同様に

$$h_3 = \frac{G_1}{G_3}h_1 + \frac{G_2}{G_3}h_2 = kh_1 + (1-k)h_2 \tag{12.26}$$

$$x_3 = \frac{G_1}{G_3}x_1 + \frac{G_2}{G_3}x_2 = kx_1 + (1-k)x_2 \tag{12.27}$$

となる. 湿り空気線図上では, 混合した空気の状態点は図 12.12 に示すように 2 つの空気の状態点を結んだ直線上にあり, その風量比の逆内分する点で示される.

図 12.12 湿り空気線図上の混合

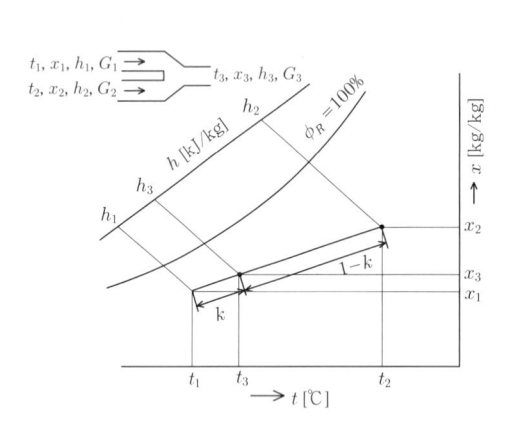

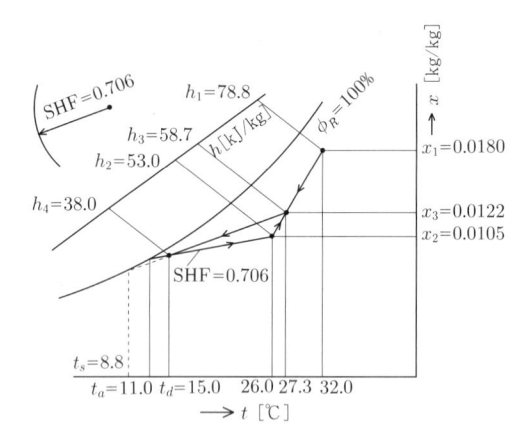

図 12.13 計算例 12.4 の状態変化

■計算例 12.4■

外気条件が外気温 32°C, 絶対湿度 0.0180 kg/kg, 室内条件が室温 26°C, 相対湿度 50%, 冷房負荷が顕熱 12,000 kJ/h, 潜熱 5,000 kJ/h のとき, 以下の設問に答えよ. ただし, 外気取り入れ量 200 m^3/h, 吹き出し温度を 15°C とする.

(1) 顕熱比 (SHF)
(2) 吹き出し風量 V [m^3/h]
(3) 混合点の状態 (t_3, x_3, h_3)
(4) 冷却コイルの能力 q_c [kJ/h]
(5) コイルのバイパスファクタ (BF)

解　答

(1) $\quad \text{SHF} = \dfrac{12,000}{1,2000 + 5,000} = 0.706$

(2) $q_{cs} = 1.21V(t_2 - t_d)$ より

$$V = \frac{q_{cs}}{1.21(t_2 - t_d)} = \frac{12{,}000}{1.21(26 - 15)} = 902 \ [\mathrm{m^3/h}]$$

(3) 混合点の状態

外気取り入れ量 200 m³/h, 室内吹き出し空気量 902 m³/h なので還気量は, その差 902 − 200 = 702 m³/h, 混合点の状態 (t_3, x_3, h_3) は外気状態点 (32.0°C, 0.0180 kg/kg, 78.8 kJ/kg) と室内状態点 (26.0°C, 0.0105 kg/kg, 53.0 kJ/kg) を直線で結んで, 風量比の逆内分点となる.

$$t_3 = 26 + (32.0 - 26.0) \times \frac{200}{902} = 27.3 \ [°\mathrm{C}]$$

$$x_3 = 0.0105 + (0.0180 - 0.0105) \times \frac{200}{902} = 0.0122 \ [\mathrm{kg/kg}]$$

$$h_3 = 53.0 + (78.8 - 53.0) \times \frac{200}{902} = 58.7 \ [\mathrm{kJ/kg}]$$

(4) 冷却コイルの能力

吹き出し空気のエンタルピーは室内条件, SHF, 吹き出し温度より

$$h_d = 38.0 \ [\mathrm{kJ/kg}]$$

式 (12.17) より

$$q_c = 1.20V(h_3 - h_d) = 1.20 \times 902(58.7 - 38.0) = 22{,}406 \ [\mathrm{kJ/h}]$$

(5) コイルのバイパスファクタ

SHF 線上の t_d と混合空気の交点を延長した飽和空気線との交点がコイル表面温度 t_s 湿り空気線図より $t_s = 8.8 \ [°\mathrm{C}]$

$$BF = \frac{t_d - t_s}{t_3 - t_s} = \frac{15.0 - 8.8}{27.3 - 8.8} = 0.335$$

演習問題 12

(1) 学籍番号下 4 桁を KLMN とし, 温度 $t = (20 + L + M)°\mathrm{C}$, 相対湿度 $\phi = (50 + N)$ %のとき, 湿り空気線図より, 絶対湿度 x, エンタルピー h, 露点温度 t'', 湿球温度 t' を求めよ.

(2) 学籍番号下 4 桁を KLMN とするとき, 20°C の空気を $(30 + N)$°C まで加熱したときの熱量 q_h を求めよ. ただし, 風量は 200 m³/h とする.

(3) 温度 $t_1 = 20$°C, 絶対湿度 $x_1 = 0.0040$ kg/kg の空気 500 m³/h に水加湿をして, $x_2 = 0.0070$ kg/kg とするための加湿器出口温度 t_2 と加湿量を求めよ.

(4) 学籍番号下 4 桁を KLMN とするとき, 温度 $t_1 = 26$°C, 相対湿度 $\phi_1 = 50$ %の空気 500 m³/h と温度 $t_2 = \{32+(K+L+M+N)\times 0.1\}$°C, 相対湿度 $\phi_2 = \{40+(K+L+M+N)\}$

%の空気 200 m³/h を混合した場合の空気の状態 (t_3, x_3, h_3) を求めよ.

(5) 学籍番号下 4 桁を KLMN とするとき,外気条件を $t_1 = (30+\text{N})°\text{C}$, $\phi_1 = (50+\text{M})$ %, 室内条件を $t_2 = 26°\text{C}$, $\phi_2 = 50$ %, 外気取り入れ量 2,000 m³/h, 冷房顕熱負荷 $q_{CS} = 150,000$ kJ/h, 冷房潜熱負荷 $q_{CL} = 60,000$ kJ/h, 吹き出し温度 $t_d = (14+0.2\times\text{M})°\text{C}$ としたとき,次の問いに答えよ.

   1) 顕熱比 (SHF)
   2) 吹き出し風量 V [m³/h]
   3) 混合点の状態 (t_3, x_3, h_3)
   4) 冷却コイルの能力 q_C [kJ/h]
   5) コイルのバイパスファクタ (BF)

(6) 学籍番号下 4 桁を KLMN とするとき,外気条件を $t_1 = \text{N}°\text{C}$, $\phi_1 = (30+\text{M})$ %, 室内条件を $t_2 = 22°\text{C}$, $\phi_2 = 50$ %, 外気取り入れ量 2,000 m³/h, 暖房顕熱負荷 $q_{hS} = 100,000$ kJ/h, 暖房潜熱負荷 $q_{hL} = 30,000$ kJ/h, 吹き出し温度 $t_d = (30+\text{L})°\text{C}$, 温水加湿温度 $t_h = (45+\text{M}+\text{N})°\text{C}$ (熱水分比 $u = 4.2 \times t_h$ [kJ/kg]) としたとき,次の問いに答えよ.

   1) 吹き出し風量 V [m³/h]
   2) 混合点の状態 (t_3, x_3, h_3)
   3) 温水加湿の熱水分比 u [kJ/kg]
   4) 顕熱比 (SHF)
   5) 加湿器出口状態 (t_5, x_5, h_5)

第13章
空気調和機

13.1 空気調和機の概要

空気調和機 (air conditioner，略して空調機ともいう) とは室内に要求する温度，湿度，空気清浄度を満足する空気を製造する機器のことをいう．人体に快適な室内の温湿度や気流速度を適当な範囲に保つ役目，美術館，博物館の貴重な美術品，文化財等の保存のため一定温湿度に保つ役目，病院の手術室や半導体回路の生産等のためのクリーンルームの清浄度を高く保つ役目など現代社会に不可欠な機器である．

13.2 空気調和機 (空調機)

空気調和機は機械室に設けダクトで各室に送風する中央式と，各室ごとに設ける個別式に大別することができる．第9章の空気調和方式の分類を用いると，分類のうちビル用マルチエアコン，パッケージエアコンおよびルームエアコンは空調機と圧縮機 (コンプレッサー) が一体となっており，冷媒 (フロンガス) を直接コイル (direct expansion coil 直膨コイル) に封入している．それら以外は熱源機器を別に設置し冷水や蒸気，温水などの熱媒を空調機内のコイルを介して空気を冷やしたり，除湿したり，暖めたりする．空調機内のコイルの種類を表 13.1 に示す．また，コイルは熱交換器の一種であり，冷媒を通すコイルは図 13.1 の形状をしており，冷温水を通すコイルは図 13.2 の形状をしている．

表 13.1 空気調和機内コイルの種類

熱源機器	熱媒	空調機内コイル
冷凍機 大型ヒートポンプ (冷房サイクル)	冷水	冷水コイル
蒸気ボイラ	蒸気	蒸気コイル
温水ボイラ 大型ヒートポンプ (暖房サイクル)	温水	温水コイル
ビル用マルチエアコン パッケージエアコン ルームエアコン (冷暖房サイクル)	冷媒 (フロンガス)	冷媒コイル (直膨コイル)

図 13.1　直膨コイル

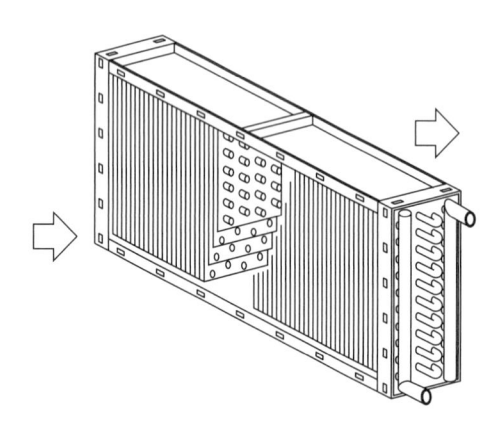

図 13.2　プレートフィン型冷温水コイル

13.3　中央式空気調和機 (中央式空調機)

　一般の中央式空調機は下記の機器によって構成されている．最近ではエアハンドリングユニット (air handling unit, 略してエアハンともいう) と称する工場組立型 (プレファブ型) が一般的である．

(1) エアフィルター
(2) 冷却コイル (冷水コイル)
(3) 加熱コイル (温水コイルまたは蒸気コイル)
(4) 加湿器
(5) 送風機
(6) 自動制御機器

　この他に風量調節ダンパ，空気予熱器 (予冷器)，エアワッシャ (air washer) などが用いられることがある．後出の図 13.6 に一般的中央式空調機を示す．

(1) エアフィルター (air filter)

表 13.2 エアフィルターの捕集性能別分類表

性能別分類	形式	用途	対象粒子径 [μm]	捕集効率 [%] 質量法	比色法	計数法	圧力損失
粗じん用	ろ材交換形（パネル形）	外気処理・粉じんろ過用	5<	～85			30～200Pa
	ロール自動巻取形	外気処理・ビル空調用		～85			
	自動ろ材再生形	外気処理・粉じんろ過用		～80			
	ろ布長袋形（バグフィルター）	粉じん捕集用	0.1～3<	20～90			3000Pa<
中性能	ろ材折込形	中間フィルター	1<		60～95		30～400Pa
	吹流し形（袋形）	中間フィルター・ビル空調用	1>		30～95		90～250Pa
高性能	ろ材折込形 HEPAフィルター	クリーンルーム・原子力 クリーンベンチ・無菌室	0.3<			99.97	254～500Pa
	静電式フィルター（エレクトレット）	HEPAフィルターに同じ	0.3<			99.97<	280～350Pa
超高性能	ろ材折込形 ULPAフィルター	クリーンルーム クリーンベンチ・無菌室	0.1<			99.999<	254～500Pa
	薄膜フィルター	試料採取用・液体ろ過用	0.005<			気体99.999999<	—

引用 上島雀也：エアロゾル学会誌「エアロゾル研究」, Vol.4, No.4, pp.23-24

外気およびリターンエア(還気)に含まれているじんあい(塵埃)を除去するもので，表13.2のように分類される．一般に用いられるのは乾式エアフィルターで，ガラス繊維，合成繊維不織布などをろ材として用いる．ろ材を袋形，折り込み形，ユニット形フィルターに工夫すれば1 μm以上のじんあいを90 %以上捕集できるが，フィルター面の穴がつまると空気抵抗が大きくなるので，短期間で取り換えなければならない．一般空調用ではじんあいの捕集率はやや低くなるが，乾式巻取形フィルターを用いる．図13.3のようにロール状にしたろ材をモーターで少しずつ巻き取り長時間使用できるようにしてある．巻き取りはタイマーで作動するものと，じんあいでフィルター面がつまると空気抵抗が大きくなるのを感知(フィルター前後の差圧を感知)して作動するものとがある．

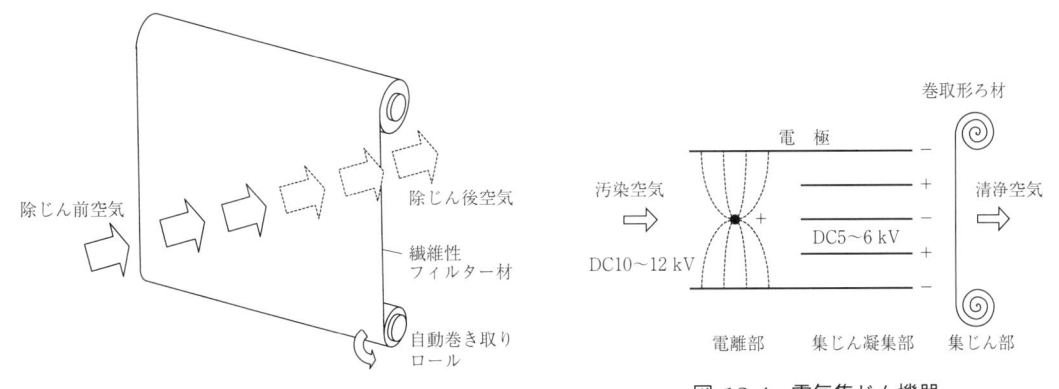

図 13.3 ロール式エアフィルターの原理

図 13.4 電気集じん機器

フィルターの役割を果たすものとして，電気集じん器 (electric precipitator) がある．原理は，じんあいに電圧をかけ，荷電させ極板に付着させるものである．代表的なものは二段荷電式を用いており，図13.4に示すように第一段の電極部で10～12 kVの直流電圧を加え，放電させ電場内を通過するじんあいをプラスに荷電する．第二段目は集じん部で，交互に極板に5～6 kVの直流電流をかけ，プラスに荷電されたじんあいをマイナスの極板

に付着させる．付着したじんあい粒子が凝集して大きな粒子になって飛散するのを下流のろ材で捕集する方法である．電気集じん器は 1 μm 以下の微粒子の除去に適している．

クリーンルームでは高性能フィルター (high efficiency particulate air filter，略してHEPA フィルター) を用いる．中性能フィルターと高性能フィルターを組み合わせて用い，中性能フィルターを前処理フィルターとして用いる．清浄度は 1 m^3 中 0.5 μm の粒子が屋外の数 10 万個に対し，数 10 個～数 100 個程度である．半導体を中心とする電子工業製品の製造，製薬，手術室の空調はこの高性能フィルターがないと成立しない．

(2) 冷温水コイル

冷水コイル，温水コイルの形状は同一で，両方設置する場合もあるが，冷房のみ暖房のみの場合は共用して使うので冷温水コイルと称している．なお，中央式空気調和機では直膨コイルを用いるのはまれで，制御の容易な冷温水コイルを用いる．冷温水コイルは図 13.2 のような形状をしており，アルミ製のプレート (板状) フィンと銅製のチューブ (管) から成り立っている．フィンはチューブ内を流れる流体の熱伝導を良くし，周囲の空気に熱を伝えやすくする役目をしている．チューブ列の数が列数になり，例えば 4 列，6 列，8 列などとなる．冷水コイルの場合，チューブ内を 5～7°C の冷水が通り，チューブとフィンが冷やされ，それに伴い周囲の空気を冷却する．空気がコイルの 1 列目，2 列目と通過するに従い空気の温度が下がる．空気の温度が露点温度以下になるとフィンとチューブの表面に結露が生じ，コイルの下部へ結露水 (ドレーン) が滴下する．この現象が空気の除湿を行っていることになる．空調機の下部で受けたドレーンは外へ排水 (間接排水) すればよい．このように一般の空調システムで除湿するとは冷水コイルを用いて結露水を作ることをいう．暖房時は 40～80°C の温水が流されるが，加熱機能だけで，加湿機能はない．

(3) 蒸気コイル

蒸気コイルの原理は温水コイルと同様であり，チューブ内の熱媒の熱を周囲の空気に伝えることにある．温水コイルと異なるのは熱媒が温水から蒸気に変わったことである．それに伴い，蒸気コイルに 100°C の蒸気として入り，放熱し，周囲の空気を暖める役目をして，凝縮水になり蒸気コイルより出ていくことになる．蒸気コイルの形状は冷温水コイルとやや異なり，フィンの間隔 (フィンピッチ) が粗い．蒸気コイルは周囲の空気を暖める加熱機能のみで，加湿機能はない．

(4) 加 湿 器

冬期暖房時，空気温度のみ上げても湿度が伴わないと快適な空間にはならない．加湿器が必要になる．加湿材料として水，温水，蒸気が用いられる．温水，蒸気は温水 (蒸気) コイルに用いるため，空調機内部まで配管されているので利用しやすい．加湿方法は水 (温水) を容器 (加湿パン) にためておくだけのパン加湿法，蒸気を噴霧する蒸気噴霧法，水 (温水) を超音波で加湿する超音波加湿法などがある．いずれも制御はヒューミディスタット (humidistat，湿度調節器) と連動して行う．

13.3 中央式空気調和機 (中央式空調機)

(5) 送風機

フィルターで除じんし，コイルと加湿器で設定温湿度に制御した空気は送風機 (fan) によりダクトを通して室内へ送られる．このように空気を搬送する機器のことを送風機という．送風機の駆動は電動機 (モーター) が用いられ，電動機の回転は直結または V ベルトを介して送風機に伝達される．送風機の形状は図 13.5 に示すように多翼送風機 (シロッコファンともいう) を用いる．多翼送風機の原理は横側から空気を吸い込み，遠心力で送風する方法で，静圧が大きいので比較的大風量を遠くへ搬送する能力を持っている．

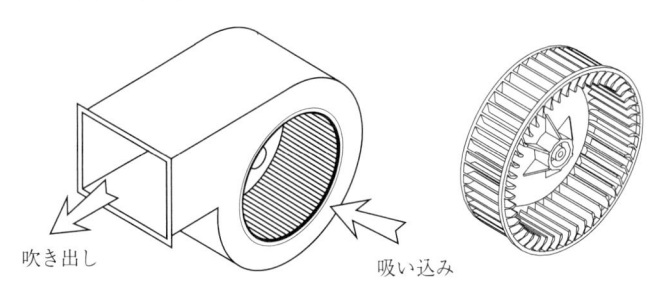

図 13.5　多翼送風機

(6) 自動制御装置

空調機の主な制御項目は温度，湿度，風量である．図 13.6 に示すように温度を制御するセンサー (sensor) はサーモスタット (thermostat，温度調節器) で，その温度を感知して冷水コイルおよび温水 (蒸気) コイル内を流れる流量を制御する．湿度を制御するセンサーはヒューミディスタットで，その湿度を感知して除湿の場合は冷却コイルの流量を制御し，加湿の場合は加湿器の加湿量を制御する．風量の制御は定風量方式 (constant air volume system) と変風量方式 (variable air volume system) に分かれるが，定風量方式の場合，竣

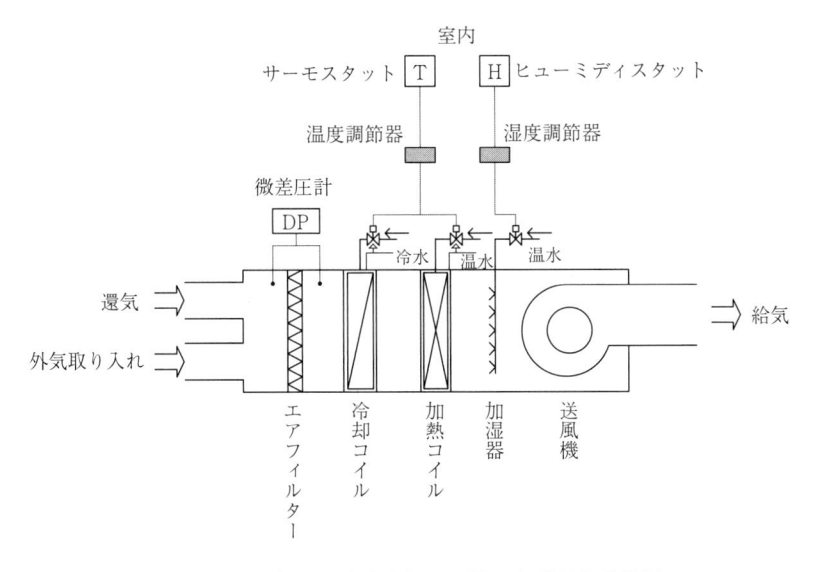

図 13.6　一般的中央式空気調和機と自動制御計装例

工時，設計風量になるように風量調節ダンパの開度を調節し固定させる．変風量方式 (図 9.3 参照) の場合は風量を制御するセンサーは差圧検出器で，その差圧を感知して送風機のモーターの回転数を制御または風量調節ダンパの開度を制御して風量を目標値に到達させる．なお，温湿度制御でやや複雑なのは，梅雨時などで温度が低く湿度が高い空気が空調機に流入した場合で，一旦，冷水コイルで冷やして除湿し温度，湿度を下げて，再び温度のみ上げるために温水 (蒸気) コイルを通し，設定温湿度にする．

13.4 個別式空気調和機 (個別式空調機)

個別式空調機は圧縮機を内蔵しているビル用マルチエアコン，パッケージエアコンおよびルームエアコンは一般に小規模な一室または一区画の単独の冷暖房に用いられる．熱源を有しないファンコイルユニット，インダクションユニットは大規模建築で中央式空調機と併用して用いられることが多い．ここではファンコイルユニットとインダクションユニットを記述する．

(1) ファンコイルユニット (fan coil unit)

ファン (送風機)，コイル (冷，温水コイル) およびフィルターにより成り立っている小型空調機で，図 13.7 のような形をしている．設置位置は床置形，天井吊り形，天井埋込形などがある．日本のオフィスビルのペリメータゾーンに最も採用されている機器で，その他住宅，ホテルの客室などに使用される．通常のファンコイルユニットは外気の取り入れおよび加湿ができないので中央式空調機との併用が望ましい．機器の詳細として送風機は一般に小型多翼送風機が電動機に直結して用いられ，単相 100 V で 3 段階程度に風量が調節できる．エアフィルターは乾式のラフフィルター (低性能) で，定期的に取りはずし洗浄して再使用する．

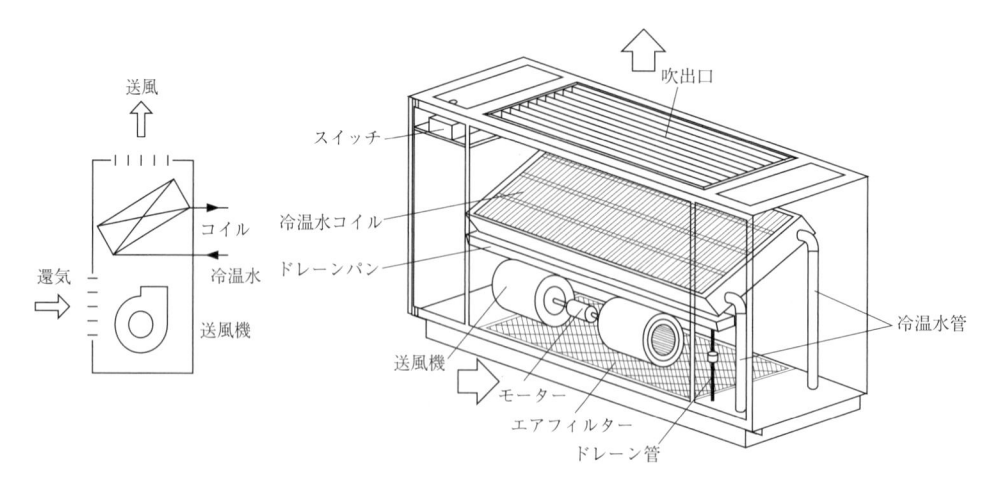

図 13.7 ファンコイルユニット

(2) インダクションユニット (induction unit, 誘引ユニット)

インダクションとは誘引するという意味である．専用の中央空調機により高速の一次空気 (primary air) を製造し，高速ダクト (空気抵抗を少なくするため丸ダクトが多い) で，インダクションユニットへ送り込む．インダクションユニット内では小径の多数のノズルから高速で空気を吹き出し，周囲の空気を誘引する．誘引された空気を二次空気 (secondary air) という．二次空気量は一次空気量の3倍程度であり，ファンは不要である．図13.8に示す形をしており，オフィスビル，ホテルの客室のペリメータゾーンに用いられる．日本では比較的少ないが，アメリカではよく用いられる．

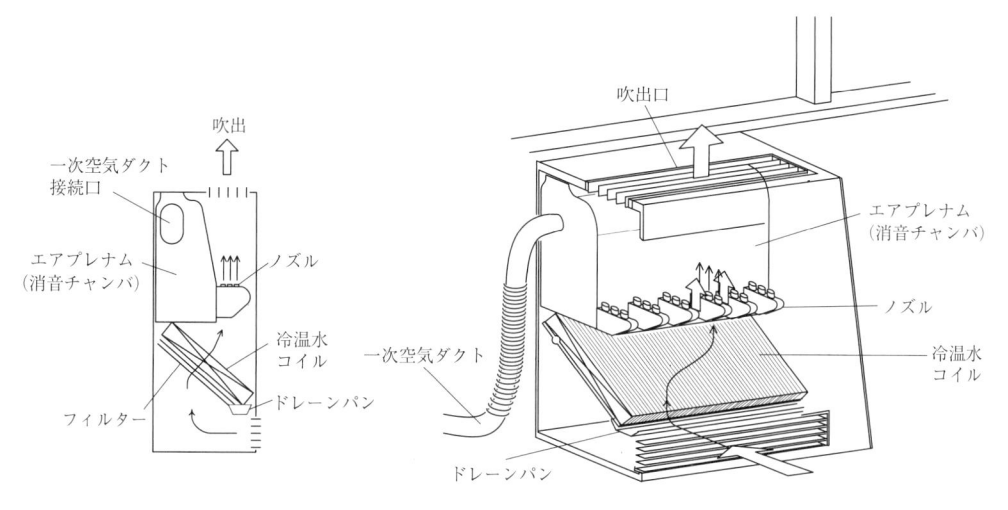

図 13.8 インダクションユニット

インダクションユニットは一次空気で，外気取り入れ，除じん，加湿等が行われているので，本格的小形空調機といえる．室内の温湿度制御はノンチェンジオーバー方式 (non changeover system) では，図13.9のように一次空気は外気温度が下がるに従い高温にし，コイルは一年中一定温度の冷水を通す．室内の温 (湿) 度要求条件に従い，コイルの流量を制御し，設定条件を満足させる．

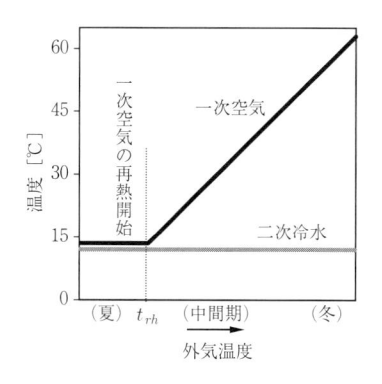

図 13.9 ノンチェンジオーバ方式

演習問題 13

(1) 1コイルによる冷房，暖房いずれかの場合の空気調和機の図を描け．

(2) 温度が低く，湿度が高い梅雨時の冷却コイル，加熱コイルの運転概念図を湿り空気線図に描け．

(3) HEPA フィルターを用いる分野を述べよ．

(4) 多翼送風機と扇風機の比較 (風量，静圧等) を述べよ．

(5) コイルの列数と除湿の概念を湿り空気線図に描け．

第14章

ヒートポンプ冷暖房

我々の生活で夏期には冷房が欠かせないものとなっている．また，冷蔵庫なしでは食生活は成り立たないし，冷凍技術が無ければ新鮮な魚介類を食べることはできない．これら冷房，冷蔵，冷凍，製氷のしくみがヒートポンプの原理である．ヒートポンプの原理は人類の英知であり，自然界にはこの原理が存在せず，わずかに放射冷却または蒸発により熱を奪う方法があるのみである．

実際の機器，冷媒は第15章 冷熱源機器を参照すること．

14.1 ヒートポンプの原理

自然現象として，図14.1のように「水」は高い位置から低い位置へ流れる．また「熱」も高温から低温へ流れる．図14.2のように「水」を低い位置から高い位置へ上げるのにポンプを使って揚水する．「熱」の場合は低温から高温へ熱を移すのがヒートポンプ (heat pump) の原理である．ここでは身近な例として冷房の原理と暖房の原理を説明する．

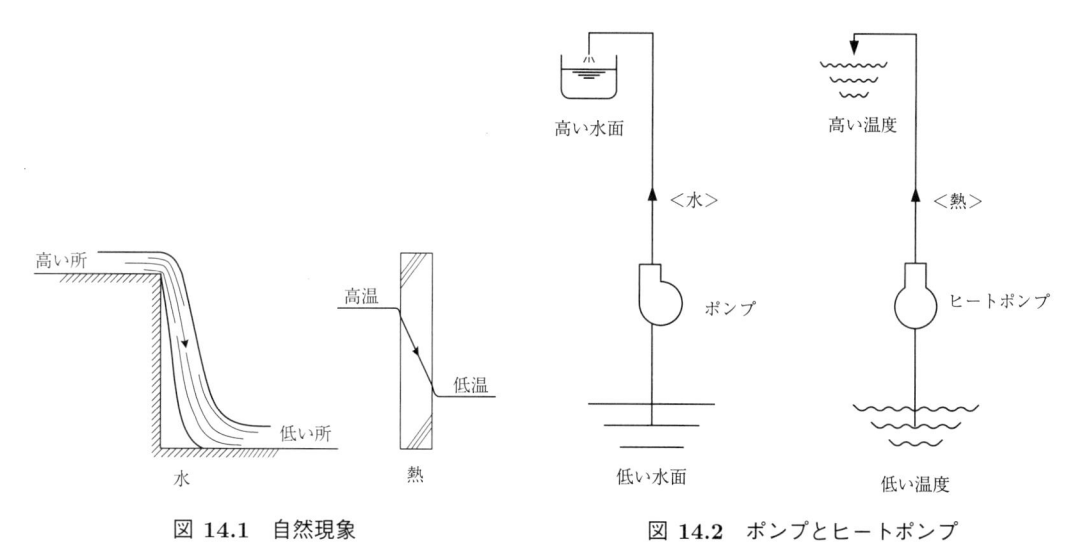

図 14.1　自然現象　　　　図 14.2　ポンプとヒートポンプ

(1) 冷房の原理

冷房の想定として，室内 26°C，室外 32°C とすると低温の室内の空気より熱を奪って高温の室外空気へ熱を放熱する．熱の移動には図14.3に示すように冷媒 (フロンガス等) を

用い，冷媒の圧力を制御することにより気体から液体へ，液体から気体へと相変化を利用する．

冷媒は密閉されているので外部に漏れることは無い．このとき使用するエネルギーはモーターを回転し圧縮機を駆動するために使われる．

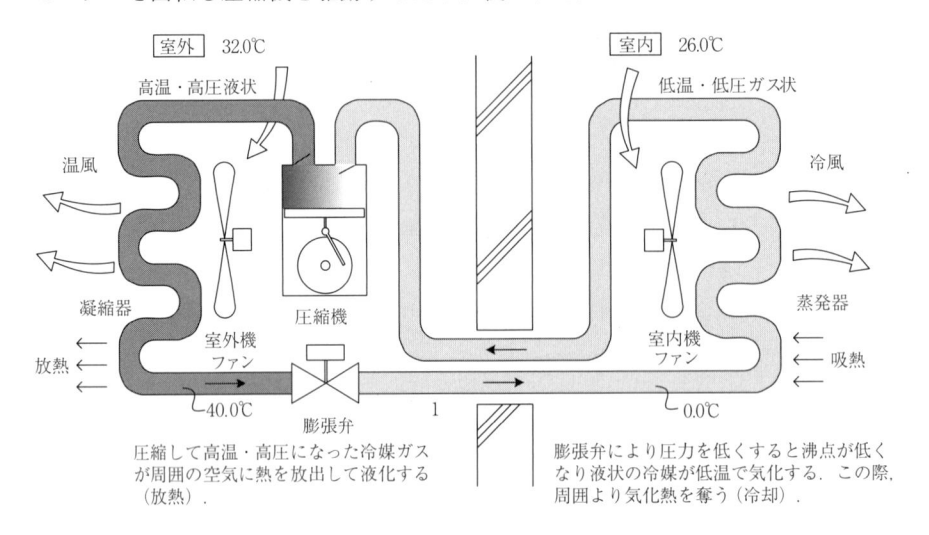

図 14.3 冷房のしくみ

(2) ヒートポンプ暖房の原理

ここでは，燃焼熱を利用した暖房とは異なる暖房方式のヒートポンプ暖房について記述する．ヒートポンプ暖房とは，例えば室外5°C，室内22°Cのとき，室外より熱をくみ上げ(奪い)，室内へ放熱する方法である．この場合，図14.3の冷媒の流れを逆流させ，図14.4のような冷媒の流れにすると室外の低温より室内の高温へ熱を移動させることになる．ヒートポンプ暖房も，冷房と同一のヒートポンプの原理に従っている．ヒートポンプ

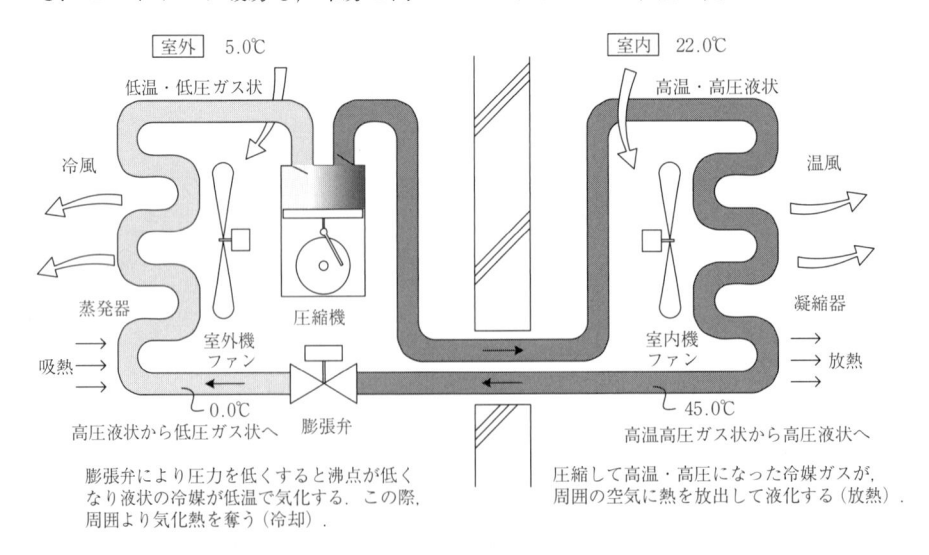

図 14.4 ヒートポンプ暖房のしくみ

暖房のメリットは簡易な冷媒弁の切り替えによる冷房からの変更，および使用した電気エネルギーの 3〜5 倍程度の熱量能力が出ることである．

現実のヒートポンプの原理による冷暖房機は，エアコン，暖房兼用エアコン，オールシーズンエアコン等種々の呼び方で呼ばれ，広く普及している．

14.2 ヒートポンプの構成

ヒートポンプは四つの要素に分類される．

① 圧縮機 (compressor)

圧縮機を回転させ冷媒を吸引圧縮し蒸発器から凝縮器へ移動させる．一般に回転を与えるのに電動モーターが用いられる．圧縮機は種々の種類 (15.2 (2) 参照) があり，用途に応じて用いられている．

② 凝縮器 (condenser)

圧縮された冷媒は高圧，高温の液状になり，周囲へ熱を放出する．この放熱量は蒸発器より奪った熱量と圧縮機で用いられたエネルギーの一部である．

③ 膨張弁 (expansion valve)

冷媒を通りにくくすることで，断熱膨張となり，冷媒が液状からガス状になる．その時，ガスを圧縮封入したスプレーを吹くと冷たくなる現象と同様の，ジュール・トムソン効果 (Joule–Thomson effect) により冷媒ガスは冷たくなる．

④ 蒸発器 (evaporator)

冷媒は低温のガス状になり，周囲から熱を奪う．

14.3 成績係数

冷暖房の能力は通常使用したエネルギーが大きければ大きい程，能力は出る．しかし，性能を比較する場合，入力エネルギーに対する出力エネルギーの比をとるのが最も良い方法といえる．ヒートポンプの性能比較をする指標として，成績係数 (coefficient of performance 略して C.O.P. シーオーピー) を定義する．なお，JIS ではエネルギー消費効率という．

$$成績係数 (\text{C.O.P.}) = \frac{出力エネルギー (熱量換算)}{入力エネルギー (熱量換算)} \tag{14.1}$$

冷房能力の熱量単位は J，kJ，W，Wh，kW，kWh 等で表示するので，分母，分子同一単位になり，成績係数は無次元である．例えば，クーラーの電力使用量が 1 kWh で，出力が 2 kWh であれば C.O.P. = 2.0 となる．電気ヒーターで暖房した場合，1 kWh の使用電力量に対して発熱量は 1 kWh なので，C.O.P. = 1.0 である．C.O.P. の値の範囲は通常の冷暖房で 3〜5 程度，特に性能の出ない冷暖房でない限り，C.O.P.= 1 を割ることはない．逆に非常に性能が出ても，C.O.P. = 7 を超えることは稀である．実際の C.O.P. の測定は入力熱の使用電力は電力計で精度良く計測できるが，出力熱の冷暖房能力は空気廻りの計測 (吹き出し温湿度，吸い込み温湿度，吸い込み風量)，水廻り計測 (出入口温度差，流量) ま

たは冷媒廻り計測 (冷媒温度，圧力，冷媒流量) で行うが，やや困難である．

14.4 ヒートポンプの用途

　ヒートポンプの原理を応用すると種々の用途が考えられる．ここでは冷暖房，給湯関係について述べる．

(1) 冷房 (空気)

(2) 暖房 (空気)

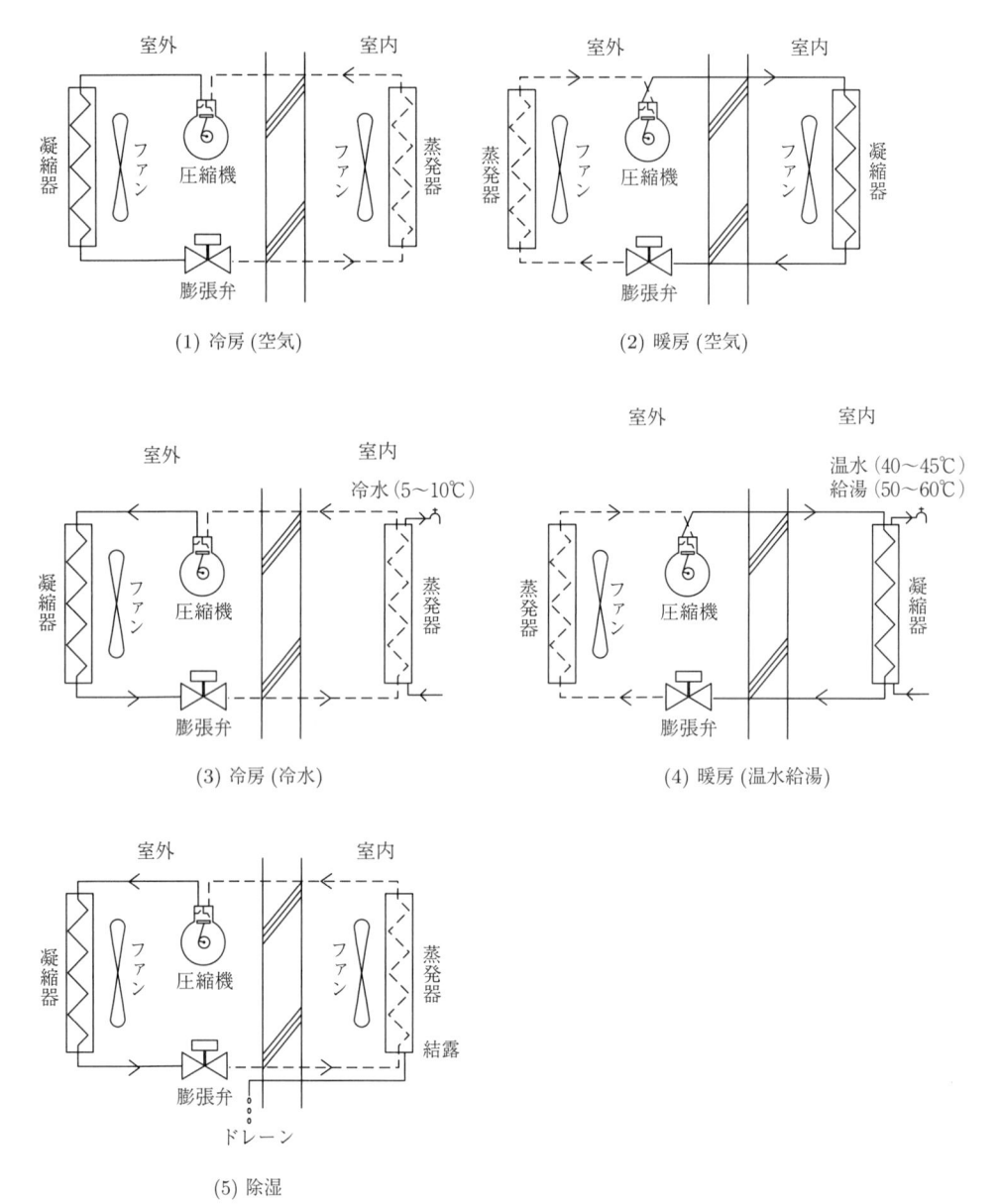

(3) 冷房 (冷水)

(4) 暖房 (温水給湯)

(5) 除湿

図 14.5　ヒートポンプの用途

① 冷房 (空気を冷やす) 図 14.5 (1)

　冷房のために空気を冷やす．(通常除湿も伴う)

② 暖房 (空気を暖める) 図 14.5 (2)

　暖房のために空気を暖める．

③ 冷房 (水を冷やす) 図 14.5 (3)

　冷房のために水を冷やす

④ 暖房，給湯 (水を暖める) 図 14.5 (4)

　暖房のために水を暖める．

　給湯のために水を高温に暖める．

⑤ 除湿機 図 14.5 (5)

　コイル表面に結露させ，空気中の湿気を除去する．(通常冷房も伴う)

などがある．

14.5　ヒートポンプの熱源

　ヒートポンプを用いて熱を採取したり，捨てたりする元の熱を熱源という．温熱源は採取を目的とし，冷熱源は捨てるのを目的とする．一般的に温熱源は種々存在するが冷熱源は少ない．

　熱源として次のようなものがある．

① 空　気

　最も一般的で，入手が容易であるが，変動が激しく，夏高温，冬低温で必ずしも適した熱源とは言えない．

② 地下水

　一年中ほとんど温度が変化せず，熱源としては望ましいが，地盤沈下の原因ともなり，多量に採取できない．

③ 海　水

　温度が安定しており望ましいが，腐食，海藻・貝類の付着の問題がある．例．東京都葛西臨海水族館

④ 河川水

　温度が比較的安定している．熱源として望ましいが，国土交通省等監督官庁の使用許可が必要なこともある．例．隅田川箱崎地区

⑤ 下　水

　温度が安定しており，熱源としては望ましい．下水道局等監督官庁の使用許可が必要である．例．幕張新都心花見川区

⑥ 工場廃熱，工場排水

　温熱源として優れている．暖房，給湯の需要と一致するとよい．

⑦ 地下鉄廃熱

　温熱源として利用可能であるが，冷熱源としては不十分である．例．札幌市地下鉄

⑧ 太陽熱

温熱源として利用可能である．

演習問題 14

(1) 電気ヒーターによる暖房とヒートポンプによる暖房の C.O.P. の比較および経済性について述べよ．
(2) ヒートポンプ暖房で朝の立ち上がりの時，暖房能力が不足する理由を述べよ．
(3) 氷蓄熱システムの C.O.P. があまり良くないと言われている理由を述べよ．
(4) ヒートポンプ用熱源で最近マスコミを賑わしている事例を述べよ．
(5) 次の熱源によるヒートポンプ冷暖房の概念図を描き説明せよ．
(冷暖房可能か，冷房のみか，暖房のみか，また冷媒ガスと冷媒液，流れを明示せよ)
学籍番号の下 4 桁を KLMN とし，以下の条件とする．
$(L+M+1) \times (N+1)$ の値の下 1 桁と同一番号を選んで答えよ．
下 1 桁が
  0：下水処理水 (水熱源)
  1：工場排気 (空気熱源)
  2：海水 (水熱源)
  3：地下水 (水熱源)
  4：温泉水 (水熱源)
  5：地下鉄排気 (空気熱源)
  6：工場排水 (水熱源)
  7：冷却塔 (水・空気熱源)
  8：太陽熱温水 (水熱源)
  9：河川水 (水熱源)

ヒートポンプ室外機群

第15章
冷温熱源器

空気調和を行う場合，熱源が必要になる．熱源は暖房，給湯などの温熱源と冷房の冷熱源に分かれる．温熱源は直感的にわかり易く，燃焼に伴う発熱により得ることができるが，冷熱源はやや理解するのに困難で，ヒートポンプの原理などで製造することになる．ヒートポンプに用いられる一部の冷媒は地球の上層空気のオゾン層を破壊するなど，地球環境の問題も生じている．この章ではこれら熱源を製造する熱源機器を解説する．

15.1 ボイラ

(1) ボイラの性能

ボイラの性能は熱出力(容量)，ボイラ効率，最高使用圧力で表示される．ボイラの容量は，連続最大熱出力を定格出力といい，[kW]単位で示す．蒸気ボイラのみ蒸発量(実際蒸発量または100°Cの蒸気熱量で換算した換算蒸発量)で，[kg/h]単位で示す．ボイラ効率はボイラに供給された燃料の保有する熱量に対するボイラの熱出力で，[%]で表示される．一般にボイラ効率は80〜90%程度である．なお，ボイラは英文字でboiler，JISでは「ボイラー」と表記しているが，ここでは一般的に使われている「ボイラ」と表記する．

(2) ボイラの種類

温熱源の代表的なもので，一般に燃焼による発熱を伝達面を通して，水に伝える．水温は上昇し，温水または蒸気となり温熱源として利用可能になる．燃料を表15.1に示す．現実に使用しているのは燃料単価の関係で石油またはガスが多い．石油のうちでも，地方公共団体による使用規制があり，いおう分の少ない灯油またはA重油が使われている(東京都の場合，灯油のみ)．ボイラの水質は硬水では種々のトラブルを起こすので，大規模になると軟水装置を設置しているのが一般的である．ボイラの形式は水の流れと燃焼方法により4種類に分類される．

表 15.1 ボイラの燃料

電気	一般電力(昼間電力) 深夜電力
ガス	都市ガス(LNG) プロパンガス(LPG)
石油	灯油 A重油 B重油

1) 丸ボイラ

丸ボイラは円筒形のドラムを横に置いた形をしており，内部に燃焼室と燃焼室よりの炉筒煙管より成り，その周囲は水で充満している．燃焼による熱を周囲の水に伝熱する構造になっている．主な伝熱面をどの部位にするかにより，炉筒ボイラ，煙筒ボイラ，炉筒煙管ボイラと称す．伝熱面積にも限度があり，耐圧にも限度があるので，圧力 0.98 Mpa (10 kg/cm^2) 以下程度である．また，保水量が大きいので，運転開始時の立ち上がりが他のボイラに比べて遅い．中規模以上の暖房，給湯用，大規模な地域暖房に用いられる．図 15.1 に示す．

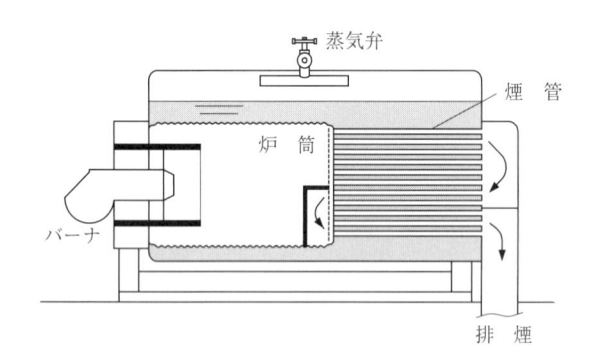

図 15.1 丸ボイラ (炉筒煙管ボイラ)

炉筒煙管ボイラ

2) 水管ボイラ

丸ボイラとは逆に管の中に高圧の水を入れ周囲から加熱する方法である．加熱される管を水管と呼び，水管で作られた温水と蒸気は上部のドラムに集められ，蒸気と温水は分離され，蒸気だけが蒸気管に出て行き利用される．容量はいくらでも大形化が可能である．保水量が少なく伝熱面積が大きいので，運転開始時の立ち上がりが速い．中規模以上の暖房，給湯あるいは大規模な工場，地域暖房用に用いられる．図 15.2 に示す．

3) 貫流ボイラ

水管ボイラの一種とも考えられ，水管ボイラは上部のドラムで気水分離をしているが，貫流ボイラはドラムがなく，水が水管 (蒸発管) を通過している間に蒸気になり，その蒸気を利用する方法である．容量は家庭用の小容量から，ビル用の大容量まである．立ち上がりは速い．図 15.3 に示す．

4) 真空ボイラ

最近出現したボイラで，減圧した蒸気室に熱交換用のコイルを配し，ボイラで加熱した蒸気で間接的に加熱し，温水を製造する．コイルの種類により暖房用，給湯用などいくつかの系統の温水が可能である．構造上，内部の蒸気圧は，原則として大気圧以下の低圧で爆発の危険性がないので，ボイラ技士の有資格者が不要であり，よく使われるようになった．中規模程度の暖房，給湯用に用いられる．図 15.4 に示す．

図 15.2 水管ボイラ

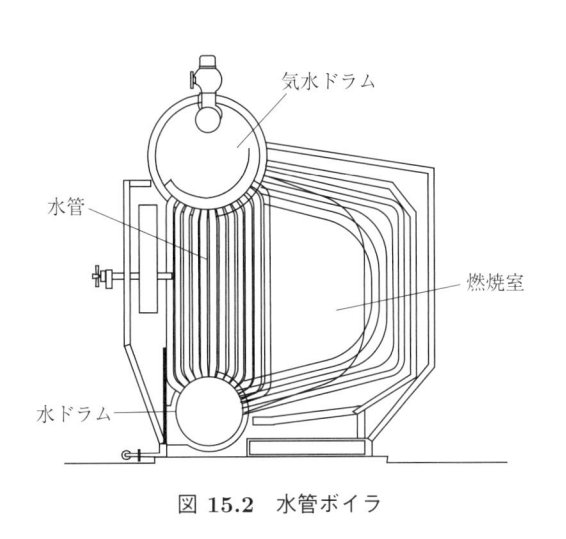

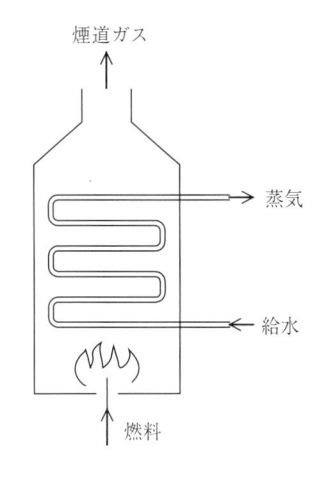

図 15.3 貫流ボイラ

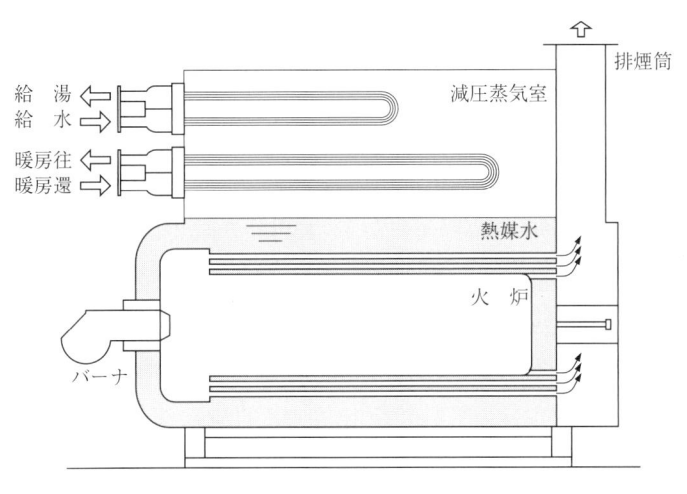

図 15.4 真空ボイラ

15.2 冷凍機

(1) 概要

ものを冷やす方法は，自然界では低い温度の水，氷，雪を使う以外は蒸発に伴う蒸発冷却か晴天日の夜，顕著に現れる天空に向かっての放射冷却である．あまり装置として期待できない．人はエネルギー(電気)を使ってヒートポンプの原理により，冷たい物を作ることに成功した．家庭では冷蔵庫，エアコン，除湿機，オフィスでは冷房，スーパーマーケットでは冷凍食品，漁業では保存用氷，冷凍倉庫，農業では定温倉庫等ヒートポンプの原理を応用したシステムが社会の隅々まで行きわたっている．なお，冷凍機の能力 (熱出力) は [kW] で表すが，大規模な場合，冷凍トンで表すことがある．冷凍トンの単位はアメリカ制と日本制があるが，実用上アメリカ制が用いられ，1 USRT(United States refrigeration ton) = 3.52 kW (3024 kcal/h) である．

(2) 圧縮機の種類と用途

冷媒を圧縮する圧縮式冷凍機は圧縮機を有し，冷媒をガス状から液状に圧縮する．圧縮機は目的，容量に応じて使い分けをしている．それらの関係を表15.2に示す．なお，圧縮機と凝縮器を組み合わせたものをコンデンシングユニット，圧縮機と凝縮器，蒸発器を組み合わせたものをチリングユニットと呼ぶことがある．

表 15.2 ヒートポンプの各方式

熱媒体		適用機器の名称	圧縮機の種類
熱源側	利用側		
空気	空気	空気熱源ビル用マルチエアコン 空気熱源パッケージエアコン ルームエアコン	往復動 ロータリー スクロール
空気	水	空気熱源ヒートポンプチラー	往復動 遠心 スクロール
水	空気	水熱源パッケージエアコン	往復動 ロータリー
水	水	水熱源ヒートポンプチラー	往復動 遠心 スクリュー

1) 往復動 (reciprocating, レシプロ)

最も古くから開発され歴史を持つ．ピストンが上下運動し，バルブの開閉と吸込，吐出により冷媒を圧縮する．上下運動では上死点と下死点を持ち，一瞬静止することがあるのが欠点である．信頼性が高く現在でもよく用いられている．容量は小形から大形まで対応できる (図 15.5)．

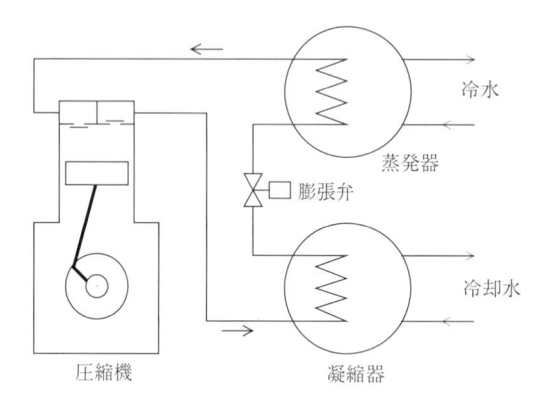

図 15.5 往復動冷凍機

2) 遠 心 (turbo, ターボ)

回転による遠心力を利用する方法である．モーターによる回転を増速歯車で増やし，ブレードの付いた圧縮機を回転する．中心部より冷媒を吸い込み遠心力で圧縮する．冷房出力制御は案内羽根の角度を調整するベーンコントロールで行う．大きな圧縮が得られ大型冷凍機に適している (図 15.6)．

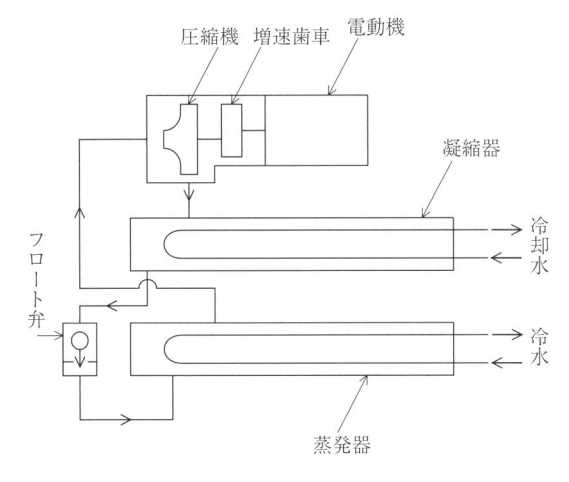

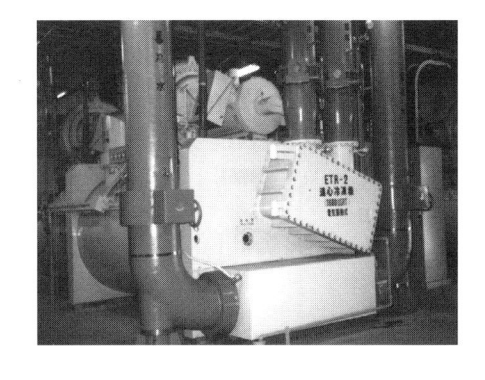

図 15.6　遠心冷凍機

3) スクリュー (screw)

おすローターとめすローターが組み合っており，おすローターのみ回転させ，めすローターはそれに伴って回転する．船のスクリューのように冷媒の入る断面が徐々に狭くなって，圧縮を行う．ローターを製作するのに技術と熟練を要する．非常に高圧の圧縮が得られ，大形の高圧の冷凍庫用冷凍機に適している (図 15.7)．

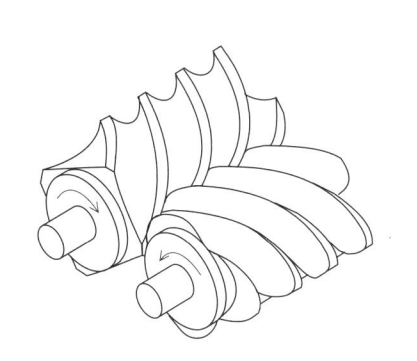

図 15.7　スクリュー冷凍機　　　図 15.8　ロータリー冷凍機

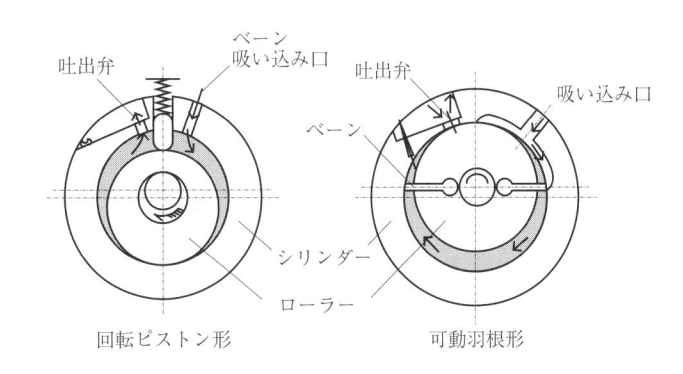

4) ロータリー (rotary)

同心円の中心に変芯したローラがあり，ローラが回転すると冷媒が圧縮され，引き続き圧縮された冷媒が吐出口から吐き出されるとともに，吸い込み口より冷媒ガスが吸い込まれる．高圧の圧縮が得られないが，家庭用の小型エアコンに適している (図 15.8)．

5) スクロール (scroll)

固定スクロールと旋回スクロールより成り，旋回スクロールのみ回転する．原理的に優れているといわれている．最近多量に出回るようになった．あまり高圧の圧縮が得られないが，家庭用小型エアコンに適している (図 15.9)．

(3) 最近の冷媒の動向

圧縮式冷凍機 (ヒートポンプ) には容易に液体になり，気体 (ガス) になり，状態を変化さ

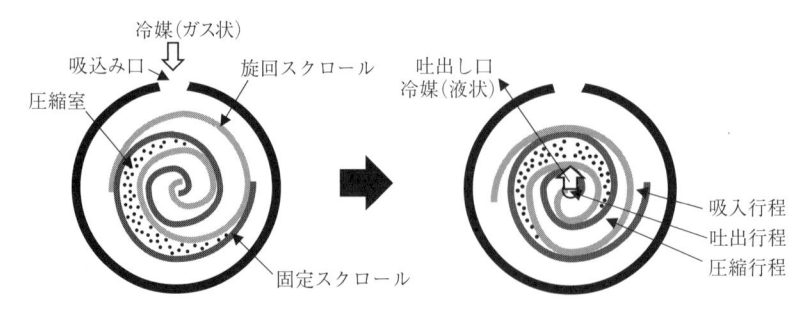

図 15.9 スクロール冷凍機

せながら熱を移動させる物質が必要になる．その物質のことを冷媒 (refrigerant) という．冷媒に適しているのがフロンガスで，20世紀最大の発明の一つといわれるほど優れたものであった．初期の頃はフロンガスの一部は壊れにくい，優れた製品と思われた．しかし，大気に放出して数年後にオゾン層に到達し，オゾンと化合してオゾン層を破壊し，紫外線を透過させて皮膚ガンの原因になることがわかってきた．壊れにくい物を作った事が良くなかったことになった．その後以前とは逆に比較的壊れやすく，オゾン破壊の大きな原因である塩素を含まない冷媒が開発されたが，地球温暖化の原因となると考えられるため，これも規制対象となった．冷媒 (フロン) をオゾン層破壊の度合い，並びに地球温暖化の度合いにより，表15.3のごとく4分類している．国際的取り決めで，塩素を多く含む特定フロン (CFC, クロロフルオロカーボン) は製造禁止，塩素を少し含む代替フロン (HCFC, ハイドロクロロフルオロカーボン) は現在製造可能であるが，猶予期間をおき，2020年には製造禁止し，塩素を含まない代替フロン (HFC, ハイドロフルオロカーボン) も段階的

表 15.3 フロンの種類と規制

種類		特徴および代表的物質	用途	規制
特定フロン	CFC	(Chloro Fluoro Carbon) 塩素を含み，オゾン層破壊の程度が高い化合物 R-11, R-12, R-113, R-114, R-115等 （オゾン破壊係数0.6～1.0）	・冷媒……カーエアコン 　　　　　家庭用電気冷蔵庫 　　　　　チリングユニット ・発泡剤 ・洗浄剤等	規制対象
特定フロン	HCFC	(Hydro Chloro Fluoro Carbon) 塩素を含んでいるが水素があるためオゾン破壊の程度が小さい化合物 R-22, R-123, R-141b, R-142b, R-225等 （オゾン破壊係数CFCの約1/20～1/60）	・冷媒……ルームエアコン 　　　　　（HCFC22） 　　　　　パッケージユニット 　　　　　チリングユニット等 ・発泡剤（CFC代替用） ・洗浄剤等	規制対象
代替フロン	HFC	(Hydro Fluoro Carbon) 塩素を含まず水素を含んだオゾン破壊がない新代替物質 R-134a, R-152a, R-32, R-125等 （オゾン破壊係数ゼロ）	・冷媒 ・発泡剤等	新たな規制対象
新冷媒 （グリーン冷媒）	HFO等	(Hydro Fluoro Olefin) オゾン破壊が無く，地球温暖化の係数が低い化合物 R-1234yf, R-1234ze等 （オゾン破壊係数ゼロ）	・冷媒等	—

注）オゾン破壊係数とはCFC11を1.0としたときの重量当りのオゾンを破壊すると考えられる能力
引用文献　文部省高等学校用空気調和設備

に削減していく予定である．なお，新代替物質以外に自然界にもともと存在する炭化水素，空気，炭酸ガスなどを用いる自然冷媒があり，一部エアサイクル冷凍機，炭酸ガス冷媒ヒートポンプ給湯器 (エコキュート) などが実用化されている．

(4) モリエ線図

冷媒の状態を示した図をモリエ線図 (Mollier diagram，モリエル線図ともいう) または p-h 線図という．図 15.10 に示すように，モリエ線図は横軸にエンタルピー (h)，縦軸に絶対圧力 (p) をとり，冷媒の飽和液線，飽和蒸気線，乾き度線，等エントロピー線などを記

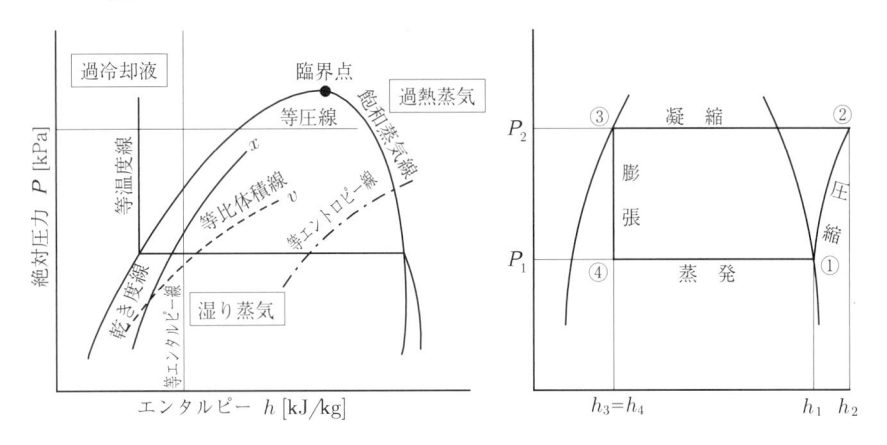

図 15.10 Mollier diagram (モリエ線図)

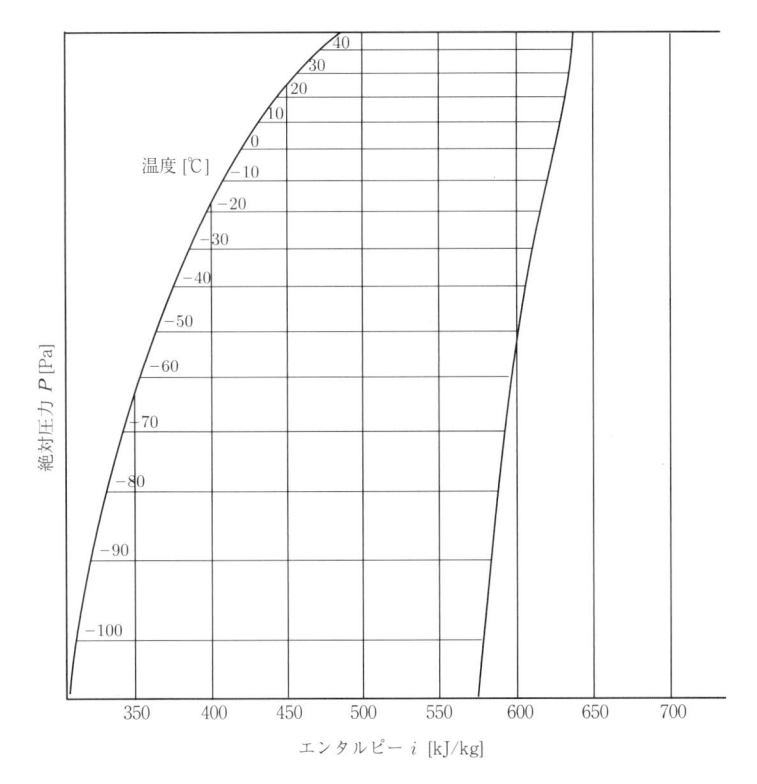

図 15.11 R-22 モリエ線図

載したものである．冷凍サイクルはこのモリエ線図上に表すことができ，状態が明瞭になる．例えば冷凍機の圧縮機による圧縮①→②，凝縮器による凝縮②→③，膨張弁による膨張③→④，蒸発器による蒸発④→①のごとくである．これにより冷凍機の冷房などに用いる冷熱源成績係数は C.O.P. $= (h_1 - h_4)/(h_2 - h_1)$ となり，暖房などに用いる温熱源成績係数は C.O.P. $= (h_2 - h_4)/(h_2 - h_1)$ となる．ただし，この C.O.P. は理論上であり，冷凍機全体の値は圧縮機の効率，蒸発器，凝縮器の熱交換器などにより異なる．空調設計者は冷凍機全体のシステムとして，冷凍機の出力熱量に対する入力熱量の比をとるシステム C.O.P. を考えるのが一般的である．なお，モリエ線図は各々冷媒により異なる．例として，R-22 (代替フロン) のモリエ線図を図 15.11 に示す．

15.3 吸収式冷凍機

(1) 吸収式冷凍機の原理

吸収式冷凍機 (absorption type refrigerator, 吸収冷凍機ともいう) は圧縮式冷凍機とは原理を全く異にするものである．原理はフランス人フェルドナンド・カーレーが発明したもので，手にアルコールを塗ると蒸発潜熱を奪われ冷たく感じるのを利用している．

蒸発を促進するには，① できる限り圧力を低くする．② 連続的に蒸発するには水を吸収する吸収剤 (LiBr, リチウムブロマイド) 等を入れる．さらに密閉回路で行うには，③ 吸収剤の再生を行わなければならない．

吸収剤の再生には水とリチウムブロマイド (臭化リチウム) の沸点が異なることを利用する．リチウムブロマイドの沸点が高いことを利用して，熱を加えると，水が蒸発し，リチウムブロマイドが底に留まる．濃縮されたリチウムブロマイドは再生されたことになる．また蒸発した水は冷却して再度蒸発潜熱用に利用する．この回路を連続的に繰り返し行え

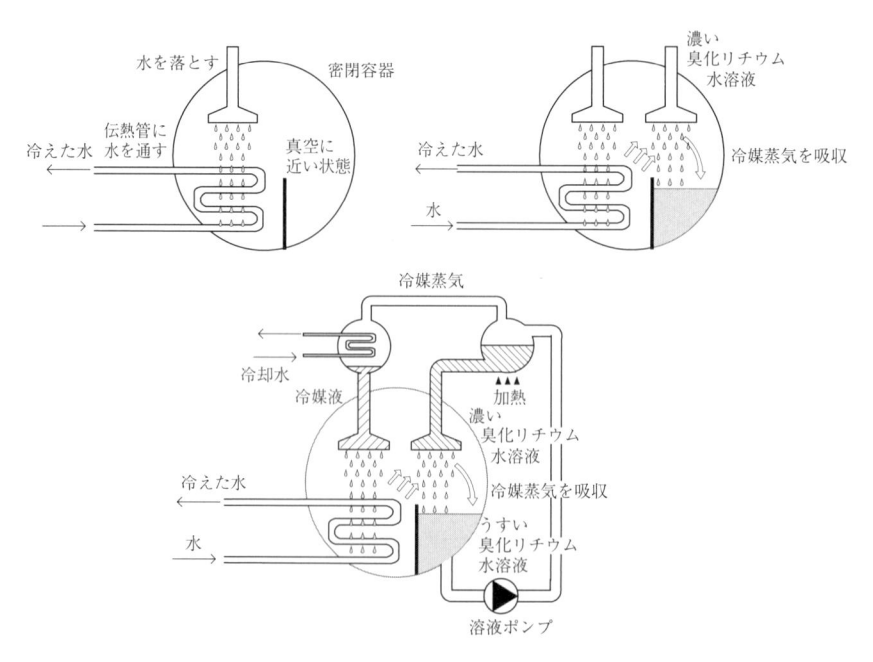

図 15.12 吸収式冷凍機の模式図

図 15.13 吸収式冷凍機の原理

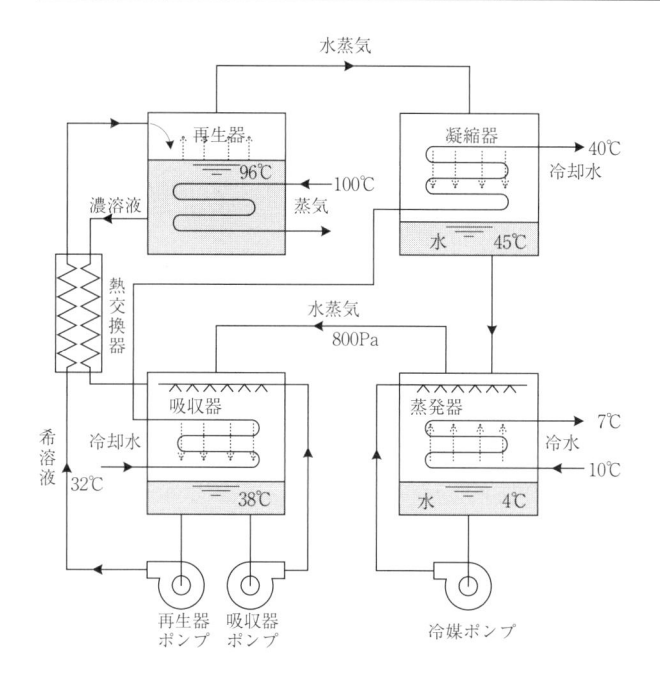

ばよい．原理を図 15.12 に示す．

各機能は

　　冷　媒：水
　　吸収剤：LiBr(臭化リチウム)
　　蒸発器：水の蒸発潜熱により配管より熱を奪う．
　　吸収器：LiBr の吸収作用により水蒸気を吸収する．
　　再生器：水と LiBr を熱で分離する．
　　凝縮器：冷却水で冷やし，水蒸気を水にする．

となる．主なエネルギーは再生器で使用される温熱源である．なお，説明したものは厳密には一重効用吸収式冷凍機といい，再生器が1個である．高圧用，低圧用の2個の再生器を用いて，高圧蒸気 0.78 MPa(8 kg/cm^2，170°C) 程度の熱源を2度有効に使い，熱効率を高めたものを二重効用吸収式冷凍機という．また，吸収式冷凍機はボイラの役目も果たし，夏は冷水，冬は温水を製造するので冷温水発生器とも呼ばれている．吸収式冷凍機のエネルギー変換効率は冷房出力 [kW]/再生器加熱量 [kW] で定義され，一重効用では 0.7〜0.8，二重効用では 1.0〜1.2 程度である．一方，電動ヒートポンプの一次エネルギー換算効率は，需要端発電効率を 38 %，C.O.P. = 3〜5 とすると，1.1〜1.9 程度になり，電動ヒートポンプのほうがやや有利である．

(2) 吸収式冷凍機の特徴

電気エネルギーによる冷房が一般的であるが，吸収式冷凍機はまったく異なり，温熱源があれば稼動し，冷水を製造できる．ただし，冷媒に水を用いるので，0°C 以上の冷水になる．

熱源としては主として石油，ガスによる発熱がある．

候補として

① 工場廃熱　　② 太陽熱　　③ 都市廃熱

などが考えられる．現実には太陽熱等の可能性はあるが採算が合わず実験段階である．

また，次のような特徴があげられる．

(1) 通常，ガス，石油の熱エネルギーを使う．
(2) 受電設備が小さくて良い．特に特別高圧受電容量近くでは効果がある．
(3) 大型のモーターの回転がないので騒音が少ない．
(4) 温熱源機器 (ボイラ等) を有しているので暖房が可能である．
(5) 都市ガスの場合，夏季割引料金が受けられる (逆に電気は夏季高くなる)．
(6) 再生器に用いられる温熱源が追加的に冷却塔にかかることより電気式ヒートポンプ冷房に比べて冷却塔の容量が 1.5～2.0 倍になる．

演習問題 15

(1) 現在使用している自室または学校のエアコンの機器に貼ってある銘板 (めいばん) を調べ，内容を説明せよ．
(2) インターネットでオゾン層破壊の原因とフロンガスの関係を調べ，簡潔にまとめよ．
(3) インターネットで地球温暖化とフロンの関係を調べ，簡潔にまとめよ．
(4) モリエ線図上に冷媒過程を描き，冷熱源 (冷房) C.O.P.，温熱源 (暖房) C.O.P. を求めよ．

　　ただし，条件は次のとおりとする．
　　　① 学籍番号下 4 桁を KLMN とする
　　　② 冷媒蒸発温度　　$-(10+K+N)°C$
　　　　　冷媒凝縮温度　　$+(30+L+M)°C$
　　　③ 有効動力　　　　$P = 1$ [kW]$= 3600$ [kJ/h]，冷媒流量 $G = 80$ [kg/h]
　　　　　圧縮熱量　　　　AL $= P/G$ [kJ/kg]
　　　④ 冷媒の種類　　　R-22 (図 15.11)

(5) 冷水を製造する方法，温水を製造する方法を箇条書にせよ．
(6) つぎの問題に答えよ．

　　ただし，学籍番号下 4 桁を KLMN とし，(K+L+M+N) の末尾の数字と同一番号の問題とする．

　　　0, 1：標準的 (1 重効果) 吸収式冷凍機の原理を描いて説明せよ．
　　　2, 3：2 重効用吸収式冷凍機の原理を図を描いて説明せよ．
　　　4, 5：太陽熱利用冷房システムを図を描いて説明せよ．
　　　6, 7：工業廃熱利用冷房システムを図を描いて説明せよ．
　　　8, 9：蒸気圧縮式冷凍機と吸収式冷凍機の違いを箇条書きにせよ．

(7) この教科書で勉強して，良かった点，悪かった点を箇条書きにせよ．

演習問題の解答

第 0 章

(1) 例．建築意匠設計者，構造設計者，設備設計者は，各々の専門分野に専念し，他の要素に関しては専門家が互いにカバーし合うことで，安全で安心な建物を施主に提供することが前提である．

意匠設計者は，建物の規模，配置，間取り，仕上げ，外観，コスト，メンテナンスなど全般を担当し，安全で快適な居住環境を形成し，豊かな生活空間を創造するものである．また，施主の意向を最大限に反映し，内観だけでなく周辺建物との調和を考慮し，その地域の景観を損なわないような設計をすべきである．構造設計者は，生活する人が安心して生活し，災害から生命と財産を守ることができる建物を確保することが構造設計者の責務である．施主の意向を反映し，意匠設計者の空間構成を基に安全かつ意匠性を損なわないように構造を設計し，デザインとの調和を図るべきである．設備設計者は，電気，ガス，水道，排水，空調，消火，通信などの機能機器関係を担当するものである．設備設計者も構造設計者と同様に，意匠性を損なわないように設計し，また構造体の強度を低下させないような配管を考えなければならない．最近では，省エネルギーを考えた設計が主流で，設備設計者の役割はより大事なものになってきており，地球環境，ライフサイクルコストを考えた設計をすべきである．

(2) 例．エアコンの設定温度を冷房時は高めに設定し，暖房時は低めに設定している．その際に，外界の影響を緩和するために開口部にはカーテンを用いている．また，冷房時には部屋に熱がこもっている場合は窓を開け，通風換気によりある程度熱を外部に放熱し，冷房の立ち上がり負荷を低減するよう心がけている．また，私はロフトを寝床としており，エアコンの吹出し位置よりも高い位置にあるため，扇風機によりロフトに冷気を送ることで，設定温度が高い場合においても涼しく快適な環境が形成できるように工夫している．エアコンがかなり旧式のものであるため，現在のエアコンよりも C.O.P は著しく低いものと予想される．さらに自宅が古い木造であるため，気密性が悪く，対流式のエアコンでは無駄にエネルギーを消費する可能性がある．よって冷房が必要な時期においてはなるべく通風換気で暑さを凌ぎ，暖房が必要な時期においては着衣量を増やし，さらに放射式の暖房器具により，効率の悪いエアコンの使用時間を減少させる工夫をしている．

(3) (概要)1997 年 12 月に京都で開催された気候変動枠組条約第 3 回締約国会議 (COP3，京都会議) では，先進国および市場経済移行国の温室効果ガス排出の削減目的を定めた京都議定書が採択された．内容は 2008 年から 2012 年内に先進国全体の温室効果ガス 6 種の合計排出量を 1990 年に比べて 5 ％以上削減することを全体目標とし，先進国に対して国ごとに −8 ％〜−10 ％の削減目標を定めている．この削減期間が終了した後，京都議定書を引き継ぐ枠組みとして各国が議論を行っているのが「ポスト京都議定書」である．京都議定書では，当時最大排出国であったアメリカの離脱，インドや中国の大量排出国が規制対象外，カナダの削減目標達成断念など，多数の問題が発生している．これらの問題を「ポスト京都議定書」で解決していくことが求められる．なお「ポスト京都議定書」については，現在協議や議論が進んでいる途中で，内容や枠組みの目処は立っていない．

京都議定書の骨子

1) 数量目的

対象ガスの種類及び基準年
- 二酸化炭素，メタン，亜酸化窒素 (1990 年を基準年)
- HFC, PFC, SF6(1995 年を基準年とすることができる)

吸収源の扱い
- 土地利用の変化及び林業セクターにおける 1990 年以降の植林，再植林及び森林減少に限定

主要各国の削減率 (全体を足し合わせると 5.2 %の削減)
- 日本：−6%，米国：−7%，EU：−8%，カナダ：−6%，ロシア：0%，豪州：8%，NZ：0%，ノルウェー：+1%

2) 途上国の義務の実施の促進

途上国を含む全締約国の義務として，吸収源による吸収の強化，エネルギー効率の向上等.

3) クリーン開発メカニズム

先進国とのプロジェクトにより，途上国の持続可能な成長に資すると共に，プロジェクトにより生じた温室効果ガス排出の削減を活用することにより，先進国の数量目的達成にも使えることとするもの.

4) 資金メカニズム

条約で規定された資金メカニズム (GEF) が引き続きこの議定書の資金メカニズムであることを確認.

5) 発効要件

議定書を締結した国数が 55 カ国以上であり，1990 年における CO2 の排出量が同年における総排出量の 55 %を越えることを発効要件として規定.

(4) (概要)

【特徴】
- 生活排水や雨水を処理プラントで再生し，トイレの洗浄水，庭園の散水，冷却塔の補給水などに利用するシステムである.
- 規模により広域循環方式，地域循環方式，個別循環方式などがある.
- 充分な検討を行えば，上下水道と比較してコストメリットがある.

【適用分野】

興行場，大規模複合商業施設，病院学校など

(5) (概要) 省エネルギー法とは，エネルギーの使用の合理化に関する法律の略称で，エネルギーの有効利用を目的として，工場，建築物，機械器具についてのエネルギー使用の合理化を総合的に進めるために必要な措置等を講じており，昭和 54 年最初に制定された. 以後，省エネルギー法は，平成 10 年 6 月 5 日に抜本的改正がなされ，平成 11 年 4 月 1 日から改正省エネルギー法が施行された. 改正省エネルギー法では，従来のエネルギー管理指定工場を第 1 種エネルギー管理指定工場として，省エネルギー目標達成のための中長期計画の作成・提出義務が課せられ，工場はもとより，オフィス，病院，学校，ホテル，デパートなど，あらゆる事業場において，原油換算 1,500 kl/年以上または電力 600 万 kWh/年以上を使用しているところは，管理指定工場として，その使用状況の届出が必要となった.

詳細は各自インターネットで調べること.

第1章

(1) 1969年，米国国防総省高等研究計画局の ARPAnet(アーパネット) が起源で，大学や研究所の UNIX ワークステーションを相互に接続しながら徐々に育ってきたネットワークである．日本では 1984 年に大学などの研究機関を中心として JUNET(Japan Unix Network) による公衆回線を使ったニュースと電子メールのサービスが開始された．詳細は各自調べること．

(2) インテリジェントビルとは直訳すれば「賢いビル」ということになるが，1980 年代高度情報化のもたらす各種の便宜を享受するためオフィス革命，旋風が起きたほどである．内容は情報の伝達，情報処理の環境が整い，室内の作業，居住環境が優れているビルのことをいう．

(3) ビデオデッキ，プロジェクタ，チューナ，パソコン，スクリーン，マイク，スピーカ，モニター，カメラなど．

(4) 幹線系で高速大容量伝送には光ケーブルが適しており，支線系の細かい工事になる個所はメタリック(銅)ケーブルが適している．

第2章

(1) 学籍番号下 4 桁が 9091 ($K = 9$, $L = 0$, $M = 9$, $N = 7$) のとき
計算に使用する数値をまとめると演表 1 のようになる．

演表 1

階数	延床面積 面積 [m^2]	毎時平均給水量 [l/h]	毎時最大給水量 [l/h]	瞬時最大給水量 [l/h]	実揚程 [m]	全揚程 [m]
7	2,000	3,000	6,000	9,000	38	49.4

[受水槽] 式 (2.2) より受水槽の有効容量は 3,000 l/h × 3h = 9,000 l → 69 m^3，0.5m．モジュールおよびクリアランス 0.3 m を考慮し，3.0 m × 2.0m × 2.0 m とする．

[高置水槽] 式 (2.3) に代入し 2.5 m^3 となり，0.5 m モジュールおよびクリアランス 0.3 m を考慮し，1.5 m × 1.5 m × 1.5 m とする．

[揚水ポンプ] 式 (2.4) より求めた全揚程は表 2.1 より 49.4 m，吐出量は毎時最大給水量 6,000 l/h (0.7 m^3/min) であるので，図 2.14 より，揚水ポンプは 6 段 3.7 kW，口径 40A を選定する．

(2) 学籍番号下 4 桁 9091 ($K = 9$, $L = 0$, $M = 9$, $N = 1$) とすると，掃除用流し：3 個，洗面器：2 個，大便器：8 個，小便器：2 個，これらの配置を演図 1 のようにする．

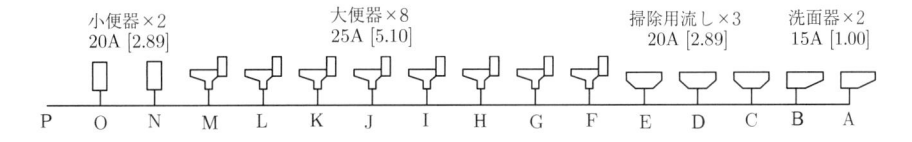

```
小便器×2          大便器×8              掃除用流し×3    洗面器×2
20A [2.89]        25A [5.10]            20A [2.89]      15A [1.00]

 P  O  N  M  L  K  J  I  H  G  F  E  D  C  B  A
```

演図 1　各階の給水器具配置

各区間について整理し，表 2.5 を用いて管径を求めると演表 2 のようになる．

(3) 学籍番号より 7 階建ての建物の設計となり，図 2.26 の横引管長さを用いる．条件より各階の給水負荷単位は 106 FU となり，図 2.22 より同時使用流量を求め，図 2.24 より決定した関係を演表 3 に示す．

演表 2　管径算定結果

配管部分	器具名	接続口径	15A相当管径	累計 (a)	同時使用率 (b)	$a \times b$	配管径決定
AB	洗面器	15A	1.0	1.0	1.0	1.0	15A
BC	〃	15A	1.0	2.0	1.0	2.0	20A
CD	掃除用流し	20A	2.89	4.89	1.0	4.89	25A
DE	〃	20A	2.89	7.78	0.8	6.224	32A
EF	〃	20A	2.89	10.67	0.8	8.536	40A
FG	大便器	25A	5.1	15.77	0.8	12.616	40A
GH	〃	25A	5.1	20.87	0.8	16.696	50A
HI	〃	25A	5.1	25.97	0.7	18.179	50A
IJ	〃	25A	5.1	31.07	0.7	21.749	50A
JK	〃	25A	5.1	36.17	0.7	25.319	50A
KL	〃	25A	5.1	41.27	0.7	28.889	50A
LM	〃	25A	5.1	46.37	0.7	32.459	65A
MN	〃	25A	5.1	51.47	0.7	36.029	65A
NO	小便器	20A	2.89	54.36	0.7	38.052	65A
OP	〃	20A	2.89	57.25	0.7	40.075	65A

演表 3　給水立て管径算定結果

階数	① 器具の種類と個数	② 器具給水負荷単位	③ 負荷単位合計	④ 同時使用流量	⑤ 許容摩擦損失R値	⑥ 口径	⑦ 実際のR値	⑧ 実際の流量
1階	掃除用流し　3個 洗面器　　　2個 大便器　　　8個 小便器　　　2個	4Fu×3 ＝12Fu 2Fu×2 ＝4Fu 10Fu×8 ＝80Fu 5Fu×2 ＝10Fu 小計 106Fu	106Fu	270 l/min	$R = \dfrac{(340-70) \times 1000}{54 + 54 \times 0.3}$ $= 3846$ Pa/m	50A ↓ 65A	460 Pa/m	1.3 m/s
7階	掃除用流し　3個 洗面器　　　2個 大便器　　　8個 小便器　　　2個	4Fu×3 ＝12Fu 2Fu×2 ＝4Fu 10Fu×8 ＝80Fu 5Fu×2 ＝10Fu 小計 106Fu	742Fu	670 l/min	$R = \dfrac{(100-70) \times 1000}{30 + 30 \times 0.3}$ $= 769$ Pa/m	90A	510 Pa/m	1.6 m/s

(4) 水道料金は各自治体により異なる．各自調査すること．

第3章

(1) 学籍番号下4桁が2626 (K = 2, L = 6, M = 2, N = 6) のとき
有効面積比 0.6　居住人員 0.2 人/m^2　階数 7 階　各階床面積 1,800 m^2　系統数 4 本
配管方式　直接レターン方式
人員 (N) $= 0.6 \times 0.2 \times 1,800 \times 7 = 1,512$ (人)．表3.5 より $q_d = 10$, $q_h = 1/5$, $v = 1/5$, $\gamma = 1/6$ よって，$Q_d = N$, $q_d = 15,120$ (l/day)．$Q_h = Q_d$, $q_h = 3,024$ (l/h)．
$V = Q_d \cdot v = 3,024$ (l)．$H = 1.163 Q_d \cdot \gamma (t_h - t_c) = 140,676$ (W) $\fallingdotseq 141$ (kW)
配管系統図，計算結果を演図 2 に示す．

(2) 学籍番号下4桁が2626 (K = 2, L = 6, M = 2, N = 6) のとき
場所：東京　集熱システム：5 番　集熱器の勾配：60°　集熱器の方位：真南より西へ 30°　系統図を演図 3 に示す．
図3.14 より，年間に面に当たる日射量は，4,800 [MJ/m^2 年]．∴ $4,800 \times 5$ (m^2) $\times 0.53 \times 3.26 \fallingdotseq 41,467$(円)
よってこのシステムによって，年間に 41,467 円分の都市ガス分のエネルギーがまかなえる．

(3) ① 銅管の施工 (加工) が鉄管等に比べて容易である．

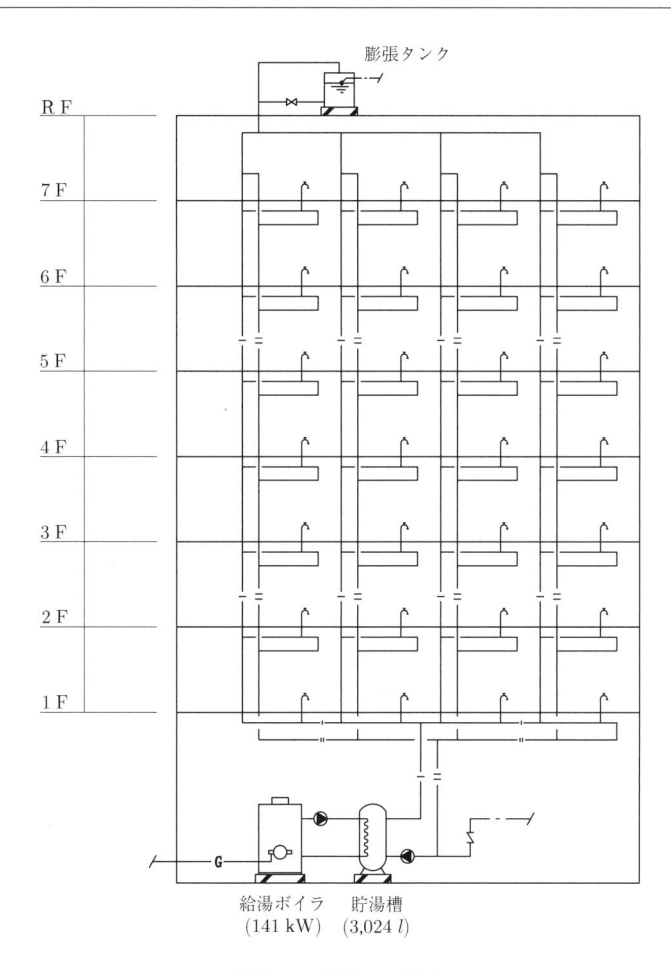

```
                    膨張タンク
RF
7F
6F
5F
4F
3F
2F
1F

            給湯ボイラ  貯湯槽
            (141 kW)  (3,024 l)
```

演図 2 給湯システム

② 伸縮性があるので，凍結膨張に対して比較的対処が可能である．

③ 配管の内壁に酸化第1銅の皮膜ができ，腐食を防ぐことができる．

(4) ① ガラスは集熱効率を上げるが高価なのでできれば使いたくなく，集熱面の処理 (選択吸収膜) で対処したい．

② ガラスを2枚以上使うと集熱器が重くなる．

第4章

(1) 例．ベルトラップ 封水 40 mm

(2) 封水が蒸発し，排水管を通じて臭気が流入したため．

(3) 学籍番号下4桁を 9097 ($K=9, L=0, M=9, N=7$) とすると，階数：7，配管方式：セキスイ継手となる．演図4に排水設備の系統図と継手を示す．

(4) 1排水系統でトラップは1個のみにすること．もし，2個以上トラップを付けると，逆にトラップの破封，排水がスムーズに流れない等の原因になる．

第5章

(1) 例．自宅の契約アンペア：60 A，単相3線式 100V/200V．200V で使用している電気製品は，居間の大型エアコン，台所のIHクッキングヒーターがある．

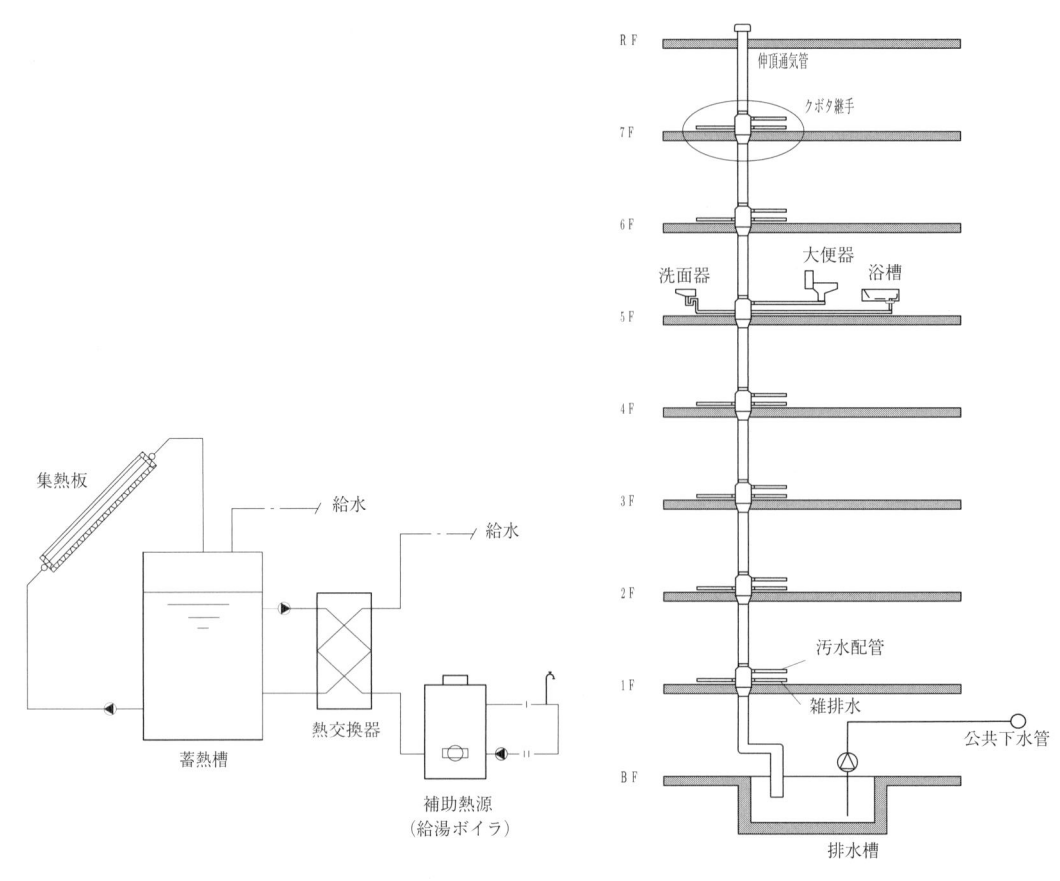

演図 3　太陽熱給湯システム

演図 4　排水系統図

(2) 各自調べること．

(3) 各自調べること．

(4) 電気料金メニューは以下のような種類がある (東京電力の場合)．

家庭用：　従量電灯 B，従量電灯 C，おトクなナイト 8，おトクなナイト 10，電化上手 (季節別時間帯別電灯)，深夜電力，融雪用電力．

業務用：　業務用電力，業務用電力 2 型，業務用季節別時間帯別電力，業務用季節別時間帯別電力 2 型，業務用休日高負荷電力，業務用休日高負荷電力 2 型，業務用電化厨房契約．

産業用：　高圧電力，高圧電力 2 型，高圧季節別時間帯別電力，高圧季節別時間帯別電力 2 型，高圧休日高負荷電力，高圧休日高負荷電力 2 型

電気料金体系は各自電力会社で調べること．
東京電力のホームページ (http://www.tepco.co.jp/)

(5) 学籍番号下 4 桁が 2626 ($K=2, L=6, M=2, N=6$) のとき (L+1) ×M+N=7×2+6=20，下 1 桁が 0 になる．

0：太陽光発電

ソーラーパネル面積　(M+N+3)×5=(2+6+3)×5 =55 m^2

月の発電量　55(m^2)×3 (kWh)×30 (日)×0.16=792 kWh/月

792−450=342,　電力会社へ 342 kWh の売電が可能である．

第 6 章

(1) K ガスの場合の発熱量：46.05 MJ/m³ (11,000 kcal/Nm³)，比重：0.69．
ウォッベ指数：$11{,}000 \div \sqrt{0.69} = 13{,}242.4\cdots \fallingdotseq 13{,}242 \to 13{,}242 \div 1{,}000 \fallingdotseq 13.2$
よってガス種類は 13A となる．

(2) 各自調べること．

(3) 例．キッチン天井付近に都市ガス警報機が設置されており，ガス漏れ以外にも不完全燃焼を起こしている場合にも反応する．また，ガスコンロを使用する際には換気扇を必ず作動させ，不完全燃焼を起こさないよう心がけている．

(4) 図 6.2，図 6.3，図 6.4，図 6.5 参照のこと．

(5) 東京ガスの場合，大地震が起き，ガス設備に大きな被害が出た場合，二次災害を防ぐために 4 段階でガスの供給をストップさせる．1 段階目は各家庭にあるマイコンメーターにより，自動的にガスを遮断する．2 段階目は地区ガバナーにある地震センサーにより，ガスを自動的に遮断する．3 段階目は，本社の防災・供給センターの地震時導管網警報システムの情報をもとに，ガスの停止を判断し，無線で操作をする．4 段階目は，本社の防災・供給センターからの無線連絡で，工場のコントロールセンターでガスの製造・送出を停止する．
東京ガスホームページ (http://www.tokyo-gas.co.jp/)

第 7 章

(1) 必要ではない．表 7.1 に示す自動火災報知設備設置基準に基づき，構造方法に関わらず 11 階未満の階にあっては，延べ床面積が 300 m² 以上の規模の病院に自動火災報知設備の設置が必要である．

(2) 必要である．表 7.4 に示す屋内消火栓設備設置基準に基づき，耐火構造のスーパーマーケットにあっては延べ床面積が 1,400 m² 以上の規模で屋内消火栓設備の設置が必要である．ただし，内装を制限した耐火構造の建築物であった場合には，延べ床面積が 2,100 m² 以上の規模で設置が必要であるので，問いの建築物において内装制限した場合には必要ではなくなる．

(3) 必要ではない．表 7.4 に示す屋外消火栓設備設置基準に基づき，簡易耐火建築物においては，1 階または 1 階および 2 階部分の床面積が 6,000 m² 以上の規模の建築物に屋外消火栓設備の設置が必要である．

(4) 必要ではない．消防法施行令第 11 条第 2 項に定められる屋内消火栓設備設置基準の緩和により，屋外消火栓設備の有効範囲の部分 (1 階および 2 階部分に限る) は設置免除となる．屋外消火栓設備にあっては，消防法施行令第 19 条第 4 項に定められるスプリンクラ設備等による代替による設置免除を適用していなければ，建築物の各部分を有効範囲内に含んでいる．

(5) 必要ではない．表 7.5 に示すスプリンクラ設備設置基準に見られるように，旅館にあっては延べ床面積 6,000 m² 以上の規模でスプリンクラ設備の設置が必要である．また，地階・無窓階，4 階以上の階にあっては，階床面積の規模等によりスプリンクラ設備の設置基準が定められるが，問いの建築物は 3 階建であるのでこれらの設置基準は適用されない．

(6) 防火対象物 15 項，耐火構造物 3,000 m² 以上に該当するので，消火栓設備が必要となる．設置は演図 5 の 3 方法が考えられるが，1 号消火栓 2 個設置が一般的であり，この方法で設計する．なお，系統図は図 7.1 と同一である (配管径 50A)．
屋内消火栓ポンプ (1 号消火栓) 吐出量 — 同時開口数 2．$Q = 150\ l/\text{min} \times 2 = 300\ l/\text{min}$．
ポンプ全揚程 $H = (h_1 + h_2 + h_3 + h_4) \times 1.1 = (10.3 + 20.5 + 17.0 + 7.8) \times 1.1 \fallingdotseq 62\ \text{m}$.

ただし，h_1：配管摩擦損失 −(実揚程 × 0.5 とする)，h_2：実揚程 − 20.5 m，h_3：ノズル放水圧 −17.0 m，h_4：ホース摩擦損失 −7.8 m．

消火栓ポンプユニットの仕様は 50A ×300 l/min × 62 m × 7.5 kW．

屋内消火栓箱 − 1 号消火栓，40A 開放弁，ホース (15m × 2 本)，表示灯，押しボタン付．

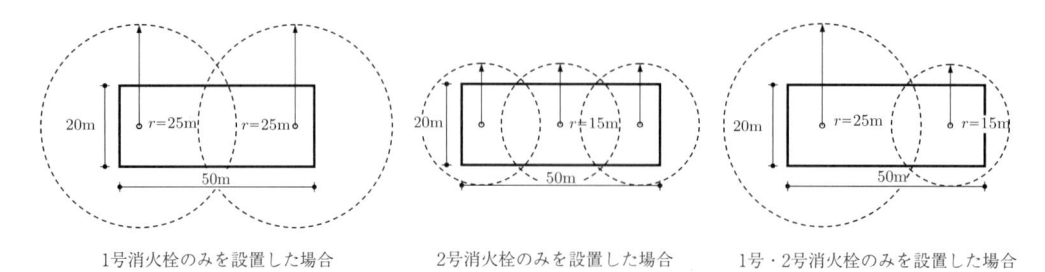

演図 5　消火栓の設置

(7) 各自教科書を調べること．

第 8 章

(1) ビル管法では炭酸ガス濃度：1,000 ppm，浮遊粉塵濃度：0.15 mg/m^3，一酸化炭素濃度：10 ppm 各々以下であるので 2) 浮遊粉塵濃度 1 mg/m^3 が違反している．

(2) 演図 6 参照．

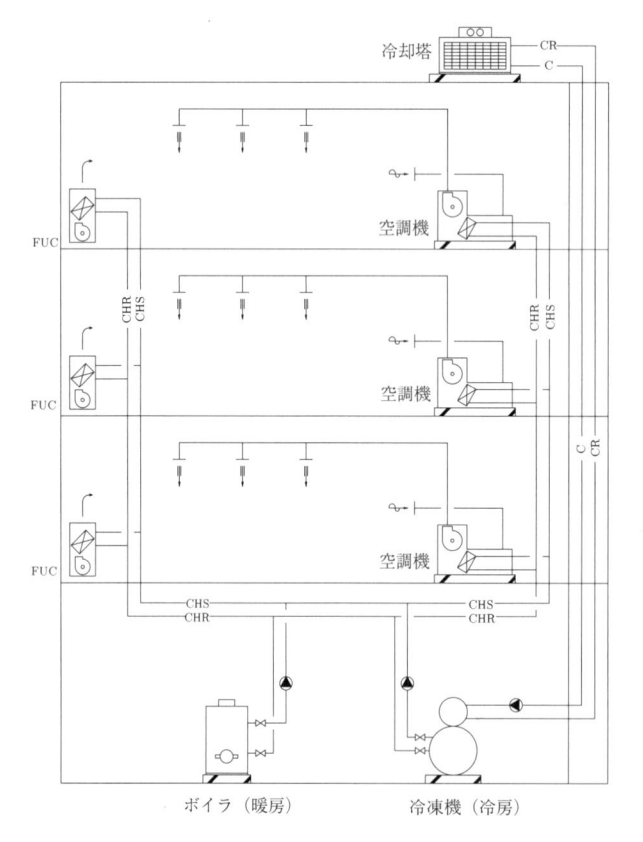

演図 6　冷暖房システム

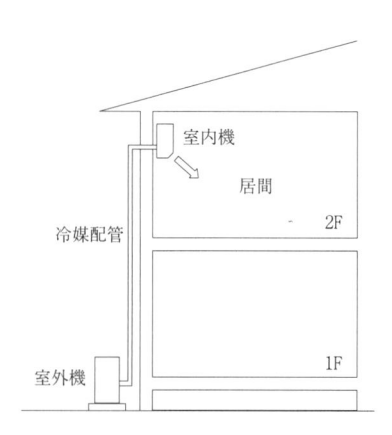

演図 7　自宅の冷暖房方式

(3) 演図 6 参照.

(4) 例. 推定温度：25°C，推定相対湿度：35 %，測定温度：24°C，測定相対湿度：20 %，相対湿度よりも温度に対して敏感である.

(5) 窓付近 3 m 程度までがペリメータゾーンである.

第 9 章

(1) 例. 居間はルームエアコンディショナー方式，それ以外の部屋でもルームエアコンディショナー方式を採用している．室外機と室内機は，それぞれ一対一対応のセパレートタイプである．演図 7 に示す.

(2) 各自調べること.

(3) 階層を貫通する高速ダクトの施工が大掛かりである上，防火区画を貫通することによる防災上の欠点，さらにはユニット内で混合損失が生じる等の理由による.

(4) 冷風と温風を混合することによる混合損失が生じる．常に冷熱源，温熱源を用意しておく必要がある．冷風用ダクトと温風用ダクトの二系統分のダクトスペースが必要である等の理由による.

(5) 演図 8 に示す.

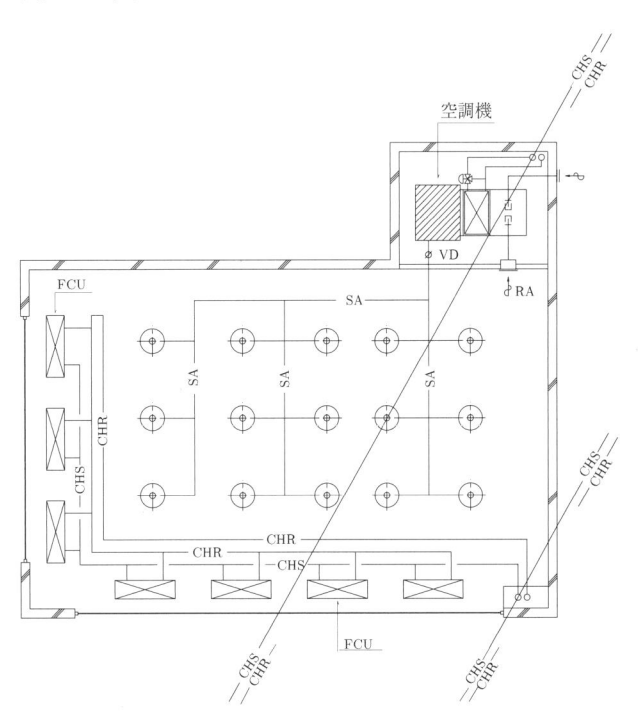

演図 8　オフィスビル空調平面図

第 10 章

(1) 給水設備—高置水槽，空調—エアコン室外機 (冷却塔)，情報・通信設備—共聴アンテナ等種々の建築設備関係のものが設置してある．各自調べること.

(2) 代表的なものとして，表 10.1 に挙げられているが，その他には以下のものが挙げられる.
　　1) ファン動力を小さくするために，ダクト圧損を小さくする低速ダクトを用いる.

2) 外気冷房を利用する．
3) 廃熱回収として，ヒートパイプの利用をする．
4) 室内空調方式に関して，再熱方式，二重ダクト方式は避ける．
5) 使用時間帯に応じて空調機の ON・OFF を可能に，スポット空調を活用する．
6) 熱源システムとして，熱回収方式，群管理方式，トータルエネルギーシステムの採用が挙げられる．
7) ポンプ動力を小さくするために，配管距離を短く，配管抵抗を小さくするクローズドシステムを採用する．
8) 蓄熱槽に関しては，水蓄熱，氷蓄熱を採用するなどがある．

(3) 例．千葉県のアメダス観測地点　千葉，銚子，我孫子，佐原，東庄，船橋，佐倉，横芝，木更津，牛久，茂原，坂畑，黒原，佐久間，鴨川，勝浦，館山

(4) 特別高圧受電または高圧受電をし，変圧器 (トランス) で使いやすく変圧し，三相 3 線式，単相 3 線式等で各系統へ配電する．各自調べること．

(5) 電気・ガス・石油の特徴を演表 4 に示す．

演表 4　電気，ガス，石油の特徴

熱源	長所	短所
電気	火災安全性が高い 空気を汚さない 制御性がよい	単位発熱量が小さい 発熱単価は高価 備蓄ができない
ガス	単位発熱量は大きい 配管で容易に輸送できる 比較的安価である	ガス漏れや火災の心配がある 配管にコストがかかる 燃焼に伴い空気を汚す
石油	単位発熱量は大きい 配線，配管が不要で，備蓄ができる 安価	輸送，貯蔵がたいへんである 燃焼に伴い空気を汚す 火災の心配がある

電気，ガス，石油などのエネルギーについては，それぞれ適した用途があり，そのベストミックスが必要である．また，温室効果ガスの濃度を高める CO_2 の排出量を燃料別に見ると，木 (薪) を燃やしたときの排出量を 1 とした場合，灯油は 3.9，天然ガス 2.6，LP ガス 3.2，石炭は 14.3 である．電気はその場では CO_2 を出さないが，電気を作る火力発電所では化石燃料を用い CO_2 を排出する．

第 11 章

(1) 学籍番号下 4 桁が 9097 の場合

壁タイプ：2，ガラス番号：8，遮へい物：明色ブラインド，室内設定温度は表 11.1 に従った．計算内容は演表 5 熱負荷計算表に示す．

時刻	冷房負荷 (W)
12 時	4782
14 時	4730

(2) 同様に計算内容は演表 5 熱負荷計算表に示す．

時刻	暖房負荷 (W)
8 時	6874

(3) コンピュータの発達していない時代，蓄熱，太陽位置などの複雑な計算を毎回行うのは不可能なので，前もって代表的壁をコンピュータで計算し，定常計算の温度差に相当するものを実効温度差とした．

演習問題の解答　**167**

演表 5　熱負荷計算表

熱 負 荷 計 算

室 負 荷			階		室 名		演習 (1)、(2)		
室面積		96	(m²)		室容積		288		(m³)

壁体の負荷			冷房						暖房 8時		
方位	熱通過率 W/m²·K	寸法 mm	面積 m²	12時 ETD K	冷房負荷 W	14時 ETD K	冷房負荷 W	16時 ETD K	冷房負荷 W	熱通過率 W/m²·K	Δt K	暖房負荷 W
E	4.06	12*4-6*2	36.0	12.1	1768.5	11.2	1637.0			4.06	20.3	2967.0
S	4.06	8*4-4*2	24.0	7.2	701.6	10.1	984.1			4.06	20.3	1978.0

窓ガラス負荷			温度差 熱取得	冷房負荷 W	温度差 熱取得	冷房負荷 W	温度差 熱取得	冷房負荷 W	温度差	暖房負荷 W
方位	熱通過率・しゃへい係数	巾 高 mm	面積 m²								
E	K 4.41 / SC_R 0.23 / SC_C 0.28	6*2	12	Δt 7.3 / Q_GR 126 / H_GR+H_GC 64	386.3 / 347.8 / 215.0	Δt 7.7 / Q_GR 109 / H_GR+H_GC 65	407.5 / 300.8 / 218.4	Δt / Q_GR / H_GR+H_GC		Δt 20.3	1074.3
S	K 4.41 / SC_R 0.23 / SC_C 0.28	4*2	8	Δt 7.3 / Q_GR 100 / H_GR+H_GC 169	257.5 / 184.0 / 378.6	Δt 7.7 / Q_GR 92 / H_GR+H_GC 108	271.7 / 169.3 / 241.9	Δt / Q_GR / H_GR+H_GC		Δt 20.3	716.2

すきま風負荷	Q	Δt	q_S	Q	Δt	q_S	Q	Δt	q_S	Q	Δt	q_S
$q_S = 0.34 \cdot Q \cdot \Delta t$ (W)	144	7.3	357.4	144	7.7	377.0		Δx	q_L	144	20.3	993.9
$q_L = 834 \cdot Q \cdot \Delta x$ (W)		Δx 0.0084	q_L 1008.8		Δx 0.0083	q_L 996.8					Δx 0.0066	q_L 792.6

照明負荷	床 縦 横 mm	床面積 m²	単位面積負荷 W/m²	係数 −	冷房負荷 W
蛍光灯				×1.16	
白熱灯				×1.0	
(3) 小計					

人員器具発熱	種類	数量	単位発熱量 W SH / LH	顕熱 W	潜熱 W
	人員	人			

集計					
顕熱	計(a)	4596.7	4607.7		7729.4
	安全率(b)				
	a×b				
潜熱		1008.8	996.8		792.6
合計		5605.5	5604.5		8522.0
備考 (単位面積負荷)		58.4 (W/m²)	58.4 (W/m²)		88.8 (W/m²)

(4) 冷房により湿度を減じる除湿を行う．除湿の方法は冷却コイルの表面温度が空気の露点温度以下になると冷却コイルの表面で結露を起こすのが除湿である．暖房と供に湿度を上げる加湿を行う．加湿の方法は加湿器で水，温水，蒸気のいずれかを用いる．

(5) 在室者，照明，OA 機器および透過日射などの室内での発熱に関して，冷房負荷計算は厳密に行うが，暖房負荷計算ではこれらの要因は安全側になるので行わない．したがって暖房負荷計算は過大な負荷になることが多い．一般に冷房装置のほうが暖房装置に比べて高価なので冷房負荷を厳密に計算する傾向がある．

第 12 章

(1) 学籍番号下 4 桁が 9097 の場合

$t = 29°C$，相対湿度 $\phi = 57\%$ RH である．湿り空気線図より，

絶対湿度 0.0143 [kg/kg]，エンタルピー 66 [kJ/kg]，露点温度 19.7 [°C]，湿球温度 21.5 [°C]

(2) 学籍番号より 20°C → 37°C の加熱となるので，$\Delta T = 17°C$，式 12.13 より

コイル供給顕熱量 $1.21 \times 17 \times 200 = 4{,}114$ [kJ/h]

(3) 500 m³/h の空気は比容積 0.83 m³/kg より $500 \div 0.83 = 602.4$ kg/h となる．

したがって，$\Delta x = 0.003$ kg/kg より，加湿量 $602.4 \times 0.003 = 1.81$ kg/h.

一方，加湿前および加湿後のエンタルピーは式 (12.3)〜(12.5) より

$$H_1 = 1.005 \times t_1 + x_1(2{,}501.1 + 1.846 \times t_1) = 1.005 \times 20 + 0.004(2{,}501.1 + 1.846 \times 20)$$
$$= 30.25 \text{ kJ/kg},$$

$$H_2 = 1.005 \times t_2 + x_1(2{,}501.1 + 1.846 \times t_2) = 1.005 \times t_2 + 0.007(2{,}501.1 + 1.846 \times t_2)$$

となり，今 $H_1 = H_2$ であるから上記の方程式を解いて，出口温度 12.5°C

(4) 計算条件をまとめると a) のようになる．次に各条件の絶対湿度 x およびエンタルピー h を湿り空気線図より求めると b) のようになる．

a)

条件 1	条件 2
$t_1 = 26°C$	$t_2 = 34.5°C$
$\phi_1 = 50$ %RH	$\phi_2 = 65$ % RH
500 m³/h	200 m³/h

b)

条件 1	条件 2
$x_1 = 0.011$ kg/kg	$x_2 = 0.023$ kg/kg
$h_1 = 53$ kJ/kg	$h_2 = 93$ kJ/kg

よって 5 : 2 での混合となり，温度 $t_3 = 28.4$，絶対湿度 $x_3 = 0.014$，エンタルピー $h_3 = 64.4$

(5) 計算の条件をまとめると以下のようになる．

外気条件	室内条件	空調機条件
$t_1 = 37°C$	$t_2 = 26°C$	外気導入量 2000 m³/h
$\phi_1 = 59$ % RH	$\phi_2 = 50$ % RH	冷房顕熱負荷 $q_{cs} = 150000$ kJ/h
$x_1 = 0.024$ kg/kg	$x_2 = 0.011$ kg/kg	冷房潜熱負荷 $q_{cl} = 60000$ kJ/h
$h_1 = 98$ kJ/kg	$h_2 = 53$ kJ/kg	吹き出し温度 $t_d = 15.8°$

解法は例題の手法を踏襲する．

1) SHF = 0.714

2) $V = 150{,}000/(1.21(26 - 15.8)) = 12{,}153.6 ≒ 12{,}200$ m³/h

3) 外気取り入れ量 2,000 m³/h，室内吹き出し風量 12,200 m³/h であるので還気量は 10,200 m³/h となる．2,000：10,200 の混合比で計算を行い，温度 $t_3 = 27.8°C$，絶対湿度 $x_3 = 0.013$ kg/kg，エンタルピー $h_3 = 60.4$ kJ/kg

4) 湿り空気線図，①，③の結果よりエンタルピー 38.5 kJ/kg となり冷却コイル能力 $q_c = 1.20V(h_3 - h_d) = 1.20 \times 12{,}200 \times (60.4 - 38.5) = 320{,}616$ kJ/h．

5) 湿り空気線図よりコイル表面温度は 7.7°C であるので BF = $(15.8 - 7.7)/(27.8 - 7.7)$ = 0.403

(6) 学籍番号下 4 桁を 0123 とすると

外気条件 (3°C, 32%, 0.0015 kg/kg, 6.8 kJ/kg), 室内条件 (22°C, 50%, 0.0082 kg/kg, 43.0 kJ/kg)

1) $q_h = 1.21V(t_2 - t_1)$ より $V = \dfrac{100,000}{1.21(31-22)} = 9,182.7 \ [\text{m}^3/\text{h}]$

2) $t_3 = 22 - (22-3) \times 2,000/9,182.7 = 17.9 \ [°\text{C}]$
   $x_3 = 0.0082 - (0.0082 - 0.0015) \times 2,000/9,182.7 = 0.0067 \ [\text{kg/kg}]$
   $h_3 = 43.0 - (43.0 - 6.8) \times 2,000/9,182.7 = 35.1 \ [\text{kJ/kg}]$

3) $u = 4.2 \times 50 = 210 \ [\text{kJ/kg}]$ 4) $SHF = \dfrac{100,000}{100,000 + 30,000} = 0.769$

5) 空気線図より $t_5 = 31.0 \ [°\text{C}]$, $x_5 = 0.0092 \ [\text{kg/kg}]$, $h_5 = 54.0 \ [\text{kJ/kg}]$

第 13 章

(1) 演図 9 に示す.

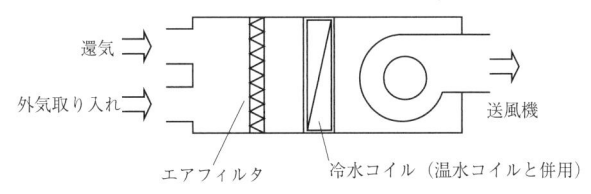

演図 9　1 コイルの空気調和機

(2) 演図 10 において, 室からの空気①は冷却コイルに入ると, ②の状態まで冷却・除湿され絶対湿度は $x_1 \to x_2$, 乾球温度は $T_1 \to T_2$ となる. 次に加熱コイルにより絶対湿度の変化がないまま T_3 まで加熱され③の状態となる. ③の状態で空調機から吹き出す.

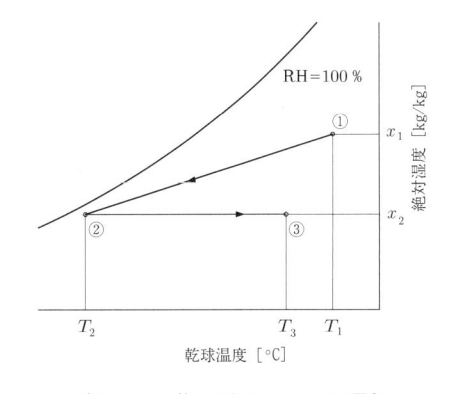

演図 10　梅雨時のコイルの運転　　　　演図 11　コイルによる除湿の概念

(3) 空気の高い清浄度が要求されるクリーンルーム分野 (BCR, ICR など) で使用される. また, 近年では, 家庭用エアコンに空気清浄機能が付加されており, HEPA フィルターが用いられることもある.

(4) 多翼送風機はシロッコファンと呼ばれ, 扇風機は軸流ファンの一種である. 多翼送風機は遠心力を利用する送風機であり軸流ファンと比べて機外静圧が高く風量も比較的大きくできる.

(5) 演図 11 の n 列のコイルについて変化を示す. ①の状態でコイルに入った空気は, 1 列目のコイルで冷却されるが 1 列目ではコイル表面温度が高いため露点温度にはいたらず, 絶対湿

度は変化せず①→ⓐの変化となる．コイルの段数が進むとコイル表面温度は露点温度を下回り，凝縮水が発生し除湿が行われⓐ→ⓑとなる．コイル出口付近ではコイル表面温度が T_n となり，②の状態となる．コイル全体で $x_1 \to x_2$ に除湿されたことになる．

第 14 章

(1) 成績係数 (C.O.P.) は，冷暖房能力と消費エネルギーの熱量換算値との比を表しており，式 (14.1) で定義される．電気ヒーターによる暖房では，使用電力量に対する発熱量は等しく，成績係数は 1 である．一方，ヒートポンプによる暖房では，圧縮機の動力としてエネルギーが消費され，発熱量は蒸発器より奪った熱量と圧縮機で用いられたエネルギーの一部の和であるため，成績係数は 3 程度 (暖房運転では，水熱源で 3〜4，空気熱源で 2.5〜3.5 程度) となるものが多い．したがって，電気ヒーターによる暖房とヒートポンプによる暖房を比較した場合，後者は前者の約 3 分の 1 の消費エネルギーで同程度の発熱量を得ることが可能であるから，後者の方が経済性は高いといえる．

(2) 外気温が低い条件でのヒートポンプ暖房では，圧縮によって凝縮器の冷媒温度を高くし，屋外側の蒸発器で熱を奪わなければならない．朝の立ち上がりの時には，一日のうちで外気温が最も低く，設定温度との差が大きく，蒸発器での吸熱が十分でないためである．

(3) 氷蓄熱では，水を冷却する場合に比べ，製氷のため冷凍機の蒸発温度を低くしなければならないため，水蓄熱よりも冷凍機の成績係数 (C.O.P.) が低い．一般に製氷過程での冷凍機能力は，水蓄熱時のそれと比べて 2〜3 割落ちる．

(4) ヒートポンプ用熱源として，地中熱を利用する．地中熱源利用ヒートポンプ (GSHP, ground source heat pump) などと称され，実用化および研究開発が進められている．地中温度は外気温度に比べて夏は低く，冬は高く，さらに安定的であるので，熱源としてヒートポンプに利用すると冷暖房の効率が良くなる (年間を通して安定した成績係数 C.O.P. 3.5 以上を得る) という長所がある．また，デフロスト (除霜) が不要であることや，地中に水分が多く含まれている場合，水熱源として利用でき，流れがある場合は熱移流が期待できることも挙げられる．特に熱源のない寒冷地では有効な熱源と成りうる．我が国ではほとんど利用されていないが，欧米諸国では普及しており，今後欧米並みの普及が期待されている．

(5) 冷暖房可能な熱源は，0,2,3,6,7,9，暖房のみの熱源は 1,4,5,8．例として，温泉水を熱源とするヒートポンプ暖房の概念図を演図 12 に示す．

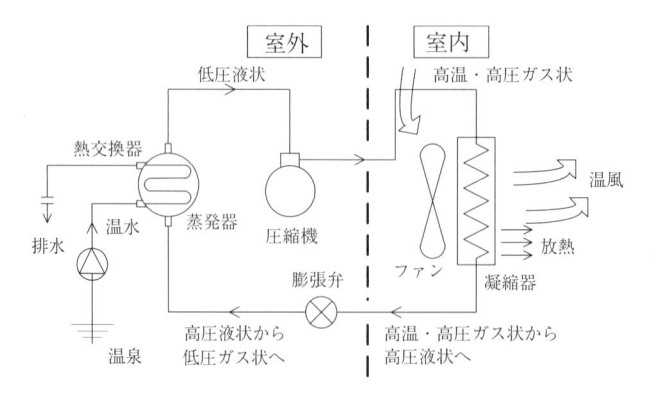

演図 12 温泉水を熱源とするヒートポンプ暖房の概念図

第15章

(1) 各自調べること．

(2) オゾン層では酸素に太陽光の紫外線が作用し，オゾンの発生，分解が繰り返されバランスしている．そこにオゾンを壊す物質が入ると，バランスが崩れオゾン層を破壊する．フロンはオゾン層を破壊する化学物質の一つである．詳細は各自調べること．

(3) 地球が太陽熱による加熱以上に温められることを温室効果，大気中で赤外線を吸収する気体を温室効果ガスという．代表的な温室効果ガスに炭酸ガスがある．これら温室効果ガスが増えるといままでのバランスが崩れ，大気や地表面付近の気温が上昇する．この現象を地球温暖化という．詳細は各自調べること．

(4) 学籍番号下4桁を1234とすると

冷媒蒸発温度 $-(10+1+4) = -15°C$．冷媒凝縮温度 $+(30+2+3) = 35°C$．圧縮熱量 $A/L = 3600/80 = 45$．

冷熱源 (冷房) C.O.P $= (h_1 - h_4)/(h_2 - h_1)$，温熱源 (暖房) C.O.P $= (h_2 - h_3)/(h_2 - h_1)$，演図13より $h_1 = 620$, $h_2 = 620 + 45 = 665$, $h_3 = h_4 = 465$．

したがって，冷熱源 C.O.P $= (620 - 465)/45 = 3.44$，温熱源 C.O.P $= (635 - 465)/45 = 3.78$．

(5) 冷水を製造する方法は，ヒートポンプの原理による冷凍機により冷水を製造するか，ガス，石油等の燃焼加熱により，吸収式冷凍機を用いて冷水を製造する．温水の製造は，ガス，石油等の燃焼加熱による方法と，ヒートポンプの原理により温水を製造する方法が考えられる．いずれも電気，ガス，石油等のエネルギーがあれば可能である．

(6) 各自調べること．

(7) 各自の意見を記述すること．

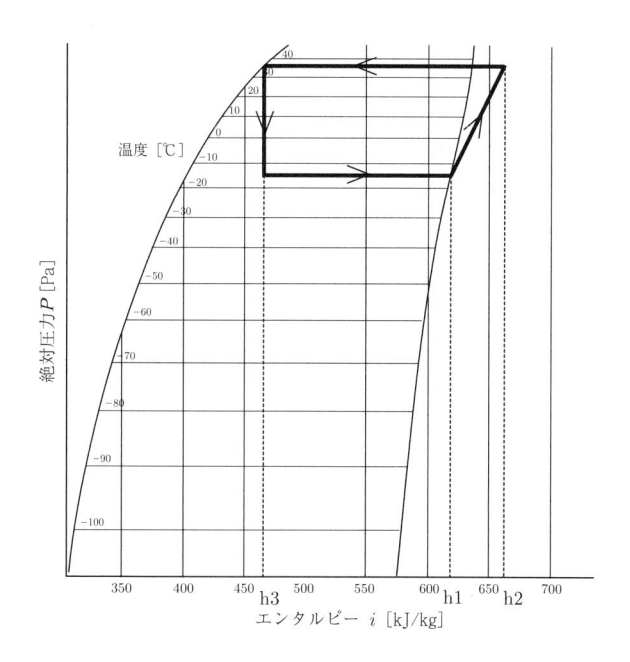

演図 13　モリエ線図

参考文献

1) 空気調和・衛生工学会編「空気調和衛生工学便覧　第13版」空気調和・衛生工学会
2) 田中俊六他著「最新建築環境工学　改訂2版」井上書院
3) 空気調和・衛生工学会編「空気調和・衛生設備の知識」空気調和・衛生工学会
4) 空気調和・衛生工学会編「給排水・衛生設備の実務の知識」空気調和・衛生工学会
5) 空気調和・衛生工学会編「空気調和設備の実務の知識」空気調和・衛生工学会
6) 大庭孝雄「給排水設備の設計法」学芸出版社
7) 井上宇市「空気調和ハンドブック　改訂3版」丸善
8) 建築設備学教科書研究会編著「建築設備学教科書」彰国社
9) 紀谷文樹，石野久弥「現代建築設備」オーム社
10) 建築設備システムデザイン編集委員会編「建築設備システムデザイン」理工図書
11) 文部省「空気調和設備」海文堂出版
12) 藤井文雄他著「図解Q&A空気調和設備」井上書院
13) 彰国社編「デザイナーのための建築設備チェックリスト」彰国社
14) 建築設備技術者協会編著「建築設備の知識」技術書院
15) 建設省監修「インテリジェント・ビル戦略」ケイブン出版
16) 日本建築学会編「インテリジェントビル読本」彰国社
17) 環境科学フォーラム編「わかりやすい空気浄化のしくみ」オーム社
18) 日本空気清浄協会編「クリーンルーム環境の計画と設計」オーム社
19) 太陽エネルギー利用ハンドブック編集委員会「太陽エネルギー利用ハンドブック」日本太陽エネルギー学会
20) 建築環境技術研究会編著「電気設備計画」鹿島出版
21) 横谷寿麿他者「空気調和・衛生設備の電気」彰国社
22) 日本冷凍協会編「改訂冷凍空調便覧　基礎編」文祥堂
23) 植田辰洋「ボイラ」朝倉書店
24) 春木弘「自動制御」オーム社

索　引

欧文

ADSL　14
AVシステム　15
A重油　147
A表示　29
BF　127
BF型　72
BS　16
B表示　29
CATV　16
CAV方式　98
CF　127
COP3　1
CS　16
FF型　72
FRP　21
HEPAフィルター　136
IMCS　15
ISDN　14
ISP　14
LAN　13
LCC　7
LCCO2　1
MDF　15
OAフロア　17
PBX　14
SEダクト　73
SI単位記号　9
UHF　16
UTPケーブル　14
Uダクト　73
VAV方式　98
VHF　16
VPN　14

あ　行

アクア (Aaua)　33
圧縮機　143
圧力水槽方式　22
アメダス　105
泡消火設備　83
アンダーカーペット方式　17
1管式　42
1号消火栓　79
一次エネルギー換算効率　155
一次空気　139
一重ガラス　47
一重効用吸収式冷凍機　155
イニシャルコスト　88
インダクションユニット　139
インターネット　14
インターホン設備　16
インテリアゾーン　92
インテリジェントビル　12
インバータ　67
ウォーターハンマー　35
ウオッベ指数　71
雨水　54
エアコンプレッサー　22
エアハンドリングユニット　98, 134
エアフィルター　135
液化石油ガス　71
液化天然ガス　70
エネルギー効率　75
遠心　150
エンタルピー　122, 128
往復動　150
屋外消火栓設備　79
屋内消火栓設備　79
汚水　54
オーバーフロー管　24, 25
温熱源　106
温廃熱　61

か　行

加圧送水装置　83
外気取り入れダクト　91
開放型　72, 81
各階ユニット方式　100
各個通気管　57
架空送電　64
火災感知器　78
加湿器　136
ガス設備　70
ガスメーター　74
ガス漏れ警報器　74
合併処理浄化槽方式　55
ガラスウール　48
火力発電　61
乾き空気　121
換気　88
換気ダクト　91
管径算定法　36
間欠空調　110
換算蒸発量　147
乾式エアーフィルター　135
乾式スプリンクラ　81
間接加熱方式　42
間接排水　21
貫流ボイラ　148
気液混合　55
機械室　93
機械室スペース　107
機械排煙方式　84, 85
器具給水負荷単位　33
基準温度　41
基本料金　19
吸気ダクト　91
吸収器　155
吸収剤　154, 155
吸収式冷凍機　154
給水横枝管　29
給湯システム　40
　太陽熱利用――　48
給湯方式　41
給湯量の算定　44
給排水設備設計　104
キュービクル　93, 107

凝縮器　143, 155
強制循環式太陽熱温水器　50
許容摩擦損失　33
緊急ガス遮断装置　73
均等表　30
空気芯　60
空気調和　88
　　──機　133
　　──設備　90
　　──設備設計　104
　　──方式　95
　　産業用──　88
　　保健用──　88
空気抜き弁　43
空調機　133
クボタ継手方式　59
汲み置き式太陽熱温水器　49
クリーンルーム　136
経常費　104
警報弁　82
契約電力　107
下水道方式　54
　　合流式──　54
　　分流式──　54
煙感知器　78
原子力発電　61
建築基準法　77
建築内配電方式　65
顕熱　109
　　──比　124
号　41
高圧導管　73
公共下水道　55
公衆通信　14
高性能フィルター　136
高速ダクト　139
高置水槽方式　20
黒色ペイント　48
コージェネレーションシステム　74
コジマ継手方式　58
50 Hz　63
個別式空調機　138
個別分散型氷蓄熱システム　101
混合損失　98
混合箱　98

コンディショニングユニット　150
コンバータ　67
コンピュータシミュレーション　51

さ　行

差圧検出器　138
サーモサイホン　49
再生器　155
雑排水　54
サーバー　13
サーモスタット　98, 137
3管式　99
散水ヘッド　83
三相交流　65
三相3線式　65, 107
三相4線式　65
自家発電機　66
4管式　99
自然循環式太陽熱温水器　49
自然排煙方式　84
湿球温度　122
実際蒸発量　147
湿式スプリンクラ　81
室内環境基準　91
室内設計条件　111
実揚程　26
自動火災報知設備　77
自動制御装置　137
湿り空気　121
　　──線図　122
遮へい係数　110
集熱器　47
　　平板型の──　47
集熱器方位角と傾斜角　51
集熱効率　46
周波数　27
従量料金　19
受信アンテナ　16
受電方式　63
ジュール・トムソン効果　143
瞬時最大給水量　24
省エネルギー　95
省エネルギー法　1
消火設備　78
蒸気コイル　136

蒸気噴霧法　136
蒸発器　143, 155
情報・通信機械室　18
消防法　77
初期建設費　104
じんあい　135
新エネルギー　106
真空ボイラ　148
伸縮継手　44
新代替物質　152
伸頂通気管　57
水管ボイラ　148
水柱　33
水道事業　19
水道直結方式　20
水力発電　61
スクリュー　151
スクロール　151
スプリンクラ設備　79
スプリンクラヘッド　81
スポット型　78
清浄度　136
制水弁　82
成績係数　143
製造ガス　71
セキスイ継手　59
セクスチャ継手方式　59
施工規則　77
施工令　77
設計外界条件　111
設計用下界条件　110
節水　55
絶対湿度　121
設置基準　77
設備階　93
設備設計　104
センサー　137
選択吸収膜　47
全日空調　110
潜熱　109
全揚程　26
増圧給水方式　20
相対湿度　121
送風機　137
ゾーニング　22, 92
ソベント継手方式　58
損失水頭　26

た 行

代替フロン　152
体感温度　91
タイムラグ　111
太陽熱　46
　　── の特徴　46
　　── 利用給湯システム
　　　46, 48
対流式　89
ダクト　91
　　── スペース　91
単一ダクト方式　98
多翼送風機　137
単管式排水システム　60
単相交流　65
単相3線式　64, 107
単相2線式　64, 107
単独処理浄化槽方式　55
短波長　47
暖房　88
　　── 設計条件　91
　　── 負荷計算　117
地球温暖化　61
蓄電池　66
蓄熱装置　48
地中線　64
中圧導管　73
中央式空調機　134
柱上変圧器　107
中水道　55
中性線　64
チューブ　136
超音波加湿法　136
長波長　48
直接加熱方式　42
直接集熱方式　50
直接リターン方式　42
直流　65
直流送電　63
チリングユニット　150
通気管　55
通気設備　57
通気立管　57
定格出力　147
定常伝熱　110
　周期 ──　110
定水位弁　24
定電圧定周波電源装置　66

定風量方式　98, 137
デフレクタ　82
テレビ共聴設備　16
電気集じん機　135
電気設備　61
電気設備設計　104
電極棒　22
電源設備　17
電磁誘導加熱　65
天井放射暖房　100
天井放射冷房　100
伝導式　89
天然ガス　71
電力供給システム　62
電力の送電損失　63
灯油　147
特殊継手排水システム　60
特殊排水　54
特定フロン　152
特別高圧受電設備　107
都市ガス　71
吐出量　26
トラップ　57
トリハロメタン　1, 20

な 行

軟水装置　147
2管式　42, 99
2号消火栓　79
二酸化炭素発生量　61
二酸化炭素消化設備　84
二次空気　139
二重ガラス　48
二重効用吸収式冷凍機　155
200V系　63
熱感知器　78
熱源　145, 147
　　── 機器　106
　　温 ──　145
　　冷 ──　145
熱交換方式　50
熱取得　109
熱水分比　124
ネットワークシステム　13
熱媒　42
熱負荷　109, 111
　　壁体通過 ──　111
ノンチェンジオーバー方式
　139

は 行

排煙設備　84
　　── 技術指針　84
配管の断熱　44
配管用炭素鋼管 (SGP)
　30
排気ダクト　91
排水設備　54
排水立管　57
排水横主管　55
配電方式　64
廃熱　75
　　── 利用　75
バイパスファクタ　127
パイプスペース　92
パッケージ型エアコンディショナー方式　102
パスカル (Pa)　33
パーソナル空調　98
パッシブクリーニング　89
発電端効率　61
パネルエアシステム　101
破封　57
　　── 防止　55
ハロゲン化物消火設備　84
半密閉型　72
光ファイバーケーブル　14
引き込み管ガス遮断装置
　73
ピークカット方式　101
ピークシフト方式　101
非常用エレベータ　66
非常用照明　66
非定常伝熱　110
　純 ──　110
ヒートアイランド　1
ヒートポンプ　141
100 V
　　── 対応　64
100V　63
ヒューズガス栓　74
ヒューミディスタット　136
比容積　122
ビル管法　91
ビル用マルチエアコン方式
　101
ファイヤーウォール　14
フィン　136

封水　57
　　——深　57
風量調整ダンパー　98, 138
双口送水口　82
不凍液　50
フューズ　81
フラッシュタンク　33
フラッシュバブル　22
フリーアクセスフロア方式　17
フロアダクト方式　17
プロパンガス　71
フロンガス　152
分布型　78
粉末消火設備　84
閉鎖型　81
ペリメータゾーン　92
変風量方式　98, 137
ボイラ　147
　　——効率　147
防火設備　77
防災センター　78
放射(ふく射)式　89
放射冷却　149
放水量　82
膨張タンク　43
膨張弁　143
放流　54
保温筒　44
捕集性能　135
補助熱源　48
ポリカーボネート　49

ポンプの性能曲線　26
ポンプ直結方式　23

ま行

毎時最大給水量　24
毎時平均給水量　24
摩擦抵抗線図　35
末端試験弁　81
丸ボイラ　148
水噴霧消火設備　83
密閉型　72
　　半——　72
無線LAN　14
無停電電源装置　67
メタリックケーブル　18
メタンガス　70
モジュールパネル　21

や行

夜間電力料金体系　62
床暖房　100
揚水ポンプ　26
容量算定　24
余剰電力　62
呼び径　30

ら行

ライフサイクルコスト　104
ラッキング　44
ランニングコスト　88
リバースレターン方式　42
量水器　19

ルーター　14
ループ通気管　57
ルームエアコンディショナー方式　102
冷温水コイル　136
冷温水発生器　155
冷却コイル　137
冷却塔　106
冷暖房機器　109
冷暖房負荷　109
冷凍トン　149
冷熱源　106
冷媒　142, 152, 155
冷房　88
　　——設計条件　90
列数　136
連結散水設備　83
連結送水設備　82
60 Hz　63
六面点検　21
6要素　91
ろ材　135
ローター　151
ロータリー　151
露点温度　122
炉筒煙管ボイラ　148
ローラー　151

わ行

ワイヤリングフロア方式　17
ワークステーション　13

著者略歴

武田　仁（たけだ・ひとし）
　1943 年　兵庫県に生まれる
　1967 年　早稲田大学理工学部建築学科卒業
　1972 年　東京大学大学院工学研究科建築学博士課程修了
　　　　　工学博士
　　　　　東京理科大学専任講師
　1973 年　第 11 回空気調和・衛生工学会賞（論文）受賞
　1988 年　東京理科大学教授
　2003 年　日本建築学会賞（論文）受賞
　2011 年　東京理科大学名誉教授

図解 建築設備　　　　　　　　　　　　　　© 武田　仁 2003

2003 年 9 月 12 日　第 1 版第 1 刷発行　　【本書の無断転載を禁ず】
2022 年 8 月 10 日　第 1 版第 8 刷発行

著　者　武田　仁
発行者　森北博巳
発行所　森北出版株式会社
　　　　東京都千代田区富士見 1-4-11（〒102-0071）
　　　　電話 03-3265-8341 ／ FAX 03-3264-8709
　　　　https://www.morikita.co.jp/
　　　　日本書籍出版協会・自然科学書協会　会員
　　　　JCOPY ＜（一社）出版者著作権管理機構 委託出版物＞

落丁・乱丁本はお取替えいたします　　印刷／モリモト印刷・製本／協栄製本

Printed in Japan／ISBN978-4-627-58081-7

MEMO